2010年

经济与贸易评论

第⑤辑

Review
of Economy & Trade

主　　　编　柳思维

副 主 编　李陈华

执 行 编 辑　唐红涛

西南财经大学出版社
Southwestern University of Finance & Economics Press

目录

中国货币流动性的长期趋势研究
——基于电子货币的视角

周光友

摘　要： 本文以电子货币为视角，探寻中国货币流动性的长期持续下降的原因。电子货币与货币流动性相关性的检验结果表明，二者之间存在着长期均衡的关系。实证结果表明：电子货币对传统货币的替代不仅改变了货币的形态，而且改变了货币的结构，它对传统货币有着明显的替代效应：一是替代加速效应，二是替代转化效应。前者加快了各种货币层次之间相互转化的速度，从而使货币层次变得不稳定；后者使流动性较强的货币向流动性较弱的货币转化，从而改变了货币的结构。两个效应的存在加剧了货币流动性的波动，并导致货币流动性的持续下降。因此，电子货币的发展是导致中国货币流动性长期持续下降的重要原因之一。

关键词： 货币流动性；电子货币；替代效应；货币供应量

一、问题的提出

长期以来，我国的货币流动性呈持续下降的趋势。传统的金融理论根据金融

作者简介： 周光友（1971—　），男，云南楚雄人，复旦大学金融研究院副教授、经济学博士（后），zgy@ fudan. edu. cn。

资产流动性的高低将货币划分为 M_0、M_1、M_2 等不同的层次，货币流动性这个概念也正是以此为基础而提出的。一般来说，货币流动性是指狭义货币供应量 M_1 占广义货币供应量 M_2 的比重，它的变动意味着 M_1 和 M_2 之间的结构发生变化，两者的变动都会引起货币流动性的变化。货币流动性是关于货币供应量的一个结构指标，它的作用在于揭示狭义货币供应量 M_1 与广义货币供应量 M_2 之间的协调关系，同时它的变化趋势也反映了一国货币政策的松紧程度。近年来，货币流动性指标越来越得到理论界和中央银行的重视，在我国的货币政策执行报告中也频频出现，并成为衡量货币流动性的变化、分析社会资金供求状况、加强金融监管及制定与实施货币政策的一个重要指标。

然而，我国近年来的数据表明，M_1 和 M_2 经常处于增长不一致的状态，这表明我国货币流动性是不稳定的。一旦 M_1 与 M_2 的增长出现较大的差距，中央银行就难以控制各层次的货币供应量，以货币供应量为货币政策中介目标的货币政策效果就会下降。因此，研究影响货币流动性波动的原因，对于中央银行提高各层次货币供应量的控制能力，稳定货币流动性，提高货币政策的有效性都具有重要的现实意义。

随着电子货币的快速发展，电子货币对传统货币有着明显的替代效应，但这种替代并非简单的形式上的替代。由于电子货币具有高流动性和低交易成本的特点，它使传统以流动性作为划分货币层次的方法受到了前所未有的挑战。在电子货币条件下，各种货币之间快速、低成本地转化成为了可能。这种替代一方面模糊了各种货币层次之间的界限，使各种金融资产的流动性具有趋同化的特征；另一方面，货币之间的快速、低成本的转化不仅改变了货币供给的结构，而且降低了各种货币层次之间的稳定性，从而加剧了货币流动性的波动。据此，我们可以断定，电子货币与货币流动性之间必然存在某种确定的关系，只是这种关系尚待研究。为此，我们通过实证研究来探寻电子货币与货币流动性之间的相关性。

本文的贡献在于：首次以电子货币为视角，采用实证研究的方法研究电子货币对货币流动性的影响，用先进的协整理论分析方法对二者的相关性进行了实证检验，以揭示二者之间的相互关系和内在机理，为中央银行提高对货币供应量的控制能力，合理地制定和实施货币政策，为提高货币政策的有效性提供明确可靠的依据。

本文的研究主要从以下几个方面展开：第二部分为文献述评，第三部分是电子货币与货币流动性的变化趋势分析，第四部分是实证过程，第五部分是对实证结果的分析，最后是结论和启示。

二、文献综述

为了探索货币流动性长期下降的原因，国内学术界对此进行了广泛深入的研究，并取得了一些有价值的成果。谢杭生和徐燕等（1996）通过观察 1982—1995年货币量的变动发现，以 M_1 占 M_2 比重（M_1/M_2）表示的货币流动性始终处于明显的波动状态，货币流动性的不稳定表明 M_1 和 M_2 的增长经常出现明显的不一致。卜永祥（2003）认为剔除市场冲击、实际利率及居民投资渠道等因素对货币流动性变动产生的影响，实物经济总需求的扩张和收缩是影响货币流动性变动的主要原因，1999 年以来有效需求的进一步放慢是货币流动性继续下降的根本原因。毛定祥（2003）对我国广义货币流动性（M_1/M_2）作了实证研究，研究结果表明，广义货币流动性具有内生性，因而是不可控的，但它与主要宏观经济变量之间存在长期均衡关系。易行健和谢识予（2003）对我国 1978—2002 年货币流动性的长期趋势和周期波动进行了实证研究，结果表明：1978—1995 年，中国的货币流动性呈急剧下降的趋势，但是 1996—2002 年中国的货币流动性基本保持平稳。

电子货币对传统货币有着明显的替代效应，它不仅改变了传统货币的形态，也对传统以流动性为基础的货币层次划分方法提出了挑战，而且改变了货币的供给结构，从而影响货币流动性。电子货币对货币流动性的影响是电子货币与货币政策研究的核心内容之一，它对货币流动性的影响也主要体现在电子货币对货币层次及货币供应量的影响上。从已有的文献看，以电子货币的视角研究货币流动性的文献相对缺乏，并且理论界尚未取得一致性的意见。

从国外研究机构的研究来看，国际清算银行（BIS）是对电子货币研究较早的国际组织之一，它的一些报告和政策建议对电子货币的研究奠定了基础。BIS 在1996 年、2001 年及 2004 年的报告中提出，电子货币的出现将会对货币层次及货币供应量产生影响，并提出了相应的应对措施。从国外学者的研究成果来看，Boeschoten 和 Hebbink（1996）认为电子货币的存在会降低中央银行对基础货币及货币乘数的控制能力，从而影响货币供应量。Solomon（1997）认为应将电子货币的发行数量直接计入货币总量，这样就会通过放大货币乘数影响货币供应量。Berentsen（1998）分析了电子货币对货币供应量、货币传导机制及货币政策有效性的影响。Hawkins（2002）、Reddy（2002）、Sullivan（2002）、Janson（2003）及 Owen（2005）也认为电子货币会使中央银行难以控制商业银行的行为，导致中央银行对基础货币及货币乘数的控制能力降低，从而影响到货币供应量。而 Friedman

（1999）、Goodhart（2004）则认为虽然电子货币会对货币乘数和基础货币产生影响，但这种影响是有限的，并没有削弱中央银行对商业银行的控制能力，从而也不会对货币供应量产生明显的影响。

自从 1985 年中国银行发行第一张银行卡以来，我国进入电子货币时代，并在20 世纪 90 年代后进入了快速发展的阶段。由于我国电子货币起步较晚，相关研究相对滞后，但也取得了一些有价值的成果。王鲁滨（1999）、尹龙（2000）认为电子货币的发展会对基础货币、货币乘数等方面的影响进行了研究，认为电子货币对货币供应量会产生明显的影响。董昕和周海（2001）、胡海鸥和贾德奎（2003）认为，电子货币会对货币供应量产生影响，同时会削弱以货币供给量为货币政策目标的货币政策效果，甚至可能使其失去作用。赵家敏（2000）讨论了电子货币对货币供应量产生的影响，并对电子货币对货币政策的影响进行了实证分析。谢平和尹龙（2001）认为电子货币的发展将对货币供求理论和货币政策的控制产生影响，其中重点分析了电子货币对货币供应量的影响。陈雨露和边卫红（2002）、杨文灏和张鹏（2004）认为电子货币的发行将会导致货币乘数的不稳定，从而使中央银行对货币供应量的可控性面临着挑战。靳超和冷燕华（2004）认为电子化货币在作为一种媒介工具时对中央银行通货和流通起到了一定的作用，将更多的货币纳入到银行系统货币创造的过程之中，从而总体上增加了货币供应量。王倩和纪玉山（2005）认为电子货币将会对货币层次及供应量产生重大冲击，这种冲击主要表现在对基础货币替代和货币乘数的改变上。周光友（2006，2007，2009）也认为电子货币会降低中央银行对基础货币的可控性，增强货币乘数的内生性，加快货币流通速度，从而影响货币供应量。

从国内研究的情况看，我国学者对货币流动性长期下降的原因进行了有益的探索，从不同的角度对货币流动性长期下降的原因进行了深入的探索，并得出了一些有价值的成果，但并未达成一致性的结论。

从上述国内外金融机构、西方金融组织和专家学者的报告和文献来看，由于电子货币是在近年才得到快速发展并逐步取代传统通货的，对电子货币的研究时间相对较短，可以说它还是一个新生的事物，对理论界来说还是一个相对陌生的领域。虽然涌现了一些研究文献，但大多侧重在电子货币对中央银行的独立性、货币的供给和需求、货币政策影响理论层面的某一个方面的分析上。而在这些研究中，基本上没有将电子货币作为一个影响货币流动性的因素纳入货币供给的理论分析框架中，用实证分析的方法来对电子货币与货币流动性之间相互关系进行研究的文献在国内可以说还是一个空白，在国外也不多见。

然而，电子货币对货币流动性的影响是客观存在的，并且这种影响将随着电子货币对传统货币的逐步替代而不断加深，它在我国中央银行制定和实施货币政策时必然会产生影响，特别是中央银行以货币供应量作为货币政策目标对宏观经济进行调控时，这种影响就更为突出。因此，对此问题的研究具有一定的理论价值和现实意义。

三、电子货币的发展与中国货币流动性的变化趋势

(一) 电子货币及其发展现状分析
1. 电子货币的界定

电子货币（Electronic Money）又被称为网络货币（Network Money）、数字货币（Digital money）、电子通货（Electronic Currency）等，是20世纪90年代后期出现的一种新型支付工具。与纸币出现后的一段时期内各类银行券同时流通的情况相似，目前电子货币的发行呈现出发行主体多元化的趋势，其发行基本上是由各个发行者自行设计、开发的产品，且种类较多。目前的电子货币主要包括赛博硬币（Cybercoin）、数字现金（Digcash）、网络现金（Netcash）、网络支票（Netcheque）等系统。尽管各种不同电子货币的具体形式各异，但它们具有共同的基本属性，也具有传统纸币体系所包含的大部分货币的性质，而又不以实物形态存在。

与传统货币的定义一样，也可从不同的角度和范围对电子货币进行界定，目前理论界对此还存在争议。国际上比较权威的定义是巴塞尔委员会1998年发布的，巴塞尔委员会认为，电子货币是指在零售支付机制中，通过销售终端、不同的电子设备之间以及在公开网络（如Internet）上执行支付的"储值"和"预付"支付机制。日本学者岩崎和雄和左藤元则在其《明日货币》一书中给电子货币的定义如下，所谓电子货币是指"数字化的货币"，举凡付款、取款、通货的使用、融资存款等与通货有关的信息，全部经过"数字化"者，便叫做电子货币。在国内，谢平和尹龙（2001）在对巴塞尔委员会电子货币定义的基础上对电子货币进行了分类；赵家敏（2000）将电子货币划分为四种形式：储值卡型电子货币、信用卡应用型电子货币、存款利用型电子货币及现金模拟型电子货币。黎冬和符文佳（2001）认为电子货币是指通过电子终端、电信网络、磁介质以及其他电子设备来执行价值储藏和交易支付的一个机制。从实物到金银，从金银到金银的纸制副本，是采用电子技术和通信手段在信用卡市场上流通的，以法定货币单位反映商品价值的信用货币。吴林轩（2008）认为，电子货币是以金融电子化网络为基础，以商用电子化机具和各类交易卡为媒介，以电子计算机技术和通信技术为手段，以

电子数据（二进制数据）形式存储在银行的计算机系统中，并通过计算机网络系统以电子信息传递形式实现流通和支付功能的货币，并认为现阶段的电子货币以银行卡（磁卡、智能卡）为媒介。刘春梅等（2008）认为按照电子货币的发行主体的不同，可以分为金融机构类电子货币和非金融机构类电子货币。前者是目前我国最为规范的电子货币。商业银行和信用卡公司是其主要的发行机构，例如具有透支信用功能的信用卡和一般存款支取转账功能的借记卡就是典型代表。后者是指由非金融类机构发行的电子货币，主要有磁卡、IC 卡等，通常由电信公司、公交公司以及学校等发行机构发行。

由此可见，目前对电子货币定义产生争议的原因在于从不同的角度和范围对电子货币进行界定，有的学者从货币的职能和本质属性方面进行界定，有的则从使用方式及形式上进行界定。然而，不论哪一种定义都有其合理性，只不过是他们的侧重点有所不同而已。根据上述分析，我们认为，可以把电子货币分为狭义和广义的电子货币：巴塞尔委员会对电子货币的定义是狭义的界定；广义的电子货币应该是指以计算机网络为基础，以各种卡片或数据存储设备为介质，借助各种与发行主体相连接的终端设备，在进行支付和清偿债务时，将预先存放在各处卡片或计算机系统中的电子数据以电子信息流的形式在债权债务人之间进行转移，并具有某种货币职能的货币。为了便于研究，本文采用广义的定义。

2. 我国电子货币发展的现状分析

我国电子货币的发展相对西方发达国家起步较晚。1985 年中国银行发行了第一张银行卡，标志着我国进入了电子货币时代。各种电子货币随着信息技术和电子商务的发展应运而生，发行主体也出现多元化趋势，电子货币的类型可谓五花八门。但最初阶段电子货币发展较为缓慢，1990 年之后才进入了快速的发展阶段，电子货币最初的形态也主要以各种银行卡为主。为了说明电子货币发展的现状，本文选择 1990—2006 年银行卡的相关数据对我国电子货币的发展现状进行描述性分析。

表1　　　　　　　　　　　　　我国电子货币发展状况

年份	电子货币 E（亿元）	电子货币交易总额 EP（亿元）	社会商品零售总额 S（亿元）	电子货币比率（E/M_1）（%）	电子货币交易比率（EP/S）（%）
1990	54.6	987.4	8300.1	0.0072	0.1190
1991	76.9	2178.1	9415.6	0.0092	0.2313
1992	122.4	3024.8	10 993.7	0.0104	0.2751
1993	193.8	4178.1	12 462.1	0.0119	0.3353
1994	275.9	5204.0	16 264.7	0.0134	0.3200

表1（续）

年份	电子货币 E（亿元）	电子货币交易总额 EP（亿元）	社会商品零售总额 S（亿元）	电子货币比率（E/M_1）（%）	电子货币交易比率（EP/S）（%）
1995	432.1	9612.0	20 620.0	0.0180	0.4661
1996	559.3	10 377.3	24 774.1	0.0196	0.4189
1997	718.5	12 965.3	27 298.9	0.0206	0.4749
1998	984.1	13 201.8	29 152.5	0.0253	0.4529
1999	1247.7	18 738.6	31 134.7	0.0272	0.6019
2000	2909.2	45 300.0	34 152.6	0.0547	1.3264
2001	4520.2	84 279.5	37 595.2	0.0755	2.2418
2002	7034.3	115 601.8	42 027.1	0.0992	2.7506
2003	11 387.4	179 828.0	45 842.0	0.1354	3.9228
2004	15 299.5	264 500.0	54 449.4	0.1594	4.8577
2005	20 556.3	470 000.0	67 176.6	0.1916	6.9965
2006	26 398.7	705 754.9	76 410.0	0.2095	9.2364

数据来源：根据历年《中国金融统计年鉴》、《中国统计年鉴》计算而得。

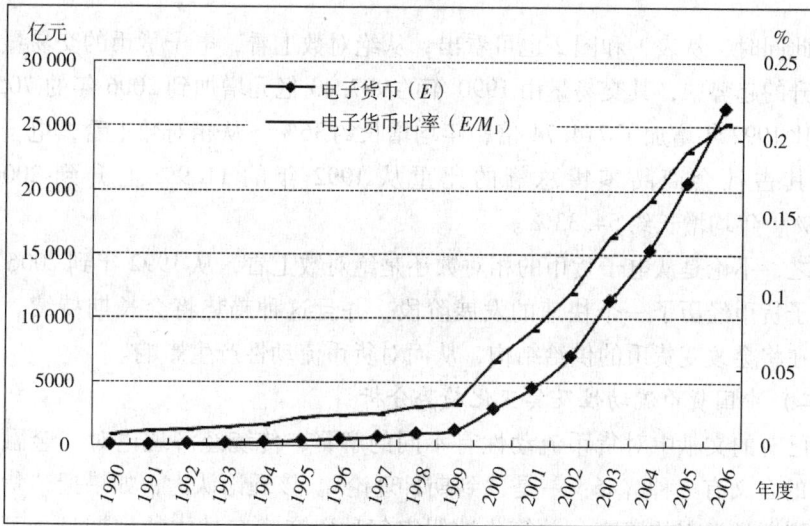

图1　电子货币及其占 M_1 的比重

从表1和图1可看出，我国自1985年发行第一张银行卡以来，电子货币从无到有，发展规模从小到大，经历了一个长期快速的发展过程，特别是在1990年以后，我国的电子货币进入了一个快速的发展阶段。从绝对数上看，1990年以来我国年末电子货币存款余额及交易量总额稳步快速上升，银行卡年末存款余额从

1990 年的 54. 6 亿元增加到 2006 年的 23 398. 7 亿元，比 1990 年增加了 483 倍，年均增长率在 40% 左右；从相对数上看，电子货币占狭义货币供应量 M_1 的比重由 1990 年的不足 1% 上升到 2006 年的 20.95%，比 1990 年增长了约 20 个百分点。

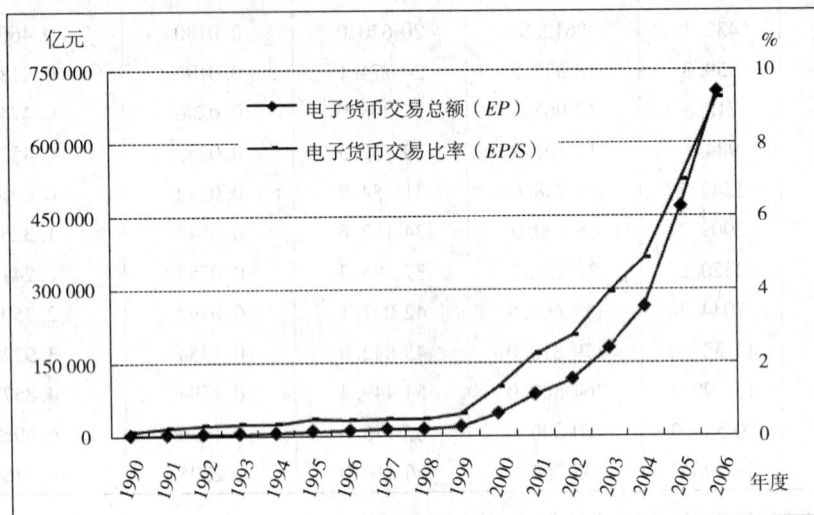

图 2 电子货币交易额及其占社会商品零售总额的比重

与此同时，从表 1 和图 2 也可看出，从绝对数上看，电子货币的交易量也处于快速上升的趋势中，其交易量由 1990 年的 987. 43 亿元增加到 2006 年的 705 754. 9 亿元，比 1992 年增加了 714. 74 倍，年均增长约 36%。从相对数上看，电子货币交易额及其占社会商品零售总额的比重从 1992 年的 11. 9% 上升到 2006 年的 923.64%，年均增长约 54. 33%。

总之，不论是从电子货币的相对数还是绝对数上看，从 1992 年到 2006 年，我国的电子货币经历了一个快速的发展阶段，并且这种趋势将会长期持续。这种趋势的存在将会改变货币的供给结构，从而对货币流动性产生影响。

（二）中国货币流动性及其变化趋势分析

在已有的文献中对货币流动性有不同的解释，传统经济理论对"金融资产流动性"的含义有三种解释：一是"到期日理论"。该理论认为，如果把"货币"视为一种到期日为零的资产，并简化地假定每种资产都有具体的到期日，可以在理论上画出一条"到期日"曲线，横坐标表示不同的未来日期，纵坐标显示累积的到期资产总额，就既定的资产总额来说，这条曲线的截距愈高，斜率愈小，资产就愈有流动性，资产愈接近到期日，变现的可能性就愈大。二是"变通性理论"。该理论认为，流动性为货币余额存量与产出流量的比率，即 M/Y，其含义是如果有足够的刺激，一种高的比率将会促进产出的扩张，而一种低的比率将会妨碍产出的扩张，甚至造成紧缩。三是"金融力理论"。该理论认为，流动性是私人部门（个人、家庭、公司、组织）持有的、以市场价值而不是名义价值衡量的对政府（g）和其他私人部门实体的债权之和（a_p）扣除其对私人部门的负债之和（l_p）后的余额，即金融力 $Z = g + a_p - l_p$，对私人部门的金融力加总就可以得到整个经济的金融力。

货币层次的划分是货币流动性存在的基础。我国从 1994 年第三季度起由中国人民银行按季向社会公布货币供应量统计监测指标。参照国际通用原则，从我国具体的金融经济运行状况出发，根据国际通用的按货币流动性的强弱进行划分的原则，中国人民银行将我国货币供应量指标分为 M_0、M_1、M_2、M_3 四个层次。其中 M_1 是通常所说的狭义货币供应量，M_2 是广义货币的供应量，$M_2 - M_1$ 是准货币，M_3 是考虑到金融不断创新的现状而增设的。本文所指的货币的流动性是指各种金融资产变现的过程中，在不损失或很少损失金融资产自身价值的条件下的变现能力，简称金融资产的变现能力。

自改革开放以来，我国的货币流动性呈现明显的下降趋势，从 1978 年的 82%下降到 2007 年的 38%，虽然从 1994 年后有所减缓，并且构筑了一个平台，但并没有出现反弹的迹象，由此判断货币流动性见底还为时尚早，因此，货币流动性仍处在一个明显的下降通道中。预计货币流动性还将持续下降。当然并不排除有的年份会由于某种不确定的原因而出现反弹，而这种反弹也不会持续，并不会改变货币流动性长期下降的趋势（见图3）。

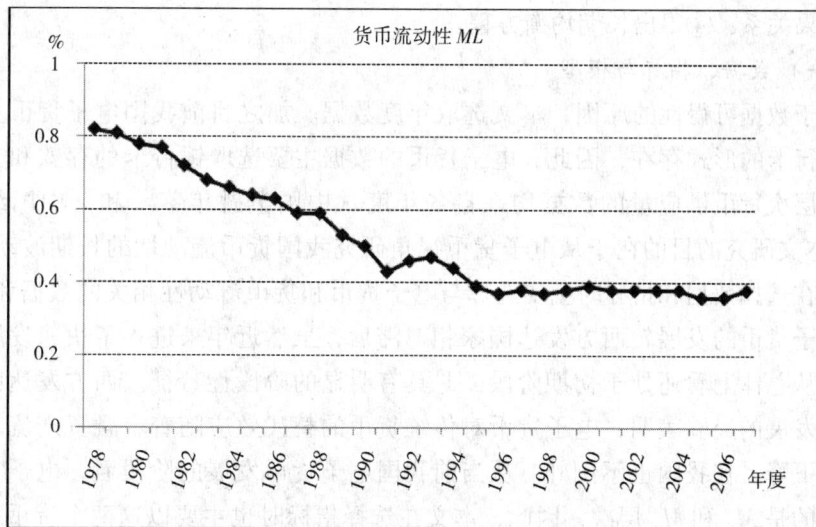

图3　货币流动性的长期波动图

从图 3 可看出，我国货币流动性的波动具有以下明显的特征：从 1978 年到 2007 年的 30 年间货币流动性处于长期下降的趋势。其中，1978—1991 年是快速下降的阶段；1992—1994 年有所反弹，但之后又持续下降；1995—2007 年下降速度减缓，并在 36% ~39% 之间窄幅波动。因此，从总体上看，货币流动性在前期的快速下降之后近年来下降速度有所减缓，但下降的总体趋势并未改变，货币流动性仍处在一个明显的下降通道中。

四、实证研究过程

从理论上说，可以用多种方法来研究此问题。但由于大多数时间序列数据都是非平稳的，不满足传统的多元回归或其他方法对数据平稳性的要求，在这种情况下，即便变量间没有关系，也会由于非平稳的序列带有趋势项而显现出一定的关系，这也就是所谓的"伪回归"的问题。另外，多元回归方法是事前假定，即先假定变量间存在关系，之后再进行验证；而协整分析的方法则是事后假定，即先判断单整阶数，只有变量间单整阶数相同，或不同阶数的变量经过某种组合以后，理论上可能存在长期均衡的关系，才可以假定方程式。为了有效避免"伪回归"及克服多元回归方法的不足，本文采用协整分析的方法。

具体分析步骤如下：①单位根检验，检验样本序列的平稳性和单整阶数；②协整检验，得出各序列间的协整关系；③格兰杰检验，探讨各变量间长期和短期的因果关系；④得出长期均衡方程。

（一）数据、指标与模型

由于数据可得性的原因，本文选取年度数据。加之目前我国电子货币主要以各种银行卡的形式存在，因此，电子货币的数据主要选取银行卡的存款和交易数据，各层次货币供应量的数据均来自各年度《中国金融年鉴》和《中国统计年鉴》。本文研究的目的在于从电子货币视角研究我国货币流动性的长期波动趋势，因此，在选择数据和指标时主要选择与电子货币和货币流动性相关的数据和指标。我国电子货币的发展较西方发达国家相对滞后，虽然近年来进入了快速发展的阶段，但从总体上看还处于初期阶段，并具有明显的阶段性特征。西方发达国家电子货币发展的经验表明，电子货币对传统货币的替代效应随着金融资产流动性的降低而下降，在我国也不例外。从当前我国电子货币发展的阶段看，电子货币主要取代的是 M_0 和 M_1 层次，因此，本文在选择指标时也主要以这两个货币层次为主。然而需要说明的是，这并不意味着电子货币对 M_2 层次就没有影响，只是电子

货币对 M_2 层次的货币替代作用不明显。事实上，电子货币对 M_0 和 M_1 货币层次替代的同时使部分 M_1 层次的货币转化为 M_2 层次，从而使 M_2 层次的货币产生波动，进而影响货币流动性。为此，本文选取货币流动性（M_1/M_2）作为被解释变量，以现金漏损率（K）、通货比率（T）及货币电子化程度 ME 作为解释变量构建数量经济模型，来研究我国货币流动性的长期趋势。

1. 货币流动性（M_1/M_2）

一般认为，可以用三种指标对货币流动性进行度量：一是存量比率，即一定时期内 M_1 与 M_2 的余额比；二是增量比率，即一定时期内 M_1 与 M_2 的增量之比（$\Delta M_1/\Delta M_2$）；三是 M_2 增长率与 M_1 增长率之差（$\Delta M_2/M_{2t-1} - \Delta M_1/M_{1t-1}$）。其中，存量比率反映的是货币流动性变动的长期趋势，而增量比率则不能反映长期趋势。为此，我们选择货币流动性的存量比率（M_1/M_2）作为因变量，以说明我国货币流动性的长期趋势。

2. 现金漏损率（K）

现金漏损率即客户从银行提取的现金额（即现金漏损）与活期存款总额之比。选择它作为自变量的理由在于：从世界各国电子货币发展的历程看，电子货币对传统货币的替代是有先后顺序的，即先替代流动性较高的货币再替代流动性较低的货币。按传统货币层次的划分方法，根据金融资产流动性的高低将货币层次划分为 M_0、M_1、M_2 等，电子货币对传统货币的替代效应是随着货币流动性的增加而增加的，这对正处于电子货币发展初期阶段的我国来说更是如此。因此，对正处于电子货币发展初期阶段的我国来说，电子货币对现金的替代效应更为明显。电子货币对现金的替代并使之转化为银行活期存款及储蓄存款，使得现金漏损率下降，从而改变了狭义货币 M_1 和广义货币 M_2 的供给结构，进而影响货币流动性。

3. 通货比率（T）

它表示现金占狭义货币供应量的比重（M_0/M_1）。选取它作为自变量是因为：基于上述原因，电子货币在替代传统货币时对现金的替代最为明显，而对现金的替代不仅仅是货币形式的替代，它将改变货币的供给结构，从而影响货币流动性。电子货币对现金的替代并转化为其他货币形态，不仅减少了流通中的现金，而且增加了其他货币形态，其中被替代的货币大部分转化为银行活期存款，一部分则直接转化为更高层次的货币形式。这种替代效应不仅从总量上改变狭义货币供应量 M_1 的结构，而且使狭义货币供应量 M_1 在广义货币供应量 M_2 中的比重下降，从而导致货币流动性随之下降。

4. 货币电子化程度

本文用（$M_2 - M_0$）$/M_2$ 来代替货币电子化程度，这主要是因为，在一国金融系统中非现金流通的比重越大，则说明该国货币电子化程度就越高。在电子货币条件下，由于电子货币对传统货币的替代程度随着流动性的下降而减弱，因此电子货币对 M_0 的替代作用也必然大于对 M_2 的替代。这样，M_0 的下降就会使货币电子化程度提高。从我国的实际数据来看，改革开放特别是 20 世纪 90 年代中后期以来，我国的货币电子化程度呈逐年提高的趋势，而这一时期也正是我国电子货币快速发展的时期。货币电子化程度的提高意味着更多的流动性较高的货币会转化为流动性较低的货币，其结果必然会改变货币层次和货币供给结构，从而加剧货币流动性的波动。

根据上述分析，构建如下回归模型，模型所需的数据见表 1。

$$LNM_L = \alpha LNC_R + \beta LNC_L + \chi LNM_E + \mu$$

其中，M_L 为货币流动性，表示狭义货币量 M_1 占广义货币供应量 M_2 的比重（M_1/M_2），C_R 表示现金比率，C_L 表示现金漏损率，M_E 表示货币电子化程度，α、β、χ 分别为 C_L、C_R、和 M_E 的系数。

（二）ADF 检验

在实证分析过程中，为了避免变量之间出现伪回归现象，在做协整检验之前，必须进行单位根检验，以判断各变量平稳性质。粗略观察发现数据并不平稳，在此对数据取对数，取对数的好处在于可以将间距很大的数据转换为间距较小的数据，也便于后面的取差分，然后再对新变量进行平稳性检验。本文采取的单位根检验方法是 ADF（Augment Dikey – Fuller）检验法，利用 Eviews5.1 软件对各变量进行单位根检验，结果如表 2 所示。

表 2　　　　　　　　　　变量单位根检验（ADF）结果

变量	检验形式 (I,T,P)	ADF 检验值	临界值 (1% 显著性水平)	临界值 (5% 显著性水平)	结论
LNM_L	$(N, N, 1)$	1.418 557	− 2.674 290	− 1.957 204	不平稳
ΔLNM_L	$(N, N, 1)$	− 3.468 274	− 2.679 735	− 1.958 088	平稳
LNC_L	$(N, N, 1)$	1.284 865	− 2.674 290	− 1.957 204	不平稳
ΔLNC_L	$(I, N, 1)$	− 3.525 891	− 3.788 030	− 3.012 363	平稳 *
LNC_R	$(I, N, 1)$	0.500 216	− 3.769 597	− 3.004 861	不平稳
ΔLNC_R	$(N, N, 1)$	− 3.366 306	− 2.679 735	− 1.958 088	平稳
LNM_E	$(I, T, 1)$	− 3.604 044	− 4.467 895	− 3.644 963	不平稳
ΔLNM_E	$(N, N, 1)$	− 4.873 238	− 3.808 546	− 3.020 686	平稳

注释：（1）检验形式中的 I 和 T 表示常数项和趋势项，P 表示是根据 AIC 原则确定的滞后阶数，N 表示检验方程中此处对应项不存在；（2）当 ADF 值大于临界值时说明序列不平稳，* 表示在 5% 显著性水平下平稳，无标志说明在 1% 显著性水平下平稳；（3）Δ 表示对变量进行一阶差分。

表 2 显示，变量 LNM_L、LNC_L、LNC_R、LNM_E 都不是零阶单整的，即它们本身是不平稳的，而 LNM_L、LNC_L、LNC_R、LNM_E 在 5% 显著水平下的一阶差分是平稳的，即都属于 I（1）。它满足协整的必要条件，因此可以对其进行协整检验。

（三）协整检验

一般进行协整检验的方法是 Engle 和 Granger 提出的 EG 两步法。然而，当对两个以上变量做协整检验时，这种方法存在一个较大的缺陷：把不同的变量作为被解释变量时，可能检验得出不同的协整向量。因此，本文采用一种多变量的协整检验方法——Johansen 检验法或者称为 JJ 检验法，这种方法由 Johansen 和 Juselius 于 1990 年提出。JJ 检验法不仅克服了 EG 两步法的缺陷，而且做多变量检验时还可以精确地检验出协整向量的数目。检验结果如表 3 所示。

表 3　　　　　　　　　　协整关系的 Johansen 检验结果

检验变量	特征值	迹检验统计量	5% 显著性水平临界值	Prob	结论
LNM_L	0.556 695	19.367 26	15.494 71	0.0124	至少有一个
LNC_L	0.103 047	2.283 796	3.841 466	0.1307	协整关系
LNM_L	0.504 860	16.560 62	15.494 71	0.0344	至少有一个
LNC_R	0.082 118	1.799 419	3.841 466	0.1798	协整关系
LNM_L	0.462 398	17.781 79	15.494 71	0.0222	至少有一个
LNM_E	0.202 374	4.748 426	3.841 466	0.0293	协整关系

从表 3 可知，变量 LNM_L 与 LNC_L、LNC_R 及 LNM_E 之间存在协整关系，即它们之间存在长期均衡关系。

（四）格兰杰因果关系检验

经过协整检验，得知上述变量之间存在协整关系，但这种均衡关系是否构成因果关系及其方向尚需进一步验证，这就需要进行格兰杰因果关系检验。该检验的判定准则是：依据平稳性检验中的滞后期选定样本检验的滞后期，根据输出结果的 P－值判定存在因果关系的概率。检验结果见表 4。

表 4　　　　　　因素变量与货币乘数之间格兰杰因果关系检验

因果关系方向	滞后期	F－统计量	P－值	因果关系
$LNM_L \rightarrow LNC_L$	1	0.543 12	0.470 15	不存在
		7.820 43	0.011 51	
$LNC_L \rightarrow LNM_L$	2	1.026 30	0.380 75	存在
		5.893 16	0.012 09	

表4(续)

因果关系方向	滞后期	F-统计量	P-值	因果关系
LNM_L→LNC_R	1	0.568 69	0.460 02	不存在
		6.790 55	0.017 37	
LNC_R→LNM_L	2	0.431 59	0.656 82	存在
		4.704 40	0.024 72	
LNM_L→LNM_E	1	0.638 40	0.434 17	不存在
		2.892 81	0.105 29	
LNM_E→LNM_L	2	1.042 66	0.375 28	存在
		1.906 81	0.180 82	

注释：（1）→表示因果关系方向，表示原假设为前一变量不是后一变量的格兰杰原因。

根据表4可知，现金漏损率 C_L、现金比率 C_R、货币电子化程度 M_E 是货币流动性 M_L 的格兰杰原因，而货币流动性 M_L 不是现金漏损率 C_L、现金比率 C_R、货币电子化程度 M_E 的格兰杰原因。

（五）各变量与货币流动性的长期均衡关系

从以上检验可知，由于现金漏损率 C_L、现金比率 C_R 及货币电子化程度 M_E 三个变量是引起货币流动性 M_L 的格兰杰原因，它们之间存在长期均衡关系。因此，可以分别以 C_L、C_R 和 M_E 为被解释变量，以 M_L 为解释变量，得到如下回归方程：

$$LNM_L = -0.0540 + 0.2204LNC_R - 0.4244LNC_L - 2.7352LNM_E$$

$$(-0.278\,891)\ (0.741\,483)\ (-1.991\,542)\ (-17.836\,78)$$

$$R^2 = 0.953\,952 \quad DW = 1.457\,346 \quad F = 152.9202$$

五、对实证结果的分析

实证结果表明，在电子货币条件下，影响货币流动性的主要因素是现金漏损率 C_L、现金比率 C_R 及货币电子化程度 M_E，这些因素与货币流动性有着明显的相关关系。

首先，现金漏损率与货币流动性呈正相关关系，亦即随着电子货币的发展，货币流动性会随着现金漏损率的下降而下降。这主要由于现金漏损率是用于衡量银行活期存款与现金流通量之间比例关系的指标，它的变动不仅改变了二者的结构，而且还会影响货币供给结构，从而影响货币流动性。就目前我国电子货币发展的阶段看，我国还处于发展的初期阶段，电子货币的发展有着明显的阶段性特征，它对传统货币的替代也主要是替代流动性较高货币，如现金和银行活期存款，而它们正是狭义货币 M_1 的重要组成部分。电子货币高流动性的特点使得各层次货币之间的相互转化变得轻而易举而且几乎是零成本的，因此电子货币对高流动性货币的替代直接减少了现金的供给；同时，在不损失或很少损失流动性的前提下，高流动性货币的持有者将会放弃较高的流动性而追逐流动性较低但收益率较高的金融资产，这就使流动性较强的货币向流动性较弱的货币层次转化，使狭义货币供应量 M_1 中的一部分会转化为广义货币供应量 M_2，这就会改变货币供应量 M_1 和 M_2 的结构，从而降低了货币流动性。

其次，现金比率与货币流动性则呈负相关关系。现金比率反映的是现金使用量与狭义货币供应量 M_1 之间的比例关系，现金使用量的多少直接反映一国电子货币发展的阶段和水平。西方发达国家电子货币的发展经验表明，电子货币对传统货币的替代是以货币的流动性从高到低的顺序逐步替代的，现金使用量的减少说明电子货币对现金具有明显的替代效应。从近年来我国电子货币及现金比率的数据来看，在电子货币快速发展的同时现金使用量却呈现明显下降的趋势。而电子货币对现金的替代一方面减少了现金的使用量，另一方面则增加了其他货币层次的货币供应量，亦即使现金转化为流动性较高的货币层次。然而，电子货币对现金的替代并非简单的形式上的替代，如果现金转化为银行活期存款，根据存款货币创造的原理，则会增加整个银行体系的货币供给；如果现金转化为较高层次的货币，则会改变货币的供给结构，使狭义货币供应量 M_1 减少而广义货币供应量 M_2 增加，从而导致货币流动性下降。

最后，货币电子化程度与货币流动性也呈明显正相关关系。由于货币电子化程度反映的是一国经济交易中非现金交易所占的比重，该比重越大说明货币电子化程度越高，电子货币的发展速度就越快，它对传统货币的替代作用就越明显。实证结果表明，在我国，随着电子货币的快速发展，货币电子化程度也随之上升，特别是在 1990 年以后，货币电子化程度与电子货币的发展同时进入了一个快速上升的周期。货币电子化程度的提高说明现金交易在整个经济交易中的地位下降，现金的使用量也减少，而更多的高流动性货币将转化为流动性较低的货币层次，使流动性较高的货币占流动性较弱的比例下降，使 M_1 和 M_2 的结构发生了变化，从而降低了货币流动性。

六、结论

通过上述分析可知，电子货币的发展与货币流动性长期波动之间存在着长期均衡的关系。在我国，电子货币的发展及其对传统货币的替代效应是导致货币流动性长期下降和波动的重要原因之一，这与理论假设和现实数据相符。因此，我们得出以下基本结论。

第一，电子货币对传统货币的替代并非简单的形式上的替代，这种替代不仅改变了货币存在的形态和货币供给的结构，而且给传统的根据金融资产流动性的高低来划分货币层次的方法的金融理论带来了前所未有的挑战。电子货币使得各层次货币之间的界线不再明显，模糊了各种金融资产之间的界线，使货币层次的划分变得更加困难，传统划分货币层次的前提受到了挑战，传统货币层次划分的方法也受到了质疑，而货币流动性正是基于此提出的，因此，电子货币的发展对货币流动性的影响是不可忽略的。

第二，电子货币的发展增强了货币流动性的内生性。由于在传统的货币政策目标体系中，货币供应量长期作为各国重要的货币政策中介目标，中央银行也主要是通过对货币供应量 M_1 和 M_2 的调控来达到货币政策的最终目标，因此，货币结构的变动必然会导致货币流动性的波动。随着电子货币的快速发展及其对传统货币的替代，使流动性较强的货币转化为流动性较弱的货币，从而改变货币供给的结构，这不仅加剧了货币流动性的波动也增强了货币流动性的内生性，并使货币流动性处在一个长期下降的通道中。其结果将会削弱了中央银行对基础货币的控制能力，增加中央银行控制货币供应量的难度，使货币供应量作为货币政策中介目标的效果受到影响，从而影响货币政策的有效性。

第三，进一步研究发现，电子货币对传统货币有着明显的替代效应，一是替代加速效应，二是替代转化效应。前者是指由于电子货币自身高流动性的特点，导致了电子货币对传统货币的替代加快了各货币层次的流通速度；后者是指由于在电子货币条件下，各种货币层次之间的界限变得不再明显，并且它们之间的转化变得轻而易举和几乎是零成本的，货币持有者为了追逐低流动性货币相对较高的收益率，在不损失或很少损失流动性的前提下就会减少持有以 M_1 为代表的流动性较高的货币，而增加以 M_2 为代表的能给货币持有者带来较高收益率的货币，从而改变货币供给的结构，使 M_1 占 M_2 的比重逐步下降，最终导致货币流动性下降。

参考文献

[1] 陈雨露，边卫红. 电子货币发展与中央银行面临的风险分析[J]. 国际金融研究，2002（1）：53 - 58.

[2] 董昕，周海. 网络货币对中央银行的挑战[J]. 经济理论与经济管理，2001（7）：21 - 25.

[3] 胡海鸥，贾德奎. 电子货币对货币政策效果的挑战[J]. 外国经济与管理，2003（4）：26 - 30.

[4] 靳超，冷燕华. 电子化货币、电子货币与货币供给[J]. 上海金融，2004（9）：13 - 19.

[5] 黎冬，符文佳. 浅析电子货币对货币政策效应的冲击[J]. 中央财经大学学报，2001（5）：33 - 36.

[6] 刘春梅等. 我国电子货币法律问题探讨[J]. 河北金融，2008（8）：68 - 69.

[7] 毛定祥. 广义货币流动性内生性与协整关系的实证研究[J]. 上海大学学报（自然科学版），2003（6）：279 - 282.

[8] 卜永祥. 我国货币流动性的周期变动及其成因[J]. 金融研究，1999（8）：27 - 33.

[9] 王鲁滨. 电子货币与金融风险防范[J]. 金融研究，1999（10）：71 - 74.

[10] 王倩，纪玉山. 电子货币对货币供应量的冲击及应对策略[J]. 经济社会体制比较，2005（4）：121 - 125.

[11] 吴林轩. 网络经济下的电子货币与管理对策[J]. 金融发展研究，2008（6）：76 - 78.

[12] 谢杭生，徐燕等. 对我国货币流动性变化的实证分析[J]. 财贸经济，1996（10）：9 - 15.

[13] 谢平，尹龙. 网络经济下的金融理论与金融治理[J]. 经济研究，2001（4）：24 - 30.

[14] 杨文灏，张鹏. 电子货币对传统货币领域挑战与对策研究[J]. 金融纵横，2004（8）：23 - 25.

[15] 易行健，谢识予. 我国货币流动性的长期趋势与周期波动：1978 - 2002[J]. 上海经济研究，2003（11）：17 - 24.

[16] 尹龙. 电子货币对中央银行的影响[J]. 金融研究，2000（4）：34 - 41.

[17] 伊特韦尔. 新帕尔格雷夫经济学大辞典[M]. 北京：经济科学出版社，1996.

[18] 赵家敏. 论电子货币对货币政策的影响[J]. 国际金融研究，2000（11）：19 - 24.

[19] 周光友. 电子货币发展对货币流通速度的影响[J]. 经济学（季刊），2006（4）：1219 - 1233.

[20] 周光友. 电子货币的货币乘数效应：基于中国的实证分析[J]. 统计研究，2007（2）：68 - 75.

[21] 周光友. 电子货币的替代效应与货币供给的相关性研究[J]. 数量经济技术经济研究，2009（3）：129 - 138.

[22] Berentsen, Aleksander. 1998. "Monetary Policy Implications of Digital Money." *Kyklos*, 51（1）：89 - 117.

[23] BIS. 1996. Implications for Central Banks of the Development of Electronic Money. http：//

www. eldis. org/static/DOC2027. htm.

[24] BIS. 2001. "Survey of Electronic Money Developments. " http：//www. bis. org/pub1/cpss48. pdf.

[25] BIS. 2004. "Survey of Developments in Electronic Money and Internet and Mobile Payments. " http：//www. dnb. nl/en/binaries/sr001 ＿ tcm47 - 146796. pdf.

[26] Boeschoten, W. C. , and G. E. Hebbink. 1996. "Electronic Money, Currency Demand and the Seignorage Loss in the G10 Countries. " http：//www. dnb. nl/dnb/pagina. jsp? pid.

[27] Friedman, Benjamin M. 1999. "The Future of Monetary Policy：The Central Bank as an Army with Only a Signal Corps?. " *International Finance*, 2 (3)：321 - 338.

[28] Goodhart, Charles A. E. 2000. "Can Central Banking Survive the IT Revolution?. " *International Finance*, 3 (2)：189 - 209.

[29] Hawkins, John. 2002. "Electronic Finance and Monetary Policy. " BIS Papers No 7.

[30] Janson, Nathalie. 2003. "The Development of Electronic Money：Toward the Emergence of Free - Banking?. " http：//www. mises. org/asc/2003/asc9janson. pdf.

[31] Owen, Ann L. , and Christopher Fogelstrom. 2005. "Monetary policy implications of electronic currency：an empirical analysis. " *Applied Economics Letters*, 12 (7)：419 - 423.

[32] Reddy, Y. V. 2002. "Report of the Working Group on Electronic Money. " http：//rbidocs. rbi. org. in/rdocs/PublicationReport/Pdfs/30758. pdf.

[33] Solomon, E. H. 1997. *Virtual Money*. Oxford University Press.

[34] Sullivan, Susan M. 2002. "Electronic Money and Its Impact on Central Banking and Monetary Policy. " http：//www. hamilton. edu/academics/Econ/workpap/04 ＿ 01. pdf.

Research on Long−term Trend of Monetary Liquidity in China: An Angle of Electronic Money

Zhou, Guang−you

(Institute for Financial Studies, Fudan University, Shanghai, China, 200433)

Abstract: This paper takes the electronic money as an angle of view, research the reason that long−term drop continually of monetary liquidity in China. Through test the correlation between electronic money and monetary liquidity, and discovered that electronic money is closely related to the monetary liquidity. The study result that not only the substitution of electronic money to the traditional money changed the money shape, but changed the money structure, and it has the obvious substitution effect to the traditional money: One is the substitution acceleration effect, two is the substitution transformation effect. The former speedups the transformation speed between each kind of money level, thus causes the money level to become unstable; the latter cause the high liquidity money transformation to the low liquidity money, thus changed the money structure. Two substitution effects aggravated fluctuate of monetary liquidity, and caused the monetary liquidity to drop continually. Therefore, the electronic money development is one of important reason that causes the monetary liquidity to drop long−term and continually in China.

Key words: Monetary Liquidity; Electronic Money; Substitution Effect; Money Supply

发展中大国贸易结构与
外贸增长的福利转移

易先忠

摘　要：Bhagwati 指出，大国出口偏向型经济增长会导致贸易条件恶化，从而发生福利的对外转移。基于 UNCTAD 自 1995 年以来的商品贸易数据，对巴西、南非、印度、墨西哥、印度尼西亚和中国六个发展中大国的外贸增长的福利转移效应进行测度，结果显示，1995 年以来，印度和中国发生了明显的对外“转移支付”，墨西哥和印度尼西亚在一段时期内甚至产生了“贫困化增长”，而巴西和南非无偿享有了贸易伙伴国的福利。本文进一步从进出口贸易结构的角度分析了导致外贸增长绩效产生差异的原因。

关键词：外贸增长；福利转移；大国效应；贫困化增长

一、引言

中国、巴西、印度和俄罗斯联邦（“金砖四国”）的崛起正深刻地改变着世界

基金项目：湖南省社科基金项目（09YBA082），中国博士后科学基金特别资助项目（200801057）。

作者简介：易先忠（1976— ），男，湖南商学院区域战略研究所博士，flaffite@163.com。

经济政治格局①，"大国经济现象"也逐渐成为国内外关注的热点。通过积极对外开放，立足比较优势，实施出口导向的发展战略是全球化时代"金砖四国"经济发展的共同特征。但同时，特别需要从大国的视角来审视发展中大国经济发展的战略影响和经济发展绩效。"金砖四国"经济的快速增长也伴随着这些国家的出口总额和进口需求快速扩张。但 Bhagwati（1958）指出，出口偏向型经济增长的大国可能会遭受贸易条件恶化，使得外贸增长的绩效不佳。

"普雷维什—辛格假说"（即自由贸易并没有使发展中国家获得传统贸易理论所预言的贸易利益，反而使自身的增长好处被发达国家无偿占有，甚至形成"贫困化增长"）提出后的半个多世纪以来，发展中国家外贸发展绩效一直备受关注。即使发展中国家出口商品结构实现了从初级产品向工业制成品的转变，但发展中国家的贸易条件还是没有得到改善，其工业制成品出口价格在 1970—1987 年累计下降 20%（Sarkar and Singer，1991），发展中国家制成品贸易条件呈恶化趋势（Singer，1999）。众多学者基于不同样本和时间序列进行计量分析，发现发展中国家普遍存在贸易条件恶化的现象（Maizels，1999；Ocampo，2003）。虽然由于贸易条件恶化导致贫困化增长已被证明是一个非常重要的贸易与福利理论（Bhagwati，1968），但大多数经济学家并不认为贫困化增长会成为现实经济中的问题（Krugman and Obstfeld，2003），他们对这一重要理论的相关经验研究极少。Sawada（2003）针对非洲、亚洲、欧洲、美洲以及太平洋地区等 115 个国家 1950—1988 年的研究结果显示，其中 34 个国家的经济发展呈现出"出口贫困化增长"状态。Sawada（2009）运用二战后世界宏观经济经济增长数据实证发现，尽管一国总体上出现持续贫困增长的可能性较小，但实际上在非洲和拉丁美洲的部分国家出现了 26 个贫困化增长的时期。贫困化增长是外贸增长绩效中一种极其糟糕的情况，产生贫困化增长的主要原因是贸易条件的恶化导致的福利损失超过了经济增长所增加的福利。贸易条件的恶化可由增长国面临不利的需求条件导致，也可由贸易伙伴国进口替代战略引起。无论哪种情况，发展中大国经济增长遭受贸易条件恶化的可能性更大。陈晔等（2007）、林林等（2005）用"贫困化增长"的前提条件与中国对外贸易发展的经济指标相比较，认为中国对外贸易基本上属于贫困化增长，或者说有贫困化增长的趋势。很多研究表明我国价格贸易条件恶化，但由于出口量的快速增长，我国的收入贸易条件得到明显改善，并没有带来所谓的

---

① 这些大国的经济增长不仅影响世界商品市场，甚至影响世界人们的储蓄与投资流，增加了对海洋和空气等公共物品的需求（Winters and Yusuf，2007：1）。即使按照保守估计，这些大国的经济规模及其影响都是巨大的（World Bank，2007）。

"贫困化增长"（如林丽、张素芳，2005；林桂军、张玉芹，2007）。由于大国效应存在，我国贸易条件恶化导致贸易增长福利不高引起了对比较优势战略有效性的质疑（如徐建斌、尹翔硕，2002；郭克沙，2004）。

本文试图探讨发展中大国外贸增长的绩效问题，把人口超过1亿、国土面积超过100万平方公里、以购买力平价计算的国内生产总值（GDP）占全球1%以上、人均GDP在1万美元以下的国家，称为发展中大国。符合以上条件的发展中大国有巴西、中国、印度、墨西哥、印度尼西亚、俄罗斯联邦6个国家[①]。6个发展中大国人口合计超过全球人口的50％，国土面积在4200万平方公里以上，按购买力平价计算的GDP占全球的30.6%（IMD World Competitiveness Yearbook，2005），成为全球经济一支不可忽视的重要力量（赵新平、刘清田，2007）。详见表1。

表1　　　　　2007年6个发展大国进出口情况（10亿美元、%）

出口国	出口额	占世界比例	增长率	排名	进口国	进口额	占世界比例	增长率	排名
中国	1218	8.72	26	2	中国	956.0	6.7	21	3
墨西哥	272.0	2.0	9	15	墨西哥	296.3	2.1	11	14
巴西	160.6	1.2	17	24	印度	216.6	1.5	24	18
印度	145.3	1.0	20	26	巴西	126.6	0.9	32	28
印尼	118.0	0.8	14	32	印尼	92.4	0.6	15	32
南非	69.8	0.5	20	38	南非	91.0	0.6	18	33

资料来源：根据 UNCTAD handbook of statistics 2008 整理。

大国条件是产生"出口贫困化增长"的重要条件，产生"出口贫困化增长"的根本原因是对外转移的福利超过增长的效应。但贸易条件的核算是相关研究的立足点，诸多关于我国外贸增长效应的研究之所以没有达成一致的结论，是由于贸易条件、特别是价格贸易条件的计算口径及方法有差异。而 UNCTAD 给出的我国的贸易条件与众多文献测算的贸易条件差异很大（如林桂军、张玉芹，2007；汪素芹、史俊超，2008 等）。本文基于 UNCTAD 1995 年以来的商品贸易数据，测算了巴西、南非、印度、墨西哥、印度尼西亚和中国6个发展中大国的对外"转移支付"。

---

　　① 在 UNCTAD 统计中往往把俄罗斯联邦划分为转型经济，并没有列入发展中国家之列，重要的是没有俄罗斯联邦的贸易条件方面的数据，所以本文没有纳入俄罗斯联邦的分析。

二、外贸增长的福利转移效应及其条件分析

1. 外贸增长的"转移支付"效应

Bhagwati（1958）指出，对于一个出口偏向型经济增长的大国，如果其出口供给的变动足以影响世界价格，经济增长可能会由于出口增加而导致贸易条件恶化，抵消部分经济增长利益，以"转移支付"的形式为他国享有。如图1，由于外贸增长，生产可能性边界的扩张是偏向出口部门（x）的。但出口产品（x）价格相对下降，均衡时的贸易条件从 P_x/P_y 下降到 P_x^*/P_y^*。如果贸易条件维持增长前的水平，大国福利从 U_1 提高到 U_3 的水平，这是大国外贸增长的纯福利效应。但由于贸易条件恶化，增长国所得福利从 U_3 降低到了 U_2 水平，抵消了外贸增长的部分福利，以"转移支付"的形式为他国享有。如果贸易条件严重恶化，福利水平会降至 U_4 水平，转移至他国的利益超过了增长利益，总的福利效果为负，从而导致"贫困化增长"。外贸增长产生"大国效应"和福利"转移支付"有两个重要条件：其一，增长国外贸在国际市场上占有重要份额，其出口供给的增加能影响世界价格；其二，增长国进口边际倾向较高，即增长国对进口的需求会因经济增长而显著增加，而增长国出口产品在世界市场上需求价格弹性较低。

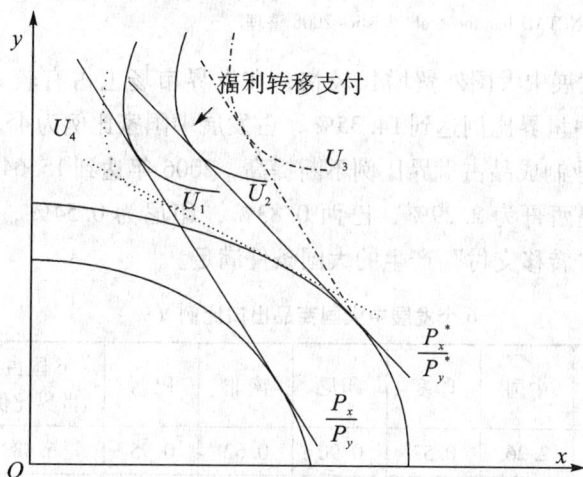

图1　大国出口增长的福利转移支付效应

2. 发展中大国外贸增长的"转移支付"效应条件分析

那么，6个发展中大国外贸增长是否满足"转移支付"产生的条件呢？首先，6个发展中大国经济增长满足出口偏向型经济增长的前提条件。表2给出了6个发

展中大国的出口增长率和经济增长率，6个发展中大国的出口增长率都远远高于经济增长率，如墨西哥在1995—2007年出口平均增长率达到12.6%，远远超过同期内GDP增长率3%的水平；中国出口平均增长率达到20%，远远超过同期内GDP增长率9.6%。因此，6个发展中大国的经济增长是一种出口偏向型经济增长，而大国出口偏向型经济增长可能会由于贸易条件的恶化对外转移经济增长的福利。

表2　　　　　　　　　6个发展中大国出口与真实人均GDP增长率（%）

年份	墨西哥		中国		印度		印尼		巴西		南非	
	出口	人均GDP	出口	人均GDP	出口	人均GDP	出口	人均GDP	出口	人均GDP	出口	人均GDP
1995	30.6	−6.2	23.0	10.9	22.4	7.6	18.0	8.2	6.8	4.2	10.1	3.2
1997	15.0	6.8	21.0	9.3	5.7	4.5	13.0	4.7	11.0	3.3	6.2	2.8
1999	16.1	3.8	6.1	7.6	6.7	7.1	1.7	0.8	−6.1	0.8	2.8	2.4
2001	−4.7	0.0	6.8	8.3	2.3	5.3	−12.3	3.6	5.7	1.3	−2.6	3.0
2003	2.9	1.4	34.6	10.0	17.1	8.3	8.4	4.8	21.1	1.1	22.8	3.3
2005	13.1	3.0	28.4	10.4	30.0	8.8	20.1	5.6	22.6	3.2	12.1	5.2
2007	8.6	3.2	25.6	11.4	20.3	9.7	20.5	6.3	16.6	5.4	17.5	5.1
平均	12.6	3.0	20.0	9.6	15.0	6.9	9.3	3.7	11.1	3.0	9.6	3.7

资料来源：根据UNCTAD handbook of statistics 2008整理。

其次，6个发展中大国外贸增长较快，在世界市场上占有较大份额，如2007年6国商品出口占世界比例达到14.35%，占发展中国家比例为45.09%。特别是6个发展中大国工业制成品占世界比例不断提高，2006年达到15.64%。其中，中国达到10.81%，墨西哥为2.29%，巴西0.83%，印尼为0.54%，印度为0.86%，南非为0.31%。"转移支付"产生的大国条件满足。

表3　　　　　　　　　6个发展中大国商品出口比例（%）

年份	墨西哥	中国	印度	印尼	南非	巴西	6国占世界比例	6国占发展中国家比例
1992	1.23	2.26	0.52	0.90	0.62	0.95	6.48	29.58
1995	1.54	2.88	0.59	0.92	0.54	0.90	7.37	32.46
1997	1.98	3.27	0.63	1.01	0.56	0.95	8.4	33.98
1999	2.39	3.41	0.62	0.90	0.47	0.84	8.63	34.17
2001	2.56	4.30	0.70	0.93	0.47	0.94	9.9	37.30

表3(续)

年份	墨西哥	中国	印度	印尼	南非	巴西	6国占世界比例	6国占发展中国家比例
2003	2.19	5.81	0.78	0.85	0.48	0.97	11.08	40.06
2005	2.04	7.27	0.95	0.82	0.49	1.13	12.7	41.73
2007	1.97	8.81	1.05	0.86	0.50	1.16	14.35	45.09

资料来源：根据 UNCTAD handbook of statistics 2008 整理。

最后，6 个发展中大国进口边际倾向较高，影响世界市场价格的形成。发展中大国新兴市场快速增长的工业产出、基础设施建设，增加了对原材料的需求。根据国际能源署（IEA）和剑桥能源研究协会的数据显示，中国、印度 2001—2007 年对石油的消耗增长了 56%，2000—2007 年中国国内建设消费铜的增量占了世界铜消费增量的 90%。自 1999 年以来，中国对主要金属的需求年均增长 17%，占全球需求增量的 2/3 还多（Coxhead and Jayasuriya，2008）。为维持高速的出口贸易增长，6 个发展中大国对金属、矿产品及其他原材料的边际进口倾向较高。如随着中国外贸增长，中国未加工的铝的消耗量占全世界比例在 2004—2006 年达到 22.9%，精炼铜达到 21%。印度分别为 3%、2.3%。墨西哥精炼铜消耗量占全世界比例在 2004—2006 年达到 2.5%。（见表4）

表4　　　　　　　　　　6 个发展中大国部分矿产品消费

国家	时期	未加工铝		精炼铜	
		重量（公吨）	占世界比例(%)	重量（公吨）	占世界比例(%)
南非	1994—1996	114 570	0.57	80 450	0.67
	1999—2001	169 860	0.71	75 060	0.51
	2004—2006	254 000	0.80	85 370	0.51
墨西哥	1994—1996	71 270	0.35	191 300	1.58
	1999—2001	96 010	0.40	434 580	2.97
	2004—2006	150 630	0.47	427 100	2.53
巴西	1994—1996	470 570	2.34	203 870	1.69
	1999—2001	509 900	2.12	321 280	2.19
	2004—2006	727 890	2.29	336 630	2.00
中国	1994—1996	1 708 990	8.49	1 044 600	8.65
	1999—2001	3 305 740	13.77	1 906 500	13.02
	2004—2006	7 269 790	22.87	3 537 510	20.98

表4（续）

国家	时期	未加工铝		精炼铜	
		重量（公吨）	占世界比例(%)	重量（公吨）	占世界比例(%)
印度	1994—1996	546 930	2.72	131 130	1.09
	1999—2001	587 020	2.44	265 160	1.81
	2004—2006	960 320	3.02	382 110	2.27
印尼	1994—1996	172 430	0.86	83 230	0.69
	1999—2001	149 120	0.62	73 510	0.50
	2004—2006	268 280	0.84	211 410	1.25

资料来源：根据 UNCTAD handbook of statistics 整理。

发展中大国对主要基本金属（铝、铁矿、铜、铜、锌等）的需求占全世界的份额随着外贸增长急剧上升（Kaplinsky，2006），这些原材料的国际市场价格随着发展中大国需求的增加而水涨船高（见表5）。实际上，发展中大国外贸急剧扩张对世界市场价格的重要影响已得到较普遍的认同，如 Streifel（2006）、Kaplinsky（2006）和 Gordon and Raymond（2008）认为中国、印度的经济增长与世界硬金属和矿产品价格变动紧密联系。Coxhead and Jayasuriya（2008）指出，中国对原料商品的巨额需求导致了其世界价格的猛涨。不难想象，如果印度等发展中大国也走中国的工业化道路，对世界商品需求和价格的影响会有多大。发展中大国对石油、钢铁及原材料等初级产品的需求也随着出口贸易的扩张急剧上升，这就导致采购时价格大幅度上升（见表5）。

表5　　　　　　　　世界主要商品价格变化百分比（%）

	2002	2003	2004	2005	2006	2007	2002—2007
除原油外的所有商品	-0.8	-0.2	13.6	12.0	30.7	8.5	80.1
粮食	2.9	4.1	13.2	6.3	16.3	13.3	65.0
矿产及金属	-2.7	12.4	40.7	26.2	60.3	12.8	260.8
铝	-6.5	6.0	19.8	10.6	35.4	2.7	95.4
磷酸盐矿	-3.3	-5.9	7.8	2.5	5.3	60.5	75.7
铁矿	-1.1	8.5	17.4	71.5	19.0	9.5	184.7
锡	-9.4	20.6	73.8	-13.2	18.9	65.6	258.1
铜	-1.2	14.1	61.0	28.4	82.7	5.9	356.5
镍	14.0	42.2	43.6	6.6	64.5	53.5	449.4
钨矿	-41.8	18.0	22.9	120.7	36.2	-0.6	333.5

表5（续）

	2002	2003	2004	2005	2006	2007	2002—2007
铅	-4.9	13.8	72.0	10.2	32.0	100.2	469.9
锌	-12.1	6.3	26.5	31.9	137.0	-1.0	316.4
原油	2.0	15.8	30.7	41.3	20.4	10.7	185.1
制成品	0.6	9.2	8.3	2.5	3.4	7.5	34.8

资料来源：UNCTAD Trade and Development Report 2008。

总之，发展中大国，特别是中国、印度、墨西哥和巴西外贸增长基本满足"大国效应"产生的条件，外贸增长的"大国效应"意味着随着外贸增长，贸易条件恶化，外贸增长的福利将以"转移支付"的形式为国外无偿享有。

三、贸易增长的福利转移效应核算

近年来，初级产品的国际价格涨幅高于制造业产品价格，初级产品进口与工业品出口的两相扩张导致了部分发展中大国的贸易条件进一步恶化，但6个发展中国家的贸易条件出现较大差异，见表6：中国、印度贸易条件急剧恶化；而南非一直获得有利的贸易条件，巴西在多数年份获得有利的贸易条件；印尼和墨西哥虽然在2000年前遭受贸易条件恶化，但总体上呈现贸易条件改善的趋势。

表6　　　　6个发展中大国的商品贸易条件（2000年为100）

年份	1995	1996	1997	1998	1999	2000	2001	2002	2003	2004	2005	2006
巴西	110.4	108.3	114.4	114.3	103.2	100.0	99.7	98.4	97.0	97.8	99.2	103.8
中国	101.9	105.9	110.2	110.6	104.1	100.0	101.7	101.4	97.6	92.0	85.6	81.4
印度	108.0	99.0	113.6	117.6	105.2	100.0	103.5	100.8	96.1	90.8	86.7	82.7
印尼	90.4	97.3	99.0	81.8	66.3	100.0	100.9	101.1	104.5	105.3	102.0	100.1
南非	106.0	107.5	106.6	104.0	102.0	100.0	104.3	103.1	101.8	110.1	114.6	125.9
墨西哥	92.5	96.1	97.1	94.0	95.0	100.0	97.4	97.9	98.9	101.6	103.6	104.0

资料来源：根据UNCTAD handbook of statistics 2008 on-line, International merchandise trade 整理。

贸易条件的变化导致外贸增长福利的转移，以 Hossain et al.（1999）计算因贸易条件变化而导致的福利转移，其计算公式为：

$$\Delta U = -(X/P_X)(1 - TOT/100)$$

其中 ΔU 代表福利向国内或者向国外转移，如果 ΔU 为正表示因贸易条件改善而获

27

得改进的福利，为负表示因贸易恶化而对外转移支付的福利；X 代表以 2000 年为不变价格衡量的出口额；P_X 代表出口价格指数；TOT 代表贸易条件。表 7 核算了由于贸易条件变化而导致的福利转移。

表7　外贸增长福利转移效应核算（贸易收益/损失，2000 年基期）（百万美元）

	中国	巴西	南非	印尼	印度	墨西哥
1995	27.51	41.25	13.66	-44.46	22.69	-61.26
1996	83.86	34.01	19	-12.24	-3.09	-37.66
1997	172.7	64.23	18.13	-5.16	40.67	-32.81
1998	187.9	65.23	10.34	-113.06	54.94	-74.97
1999	79.59	15.47	5.45	-265.46	18.39	-71.78
2001	44.74	-1.87	12.43	5.31	15.46	-42.88
2002	46.44	-10.5	9.32	6.79	4.35	-35.25
2003	-109.7	-22.93	6.51	27.05	-22.82	-18.1
2004	-478.1	-19.86	38.62	31.15	-64.55	28.21
2005	-1083.4	-8.12	54.66	12.31	-107.21	66.79
2006	-1741.1	38.62	92.43	0.39	-153.64	83.79
总和	-2769.5	195.52	280.54	-357.37	-194.81	-195.93

资料来源：根据 UNCTAD handbook of statistics 2008 on - line, IV. International merchandise trade indicators 计算。

注释：由于 UNCTAD handbook of statistics 2008 on - line 只给出至 2006 年贸易条件数据，为保持数据口径的一致性，所以本文只分析了至 2006 年的贸易福利转移效应。

贸易条件的变化直接导致了福利的转移，根据表 7，印度、墨西哥、印度尼西亚和中国发生了明显的对外"转移支付"，而南非和巴西获得国外福利的"转移支付"。1995—2002 年，由于中国对外贸易条件的改善，获得外国的福利转移年均为 80.34 百万美元，而 2002 年以后中国对外贸易条件急剧恶化，贸易增长的福利损失日益增多，因对外贸易条件恶化而对外转移的福利年均达到 853.134 百万美元。2006 年中国外贸增长的福利损失达到 17.41 亿美元，为 GDP 的 0.09%。1995—2006 年的多数年份，印度外贸增长的福利发生对外转移。虽然中国和印度贸易条件恶化导致了福利的对外转移支付，但收入贸易条件指数（出口购买力指数）不断改善（见表 8），说明中国和印度并没有出现贫困化增长。但印尼的收入贸易条件指数在 1995—2006 年的平均水平低于 2000 年水平，说明与 2000 年相比，印尼出现了出口贫困化增长。墨西哥在 1995—2003 年贸易条件恶化的同时出现收入贸易条件降低，导致出口贫困化增长，而 2003 年以后，贸易条件得到改善。

表 8   发展中大国收入贸易条件指数（2000 年为 100）

	中国	巴西	南非	印尼	印度	墨西哥
1995	58	79.6	80.1	64.1	72.3	45.1
1996	60	80.3	91.1	71.6	75.1	56
1997	74.8	92.5	97.6	81.9	80.2	65.1
1998	78.4	94.7	88.8	79.4	86.7	70.6
1999	80.6	91.7	90.9	79.9	87.7	82
2001	109.4	109.2	100.3	90.9	107.5	97.8
2002	135.3	117.1	101.8	94.4	123	97.7
2003	176	133.6	120.3	95.2	133.1	98.6
2004	220.7	160.6	140.3	95.3	150.2	107.3
2005	259.2	177.4	143.3	96.2	164.7	115.6
2006	306.7	192.7	149.9	98.5	173.7	129.5
年平均	138.3	119.1	108.7	87.3	112.9	88.8

资料来源：根据 UNCTAD handbook of statistics 2008 on－line，Ⅳ. International merchandise trade indicators 计算。

四、贸易结构与福利转移效应

为什么 6 个发展中大国外贸增长的绩效存在明显的差异？外贸增长国的贸易结构是影响外贸增长福利的重要因素。沿袭 Lall（2000）研究，将按照 SITC 三位数分类的两百多种商品分为五大类：初级产品（primary products）、资源密集型制成品（resource based manufactures）、低技术制成品（low technology manufacture）、中技术制成品（medium technology manufactures）和高技术制成品（high technology manufactures）①。下面分别考察 6 个发展中大国的出口贸易结构。

表 9 表明，对于获得国外福利转移支付的南非和巴西两国出口结构非常相似，都集中在初级产品、资源密集型制成品和中技术制成品这三大类产品上。近年来，由于原材料、资源产品的需求剧增导致价格上涨，南非和巴西出口贸易条件改善，从而获得较好的外贸增长绩效。

---

① Lall（2000）的分类标准并没有把 SITC 三位数分类的 247 种商品全部纳入分类，所以这五类产品比例加总小于 100%。

表9 　　　　　　　巴西和南非出口产品结构（%）

年份	巴西					南非				
	初级产品	资源产品	低技术产品	中等技术产品	高技术产品	初级产品	资源产品	低技术产品	中等技术产品	高技术产品
2008	26.3	26.6	7.3	22.2	6.7	23.7	24.9	7.5	30.4	3.4
2007	24.5	26	9	22.1	7	28.6	21.7	9.5	27.2	3.8
2006	22.9	26.8	10	23.3	7.4	26.9	23.3	10	26.4	4.1
2005	21.7	26.4	10.6	24.6	7.8	22.9	24.3	10.5	27.3	4.2
2004	23.7	24.6	11.3	24.4	7.2	24.3	22.4	11.9	27.9	3.4
2003	23.9	22.2	11.8	21.7	7.3	22.1	25.4	12.1	27.9	3.1
2002	22.8	22.5	11.2	20.5	10.1	13.5	30.2	12.1	29.1	3.7
2001	20.9	22.7	12	20.4	12.1	24.1	27.8	10.5	24	3.8
2000	18.9	24.4	13	22.2	12.4	11.3	29.3	11.5	22.2	4.1
1997	23.6	24.5	13.2	24.6	4.6	/	/	/	/	/
1995	20.3	26.9	15.2	23.1	3.4	/	/	/	/	/

资源来源：数据来源于 UNCTAD handbook of statistics，根据 Lall（2000）分类标准整理。

注释：UNCTAD handbook of statistics 2008 on-line 只给出 2000－2008 年南非贸易数据。

1995—2008 年间中国出口产品结构得到了明显改善，从以低技术产品出口为主到目前低技术产品和高技术产品并存。但需要注意的是，中国高技术产品的出口主要依靠外资企业带动，外资企业对中国高技术产品的贡献在70%以上。而印度的出口产品结构主要集中在资源密集型产品和低技术制成品（见表10）。由于低技术产品在国际市场上需求弹性不足，随着众多新兴经济的崛起，低技术产品供给增长，以低技术产品为主要出口产品的中国和印度的贸易条件自然恶化，外贸增长的福利被国外的贸易伙伴国无偿占有，即外贸增长的福利对外"转移支付"。

表10 　　　　　　　中国与印度出口产品结构（%）

年份	中国					印度				
	初级产品	资源产品	低技术产品	中等技术产品	高技术产品	初级产品	资源产品	低技术产品	中等技术产品	高技术产品
2008	3	7.7	30.7	20.7	32.6	12	38	22.6	14.6	4.5
2007	3.2	7.3	30.8	19.8	34	12.6	37.6	25.6	12.6	3.6
2006	3.7	7.4	30.7	19	34	12.3	35.7	28	12.1	3.4
2005	3.7	7.5	30.5	19.2	33.6	11.3	35	29.7	12.2	3.1

表10（续）

年份	中国					印度				
	初级产品	资源产品	低技术产品	中等技术产品	高技术产品	初级产品	资源产品	低技术产品	中等技术产品	高技术产品
2004	3.9	7.1	31.3	19.1	32.7	12.2	30.8	32.7	11.5	3.4
2003	4.6	7.2	33.4	18	30.4	11.9	31.2	32.7	10.9	3.7
2002	5	7.9	36.1	17.3	26.8	13.8	29.1	33.2	10.2	3.9
2001	5.5	8.2	37.1	17.4	23.8	14	27.1	34.6	10.1	4.1
2000	6.3	8.1	38.5	17.2	22.1	14.1	27.9	36.2	9.4	3.2
1997	8.1	9	42.9	15.8	15.1	19.5	22.7	35.6	10.2	3.2
1995	8.6	10.4	42.6	16.6	12.6	19	25.3	34.2	10.2	2.7

资源来源：数据来源于 UNCTAD handbook of statistics，根据 Lall（2000）分类标准整理。

　　墨西哥出口产品结构在 1995—2008 年得到明显改善，出口产品的技术结构不断攀升，特别是高技术产品出口比例不断增大，所以墨西哥的价格贸易条件也得到了不断改善，从 1995 年的 92.5 到 2006 年的 104。但墨西哥高技术产品的加工贸易也较大，如机器及运输设备是主要的高技术产品，墨西哥机器及运输设备进口额较大，2006 年达到 1221.1 亿美元，成为仅次于中国的第二大机器及运输设备进口的发展中国家。目前中墨两国加工贸易进出口额已经占两国各自进出口贸易总额的一半左右。印尼出口产品主要集中在初级产品、资源密集型产品和技术产品上。两国出口结构波动较大。

表11　　　　　　　　　　墨西哥与印尼出口产品结构（％）

年份	墨西哥					印尼				
	初级产品	资源产品	低技术产品	中等技术产品	高技术产品	初级产品	资源产品	低技术产品	中等技术产品	高技术产品
2008	19.6	7.5	9.6	32.8	25.3	17.7	13.7	12.7	11.3	5.3
2007	18.8	6.7	9.9	33.2	23.1	16.6	15.2	14.2	11.4	6.1
2006	18.5	6.7	10.8	34.1	24.9	16.3	15.3	14.9	10.8	7.4
2005	17.6	6.5	12.3	34	24.5	17.4	14.3	15.6	11.7	8.5
2004	15.7	5.9	13.1	34.7	25.8	16.3	15.4	17.1	11.2	9.4
2003	14.5	5.6	13.2	35.6	26.2	16.8	16	18.2	11.5	9.6
2002	12	5.2	14.4	36.8	26.5	16.7	16.4	18.8	11.9	10.1
2001	11.4	4.9	14.2	36.3	28.6	17.3	16.1	20.7	11	10.1
2000	13.1	4.9	14	35.8	27.6	16.8	16.6	19.8	10.6	11.7

表11（续）

年份	墨西哥					印尼				
	初级产品	资源产品	低技术产品	中等技术产品	高技术产品	初级产品	资源产品	低技术产品	中等技术产品	高技术产品
1997	15.2	5.9	16.1	35.6	22.9	18	16.6	15.2	8	4.9
1995	17.6	6.5	14.2	37.2	20.4	20.5	20.4	20.3	9.9	3.6

资源来源：数据来源于 UNCTAD handbook of statistics，根据 Lall（2000）分类标准整理。

　　贸易条件恶化，即出口产品相对进口产品价格更加便宜，外贸增长福利不佳，但如果降低出口价格能增加出口量，还是可获得福利改进。但墨西哥在出口结构不断攀升过程中，出口量不高，特别是在 1995—1999 年，出口量较低，使得贸易条件恶化与出口量降低（见表12）同时存在，出现贫困化增长。2003 年以后，随着墨西哥出口结构不断向高技术产品攀升，贸易条件也不断改善，收入贸易条件也得到改善，外贸增长福利水平提高。印尼在 1995—1998 年，贸易条件恶化与出口量降低同时存在，产生贫困化增长。虽然印尼 2000 年以后贸易条件得到稍微改善，但出口量却较大幅度下降（见表12），外贸增长的福利也不佳。

表 12　　　　　　　　发展中大国的出口量指数（2000 年为 100）

年份	1995	1996	1997	1998	1999	2001	2002	2003	2004	2005	2006	平均
巴西	72.2	74.1	80.8	82.9	88.9	109.5	119.0	137.8	164.2	178.9	185.7	116.2
中国	56.9	56.6	67.9	70.9	77.4	107.6	133.4	180.4	239.9	302.7	376.5	147.5
印度	66.9	75.8	70.6	73.7	83.3	103.9	122.0	138.5	165.5	190.0	210.0	116.7
印尼	71.0	73.6	82.7	97.1	120.5	90.1	93.4	91.1	90.5	94.5	98.5	91.9
南非	75.5	84.7	91.6	85.4	89.1	96.2	98.7	118.1	127.4	125.1	119.1	100.9
墨西哥	48.8	58.3	67.0	75.1	86.3	100.4	99.8	99.7	105.6	111.6	124.5	89.8

资料来源：根据 UNCTAD handbook of statistics 2008 on－line, International merchandise trade 整理。

　　从出口集中度看，墨西哥和印度尼西亚出口集中度都较高，2006 年分别达到了 0.15、0.13，远远超过了世界 0.08 的平均水平，说明这两个国家出口主要集中在少数几个产品上。

表 13　　　　　　　　　　进出口集中度指数

年份	南非	墨西哥	巴西	中国	印度	印尼	世界
1995	0.12	0.12	0.09	0.07	0.14	0.14	0.05
1996	0.13	0.14	0.09	0.07	0.12	0.14	0.06
1997	0.15	0.12	0.09	0.07	0.13	0.15	0.06

表13（续）

年份	南非	墨西哥	巴西	中国	印度	印尼	世界
1998	0.09	0.11	0.09	0.07	0.15	0.12	0.06
1999	0.12	0.12	0.09	0.08	0.17	0.12	0.06
2000	0.11	0.14	0.09	0.08	0.13	0.13	0.07
2001	0.19	0.13	0.09	0.08	0.13	0.12	0.07
2002	0.11	0.13	0.09	0.09	0.13	0.12	0.07
2003	0.13	0.13	0.09	0.10	0.12	0.12	0.07
2004	0.14	0.13	0.08	0.11	0.13	0.10	0.07
2005	0.14	0.14	0.09	0.11	0.14	0.13	0.08
2006	0.16	0.15	0.09	0.11	0.14	0.13	0.08

资源来源：根据 UNCTAD handbook of statistics 整理。

　　进口贸易结构也是产生对外"转移支付"和"贫困化增长"的重要原因。进一步分析发现，巴西和南非初级产品进口较少（见表14），而其他发展中的贸易大国初级产品进口额较大，这也可能是贸易条件差异的一个原因。如对贸易条件恶化的中国和印度而言，初级产品进口量都较大，如中国似乎成为多数金属产品的最大消费国（占全球进口的四分之一多），成为能源、很多矿产品和初级产品的主要消费国（Streifel 2006）。

表14　　　　　　　　　　　　初级产品进口（亿美元）

年份	巴西	中国	印度	印尼	墨西哥	南非	世界
1995	155.5	273.4	168.2	109.8	94.5	55.6	12 489.3
1996	167.6	287.2	207.1	123	123.6	57.4	13 325.4
1997	169.4	321.4	222.1	112	146.3	68.2	13 534.8
1998	143.3	275.3	233.3	83.2	154.2	49.2	11 927.5
1999	124.8	320.8	312.8	100.8	159.3	51.5	12 436.2
2000	147.7	542.6	333.3	130.1	203.1	66.5	15 400
2001	132.6	527.1	322.9	120.2	212.6	58	14 716
2002	121.8	578.8	371.1	128.5	207.1	61	15 035
2003	132.7	842.7	453.2	141.2	233.9	78.8	18 097.4
2004	180.2	1332.6	654.4	165.5	282.1	118.7	22 934.2
2005	206.5	1669.3	849.6	260.8	344.9	132.5	28 411.8
2006	272.2	2125.4	1049.9	288.8	415.1	195.3	33 978.5

资源来源：根据 UNCTAD handbook of statistics 整理。

注：初级产品：（SITC 0 + 1 + 2 + 3 + 4 + 68 + 667 + 971）。

特别是近年来燃料产品价格飙升，燃料产品进口越多，贸易条件越不利，巴西和南非进口的燃料产品在六个发展中国家中相对较少（见表15），从而获得了较有利的贸易条件。而中国、印度和印尼等国家由于需要大量进口价格剧增的燃料产品，贸易条件处于不利地位。如印度虽然还没有完全走中国的工业化道路，但已经成为全球第五大能源消耗国（第三大煤炭消耗国）、第七大主要金属消耗国，以及农产品的消耗大国（最大的糖和茶消耗国，第二大小麦、水稻、棕榈油和棉花的消耗国）（Streifel 2006），贸易条件处于不利地位。

表15　　　　　　　燃料、矿产品和金属产品进口（亿美元）

年份	燃料						矿产品和金属产品					
	中国	巴西	墨西哥	印度	印尼	南非	巴西	中国	印度	印尼	墨西哥	南非
1995	51.3	64.9	15	86.6	30.1	22.3	18.4	58.7	25.1	18.6	16	6.4
1996	68.8	74.5	17.6	114.6	36.7	25.6	15	62.6	26.1	16.4	19.4	6.1
1997	103.1	75.6	29.3	100.5	40.5	35.3	17.9	68.6	24.9	15	26.1	6.8
1998	67.8	56.2	26.9	80.5	26.9	22.3	15.7	70.4	23.6	9.3	28.4	6.1
1999	89.1	58.5	29.6	143.4	37.3	24.4	15	87.9	24.8	8.7	29.2	6.3
2000	206.4	82.9	52.3	178.4	60.7	38.3	17.1	133	24.3	12.1	34.8	7.1
2001	174.7	77.3	53	159.4	55.2	37.4	16.1	143.6	26.5	11.5	32	5
2002	192.9	69.8	44.5	195.9	65.6	32.7	13.2	156.6	25.9	10.3	32.8	6.7
2003	291.9	74.6	56.8	224.2	76.6	41.1	15.8	232.3	29.9	10.1	34.7	9.4
2004	479.9	114.5	75.4	341.4	82.2	68.6	24.3	411.6	47.9	16.9	48.8	13.4
2005	639.5	134.7	121.6	505	175.1	78.5	28.4	556.7	70.6	19.2	55.1	14.1
2006	890	171.4	144.7	617.3	190.3	126.8	45.8	692.7	120.5	23.5	80.9	22.1

资源来源：根据 UNCTAD handbook of statistics 整理。

注释：Fuels（SITC 3），Ores and metals（SITC 27 + 28 + 68）。

五、结论及政策含义

大国的外贸增长使得贸易条件恶化，导致福利对外转移支付，这使得立足比较优势来实现出口导向的发展战略受到质疑。本文基于 UNCTAD 1995 年以来的商品贸易数据测算了巴西、南非、印度、墨西哥、印度尼西亚和中国 6 个发展中大国的对外"转移支付"效应，发现发展中大国外贸增长福利效应存在明显的国别差异，可得出如下结论：

第一，巴西和南非在过去的十多年内获得较好的外贸增长福利，无偿享有了贸易伙伴国的外贸福利。这两国的出口商品结构都不太高级化，初级产品、资源密集型产品和中等技术产品占据出口总额的绝大部分。但由于这两个国家的出口结构集中在资源密集型产品和中等技术产品，由于近年来资源产品的价格上涨，从而获得较好的贸易条件和外贸增长绩效。

第二，1995—2006 年，中国和印度的贸易条件恶化，外贸增长的福利对外"转移支付"明显，但由于出口量增长较快，没有出现贫困化增长。中国出口商品结构不断升级，中等技术和高技术产品出口比例不断提高。但低技术产品的比例还是较高，同时燃料产品、矿石和金属产品等资源产品进口量不断攀升，导致中国贸易条件恶化。印度出口商品结构明显低于中国，主要集中在资源密集型制成品和低技术制成品，加上为维持高速外贸增长初级产品和燃料产品进口量剧增，使得印度贸易条件恶化，外贸增长福利并不理想。

第三，墨西哥在1995—1999 年，出口量较低，使得贸易条件恶化与出口量降低同时存在，出现贫困化增长。但 2003 年以后随着墨西哥出口结构不断向高技术产品攀升，贸易条件不断改善，外贸增长福利也得到改善。印尼在 1995—1998 年，贸易条件恶化与出口量降低同时存，产生贫困化增长。虽然印尼 2000 年以后贸易条件得到稍微改善，但出口量却较大幅度下降，外贸增长的福利也不高。

这些结论对我国外贸发展的指导含义，除了要积极促进出口贸易结构升级外，还体现在以下几个方面：

其一，外贸增长的绩效取决于贸易条件和贸易量，出口产品结构升级不应以出口量的大幅下降为代价。这一点从墨西哥和印尼发展经验可以看出，墨西哥利用占贸易总额一半以上的加工贸易带动了出口产品结构的高度化，但由于出口市场高度集中在美国，出口量增长缓慢，出口结构的高度化并没有带来较好的外贸增长绩效。印尼贸易条件相对比中国和印度要好，但印尼出口增长速度相对较低，导致了不利的贸易条件无法用出口量的扩张来弥补，从而产生贫困化增长。现阶段，我国在低技术产品和加工贸易的劳动资源的比较优势还需要充分利用，因此，通过积极利用世界多边贸易体制规则和积极参与区域经济一体化促进我国劳动密集型产品的出口是我国取得较好贸易绩效的重要保证。

其二，降低能源、金属等原材料的消耗和对外依存度，改善贸易条件。新兴经济的崛起加剧了全球的能源竞争，致使能源、原材料价格不断上涨。我国持续多年的高速经济增长也刺激了对原材料的巨大需求，使得我国国内的石油矿产及其他工业原料大多不能自给，成为世界新增资源消耗"超级大国"，处于不利的贸易地位。这就需要我国重点推进节能降耗的科学技术进步，把资源、能源、环境领域关键技术的发展与突破放在优先发展的战略地位，为建设节约型产业提供科技支撑。并加强对重点耗能企业的节能降耗管理，降低工业能耗水平和 GDP 能耗水平。同时，鼓励企业推广节能新机制，应用节能新技术，促进企业节能降耗。

其三，积极利用我国外贸增长的"大国效应"。中国崛起是世界现代经济发展历史上人口和劳动力规模最大的崛起，也是世界上经济、贸易和市场发展速度最快的崛起。中国制成品在世界市场上已经占有很大的市场份额，这就需要充分利用贸易大国的地位，采取一定的措施改善贸易条件。在出口方面，充分利用目前具备的出口大国的地位，形成对外贸易中的卖方垄断力量，提高我国出口企业的议价能力；尽量分散出口市场，引入买方竞争，避免市场集中，提高出口商品竞争力。在进口方面，中国在成为"世界制造中心"的同时也进口大量的原材料，其中铁矿石、铜等重大战略性资源的进口量在全球举足轻重，作为能源等重要的战略物资的主要买主，我们要充分利用目前具备的进口大国的地位，利用 2 万亿美元的外汇储备建立对重要大宗物资进口的长远规划和全球战略布局；分散进口市场，打破卖方垄断，获得比较有利的进口条件，增强我国在几种关键的原材料定价上话语权和决定权，改善我国的贸易条件。

参考文献

[1] Bhagwati, Jagdish. 1958. "Immiserizing Growth: A Geometrical Note." *Review of Economic Studies*, 25 (3): 201 – 205.

[2] Bhagwati, Jagdish. 1968. "Distortions and Immiserizing Growth: A Generalization." *Review of Economic Studies*, 35 (104): 481 – 485.

[3] Grilli, E., and M. C. Yang. 1988. "Primary Commodity Prices, Manufactured Goods Prices, and the Terms of Trade of Developing Countries: What the Long Run Shows." *World Bank Economic Review*, 2 (1): 1 – 47.

[4] Hanson, Gordon H., and Raymond Robertson. 2008. "China and the Manufacturing Exports of Other Developing Countries." NBER Working Paper No. 14497.

[5] Kaplinsky, Raphael. 2006. "Revisiting the Revisited Terms of Trade: Will China Make a Difference?" *World Development*, 34 (6): 981 – 995.

[6] Krugman, P. R., and M. Obstfeld. 2003. *International Economics*, 6th ed. Harper Collins, New York.

[7] Lall, Sanjaya. 2000. "The Technological Structure and Performance of Developing Country Manufactured Exports, 1985 – 98." *Oxford Development Studies*, 28 (3): 337 – 369.

[8] Maizels, A. 1999. "The Manufactures Terms of Trade of Developing Countries with the United States, 1981 – 97." Working Paper 36, Oxford: Finance and Trade Policy Centre, Queen Eliza-

beth House.

[9] Winters, L. A., and S. Yusuf. 2007. Dancing with the Giants: China, India and the Global Economy, World Bank, Washington D. C. and Institute of Policy Studies, Singapore.

[10] Coxhead, Ian, and Sisira Jayasuriya. 2008. "The Rise of China and India and the Commodity Boom: Economic and Environmental Implications for Low – Income Countries." Staff Paper Series 528, University of Wisconsin, Agricultural and Applied Economics.

[11] Ocampo, J. A., and M. A. Parra. 2004. "The Terms of Trade for Commodities in the Twentieth Century." International Trade 0402006, EconWPA.

[12] Razmi, Arslan, and Blecker Robert. 2005. "Price Competition and the Fallacy of Composition in Developing Country Exports of Manufactures: Estimates of Short – Run Growth Effects." University of Massachusetts Amherst, Department of Economics, Working Papers 2005 – 18.

[13] Sarkar, P., and Singer H. 1991. "Manufactured Exports of Developing Countries and Their Terms of Trade since 1965." *World Development*, 19 (4): 333 – 340.

[14] Singer, H. W. 1999. "Beyond Terms of Trade: Convergence and Divergence." *Journal of International Development*, 11 (6): 333 – 340.

[15] Streifel, S. 2006. "Impact of China and India on global commodity markets: focus on metals and minerals and petroleum." Background Paper for Winters, L. Alan and Shahid Yusuf (eds.) Dancing with the Giants: China, India and the Global Economy, World Bank, Washington D. C. and Institute of Policy Studies, Singapore.

[16] Sawada Yasuyuki. 2009. "The Immiserizing Growth: an Empirical Evaluation." *Applied Economics*, 41 (31): 1613 – 1620.

[17] 陈晔, 刘志迎, 孙纲. 我国对外贸易扩张导致贫困化增长的倾向性分析[J]. 国际贸易问题, 2007 (9).

[18] 郭克沙. 中国工业发展战略及政策的选择[J]. 中国社会科学, 2004 (1).

[19] 林丽, 张素芳. 1994 – 2002 年中国贸易条件的实证研究[J]. 国际贸易问题, 2005 (5).

[20] 林桂军, 张玉芹. 我国贸易条件恶化与贫困化增长[J]. 国际贸易问题, 2007 (1).

[21] 林林, 周觉, 林豆豆. 我国贸易战略选择与"贫困化增长"[J]. 国际贸易问题, 2005 (6).

[22] 汪素芹, 史俊超. 我国工业制成品贸易条件变动的实证研究: 1995 – 2006 年[J]. 财贸经济, 2008 (8).

[23] 徐建斌, 尹翔硕. 贸易条件恶化与比较优势战略的有效性[J]. 世界经济, 2002 (1).

[24] 易先忠, 欧阳峣. 中国外贸增长的大国效应与合成谬误[J]. 中国工业经济, 2009 (10).

[25] 赵新平, 刘清田. 发展中大国产业竞争优势形成的特殊性研究[J]. 经济评论, 2007 (3).

Trade Structure and Welfare Transfer of
Large Developing Countries

Yi, Xian－zhong

（Economic and Trade School, Hunan Business College, Changsha 410205）

Abstract：Bhagwati pointed out that export－bias economic growth of the large country probably worsen terms of trade, which induces the welfare transfer abroad. Based on the merchandise trade data of UNCTAD since 1995, this paper estimates the transfer payments effect of Brazil, South Africa, India, Mexico, Indonesia and China. The analysis found that：Since 1995, India, Mexico, and China took place obvious external transfer payments, Mexico and Indonesia even produced a episode of immiserizing growth, while Brazil and South Africa enjoy the benefits of trading partners. Further analysis from trade structure is conducted to probe the reasons led to the welfare difference of foreign trade growth.

Key words：Foreign Trade Growth；Benefits Transfer；Big Country Effect；
Immiserizing Growth

FDI 技术溢出对经济增长质量影响的实证研究

傅元海　王展祥

摘　要： 本地企业在 FDI 溢出效应发生的不同机制下选择不同的技术进步路径，对经济增长质量（用投入产出率度量）产生不同的影响。FDI 溢出效应可分为技术转移、扩散效应、竞争效应及联系效应三种机制，本地企业在外资企业生产本地化的过程中模仿学习促使 FDI 转移更多的中间产品技术，能提高经济增长质量；竞争效应和联系效应如果诱使本地企业更多地模仿学习以提高技术水平，竞争效应和联系效应与生产本地化的技术转移、扩散相应趋近，也能提高经济增长质量，如果诱使本地企业选择引进技术等路径来提高技术水平，不一定能提高经济增长质量。模仿学习效应容易在行业内发生，因此利用 1999—2007 年我国 27 个制造行业面板数据进行检验。结果显示，外资企业生产本地化转移与扩散的中间产品技术对经济增长质量具有正面作用；而外资参与度反映的溢出效应（主要是竞争效应）即使能提高经济增长质量，也远远小于技术转移的作用，甚至对经济增长质量具有负面作用；如果本地企业不选择模仿学习而是选择引进技术等路径提高技术水平，外资参与程度反映的溢出效应对经济增长质量的作用或变得不显著，或作用发生质的变化，或负面作用更大。研究还发现，内资企业的相对技术能力、外资聚集水平、内资企业价值增值率的相对水平和行业集中度影响 FDI 企业生产本地化反映的技术转移、扩散和 FDI 参与度反映的溢出效应对经济增长质量的作用。

关键词： FDI 技术溢出；模仿学习效应；经济增长质量

基金项目： 国家社科基金项目（07BJY127）。

作者简介： 傅元海（1967— ），男，湖南慈利人，湖南商学院经贸学院副教授、博士，南京大学博士后，fuyuanhai1126@163.com；王展祥（1979— ），湖北黄梅人，江西财经大学《当代财经》编辑、博士（后）。

一、引言

改革开放以来，外资的流入不仅推动了经济持续稳定地高速增长，而且深刻影响了经济增长方式。FDI通过两种方式影响我国经济增长质量：一是直接影响，即通过投资从数量上影响经济增长方式；二是间接影响，通过技术溢出影响内资经济的技术水平，进而影响内资经济的投入产出率。但是，不同的溢出效应因促进本地不同层面的技术进步而对内资经济增长质量（用投入产出率度量）产生不同的影响。本地企业通过外资企业生产本地化可能获得更多中间产品生产技术，提高投入产出率；通过竞争效应则获得更多终端产品生产技术或某一中间产品技术，中间产品或零部件则依赖进口，创造新价值过程缩短，因此，可能降低投入产出率。然而，目前尚未有系统研究FDI技术溢出影响经济增长质量的文献。

关于技术溢出的理论研究主要是讨论FDI技术溢出的机制，但未涉及FDI不同的技术溢出机制通过促进本地企业不同层面技术进步进而对经济增长质量产生不同的影响。实证方面，一般是基于本地企业的劳动生产率、全要素生产率或东道国GDP与FDI的参与程度联系构建的计量模型，来判断FDI的技术溢出效应，即根据FDI的参与程度这一解释变量系数估计的显著水平判断技术溢出效应。无论是理论研究还是经验研究，很少有文献将FDI技术溢出效应与经济增长质量明确地联系起来，虽然FDI的技术转移与扩散属于FDI溢出效应的范畴，但并不等同FDI的技术溢出，现有的研究中，很少有文献检验FDI的技术转移、扩散与FDI的溢出效应对东道国技术进步影响的差异。

目前，理论界对FDI影响经济增长质量进行了一定探讨。理论讨论可概括为两条思路。一是讨论FDI的直接影响。如郭克莎（1995）强调通过提高利用FDI的规模和效益来加快我国经济增长方式的转变；洪银兴（2000）则主张通过提高利用外资的效益和优化外资结构来推动经济增长方式的转变；江小涓（2002）认为FDI通过改善存量资产质量而提升经济增长的质量；傅元海（2009）指出，外资企业单位产值的消耗对全国的影响就是FDI对经济增长质量的影响。二是从FDI的溢出效应讨论间接影响。沈坤荣（2000）认为，FDI除了直接影响经济增长方式外，重要的是通过溢出效应影响技术水平、组织效率等方面来改变经济增长的方式。但是，经济增长质量的含义是多维的，而这些研究并没有明确揭示FDI的溢出效应通过影响技术进步影响经济增长质量的具体内容，更没有阐述FDI的技术溢出效应影响经济增长质量的机制。

虽然研究 FDI 技术溢出效应的文献很多，但是很少有文献明确讨论 FDI 的技术溢出效应对经济增长质量的影响，不过相当一部分文献讨论了 FDI 的技术溢出对东道国全要素生产率的影响（Bin，2000；Keller 和 Yeaple，2003；卢荻，2003；朱平芳、李磊，2006），从 FDI 对全要素生产率的影响可以推断 FDI 溢出效应对经济增长质量的影响，因为全要素生产率是衡量经济增长质量的重要指标①。但是，全要素生产率难以准确测算，即使测算出全要素生产率也难以全部反映经济效果（郑玉歆，2007），这必然导致 FDI 对全要素生产率的影响更难测度。因此，没有学者能准确测算出 FDI 通过影响全要素生产率即经济增长质量的效果，或者至少没有直接讨论 FDI 的溢出效应对经济增长质量的影响。而且，这些研究还有一个局限性，没有区分东道国企业在 FDI 企业竞争压力下或与 FDI 关联中的技术进步来源，是模仿学习 FDI 企业的结果，还是自身研发或引进技术的结果，特别是没有区分 FDI 的不同技术溢出对本地企业不同层面技术进步影响的差异。

上述分析表明，理论研究仅局限于 FDI 对经济增长质量影响的一般性讨论，没有揭示出 FDI 技术溢出影响经济增长质量的机理。实证研究方面，没有文献讨论 FDI 的不同技术溢出对投入产出率影响的差异。因此，FDI 的溢出效应影响经济增长质量机理的理论探讨及其实证检验，无论是对理论发展还是政策探索均具有重要的现实意义。

本文的可能创新有三点：一是从理论上阐述外资生产本地化反映的技术转移效应（即模仿学习效应）、外资参与度反映的溢出效应和其他溢出效应（除了模仿学习效应之外的溢出效应）对经济增长质量（用投入产出率度量）影响的差异，并就本地企业是否选择模仿学习对经济增长质量的影响是否存在差异作出初步的理论判断。二是利用除烟草、工艺品及其他制造业、废旧材料回收加工业之外的27 个制造行业面板数据，检验外资企业生产本地化和外资参与度对内资行业经济增长质量影响的差异。三是采用分组检验和构造连乘变量，分别检验行业因素对外资企业生产本地化和外资参与度对经济增长质量作用的影响，并进一步检验本地企业在外资溢出效应作用下是否选择模仿学习对经济增长质量影响的差异。基本结构如下：第二部分从理论上揭示 FDI 的溢出效应影响经济增长质量的机理；第三部分建立计量模型，介绍研究方法；第四部分介绍计量结果并进行分析；第五部分为结论及政策建议。

---

① 郑玉歆（2007）指出，一些有影响的国际机构如世界银行（WB）、经合组织（OECD）在研究经济时，经常把全要素生产率的变动作为考察经济增长质量的重要内容。

二、FDI 的技术溢出影响经济增长质量的机理

FDI 是打包的资本，为东道国特别是发展中国家带来了有形和无形的资源如资本、技术、管理经验等一揽子资源。因此，世界各国政府不仅制定种种激励政策引进 FDI，而且用业绩要求如产品的本地含量规定等政策鼓励外资企业在东道国创造更高比例的新价值，以促进 FDI 转移和扩散技术，推动本地技术进步，实现经济增长依靠投资拉动的模式向依靠技术进步带动的模式转变。

（一）外资企业技术的转移与扩散影响经济增长质量的微观机制

投入产出率反映经济增长的效率，是衡量经济增长质量的核心指标之一。本文将经济增长质量界定为增加值与中间投入的比[①]，以下称为投入产出率。投入产出率提高的关键在于技术水平，因为在投入水平不变的情况下，技术水平的提高能增加产出，提高投入产出率，最终提升经济增长质量。本地技术进步的途径有研发投资、技术引进、模仿学习，其中，模仿学习的重要来源是外资企业。因此，FDI 的技术转移与扩散影响东道国经济增长质量的机制可表述为，FDI 企业的技术水平—东道国有效接触 FDI 企业技术的概率—模仿学习—技术转移与扩散—本地技术进步—投入产出率提高—经济增长质量提升。

FDI 的技术转移与扩散是 FDI 溢出效应的重要方面，其含义是东道国在外资企业生产本地化过程中对 FDI 的技术进行模仿学习，最终掌握并获得 FDI 的技术。FDI 的技术转移与扩散影响东道国经济增长质量机制可简化为两个关键问题：一是 FDI 的技术转移与扩散力度，受 FDI 企业的技术控制约束；二是东道国模仿学习的能力，受东道国的技术吸收能力制约。FDI 企业的技术控制集中表现在东道国接触技术的概率上，具体反映在两个方面：首先是外资企业的技术水平选择，决定了潜在技术转移与扩散的大小，是东道国模仿学习的先决条件；其次是外资企业的雇员特别是本地雇员接触技术的程度。模仿学习能力与人力资本、技术能力密切相关，在 FDI 技术水平和技术控制条件不变的前提下，FDI 技术转移与扩散的关键则取决于人力资本（Nelson and Phelps，1966；Bin，2000）和技术能力（Kokko，1994，1996）。如果东道国模仿学习能力充分，FDI 的技术转移与扩散效应可以理解为模仿学习效应（下文中二者等同）。

目前仍缺乏 FDI 作为国际技术扩散路径的直接证据（李平，2007），原因是

---

① 沈利生、王恒（2006）利用中间投入率分析了我国经济增长质量的变化。

FDI 的技术转移与扩散效应难以度量。外资企业生产本地化水平决定模仿学习效应，因为它反映了本地生产要素参与外资企业创造新价值的程度，是提高产品本地含量的重要途径，与技术转移和扩散程度高度正相关（Kumar，2002）。早期的跨国公司（MNC）为保持技术垄断地位，严格控制技术的外溢，在海外的子公司仅仅是浅加工生产产品，甚至更多的是组装或包装从母公司进口的中间产品或半成品，创造新价值非常少，技术转移与扩散非常有限。正是基于这一点，寻求工业化的发展中国家在引进 FDI 时用产品的本地含量规则约束外资企业的生产行为，促使 FDI 企业加大技术转移与扩散的力度。

　　FDI 技术通过生产本地化实现转移与扩散的理由可以从微观上解释。就生产一种最终产品的一个企业来说，在忽略规模经济等外部性的条件下，一个单位总投入得到的总产出决定于技术水平，总产出与总投入的差额即增加值（VAD）数量集中反映了企业技术水平。因为，创造 VAD 过程可能有多道工艺或工序，如果有 j 道工序，并且每道工序对应一个中间产品 VAD_b（$1 \leqslant b \leqslant j$），则 $VAD = VAD_1 + \cdots + VAD_j$。每道工艺 j 就包含相应的知识，涉及生产、设计和开发技术三个层面，均物化在中间产品 VAD_b 中，VAD 最终包含了产品的全部技术。对于一个国家或地区而言，因为多个企业生产同类和相似产品，技术相似，所以 VAD 不能反映整体技术水平；但是，用增加值率（增加值与总产出的比例）可反映单个企业的技术水平，用所有企业的平均增加值率则可反映国家或地区的平均技术水平[①]。同样，MNC 的增加值率也反映了技术水平，特别是海外子公司的增加值率反映的技术水平决定了 MNC 技术转移和扩散的最大可能。

　　对于一个生产型 MNC 而言，在技术水平、国内外生产成本不变和不考虑外部性等条件下，MNC 可以选择母国及其子公司在海外生产时，单位价值创造即增加值就可能分解为母国创造 $VADH$ 和国外创造 $VADF$ 两部分。如果 $VADF$ 趋近于 VAD，MNC 在东道国生产的工序越多，生产链条越长，MNC 在东道国使用的技术越多。从东道国的视角，子公司在东道国创造 $VADF$ 过程就是本地化过程。理论上，子公司在东道国生产的本地化过程越长，技术转移与扩散力度越大。因为无论是中间产品还是最终产品的生产、设计和开发技术，通过逆向模仿是不能全部获得的（Bresman et al.，1999；Madhok and Osegowitsch，2000）；即使借助使用或观察产品、研究设计图纸、专利等知识也不能获得一些必要的技术，生产、设计和开发技术诀窍的获得多数是靠经验积累和直接的学习（Cohen et al.，2002）。因此，外资企业生产的本地化程度则决定了本地企业获得产品生产、设计和开发知识经验

---

① 郭克莎（2000）、王美今和沈绿珠（2001）认为工业的价值增值率是衡量技术含量的重要指标。

的机会。

　　FDI 技术转移与扩散效应产生的三种渠道如人力资本流动、示范效应和联系效应都与 FDI 企业生产的本地化程度密切相关。在技术水平不变的条件下，FDI 企业生产本地化程度越高，雇员就会参与 FDI 企业生产更多的工序，熟悉、掌握并积累更多中间产品生产、设计和开发技术的知识经验。这些雇员一旦流向本地企业，本地企业就无偿地获得了相关中间产品或最终产品的技术信息、参数、指南及诀窍。同样，示范效应与 FDI 企业生产本地化程度也是正相关，外资企业生产本地化程度越高，本地企业近距离观察到的生产工序越多，获得的技术信息越多，模仿学习效应越大。联系效应与外资企业本地化程度也可能正相关，外资企业生产本地化程度越高，雇员不需通过流动而仅仅通过与本地企业雇员的交流，就会将其熟悉、掌握并积累更多技术的知识有意识或无意识地传输给本地企业；与本地企业前向关联的外资企业因本地化程度提高而提供技术含量更高的中间产品[①]。

　　外资企业生产本地化程度不断提高，即 VADF 从 0 不断逼近 VAD 时，本地企业就可能掌握更多甚至全部外资企业生产、设计和开发该产品的技术。外资企业生产的本地化程度就可以理解为单位产出（OUTP）的增加值比例[②]，即为增加值率，将外资企业增加值率称为本地化程度，某外资企业 z 的生产本地化程度（LOC）可表示为

$$LOC_z = VADF_z / OUTP_z \qquad (1)$$

　　如果东道国有 Z 个外资企业，可以生产相同的产品，也可以生产不同的产品，外资企业的平均生产本地化程度（LOC）则为

$$LOC = \sum_1^z VADF_z / \sum_1^z OUTP_z \tag{2}$$

以上分析表明，外资企业生产的本地化程度不仅反映了外资企业技术水平决定的最大潜在的技术转移与扩散，而且在东道国模仿学习能力充分的条件下，也可以反映外资企业技术的实际转移与扩散程度。因此，外资企业通过控制生产本地化程度影响东道国经济增长质量的机制进一步表述为，FDI 企业的生产本地化程度—模仿学习—本地技术进步—投入产出率提高—经济增长质量提升。

（二）FDI 的不同溢出机制及其影响经济增长质量的差异

FDI 技术转移、扩散与其他的溢出效应对本地企业投入产出率的影响，与 FDI 的溢出效应的机制有关。FDI 的技术溢出效应一般理解为技术外部性[①]，Kinoshita（1998）、张建华和欧阳轶雯（2003）将 FDI 溢出效应归纳为四种机制，示范效应、竞争效应、关联效应和人员培训效应。其中示范效应和人员培训效应可以归于模仿学习效应中，因为示范效应和培训效应都是以跨国企业雇员接触技术的概率和跨国企业雇员流向本地企业或与本地企业雇员交流两个关键环节为纽带，因此两种效应反映 FDI 的技术转移与扩散程度。而竞争效应是指，由于 FDI 的进入，本地企业面临激烈的竞争，或者更有效地利用现有技术和资源，或者模仿学习 FDI 的技术，或者引进新技术，或者开发新技术，以保持市场份额（Blomstrom and Kokko, 1996; Kinoshita, 1998）。关联效应不仅包括前后向关联，也包括跨国企业与本地企业研发和技术合作、雇员有意识或无意识地交流等，本地企业同样可以依靠技术援助、技术引进、研发和模仿学习多种途径提高技术水平。上述概念的异同可以概括为：本地企业进步的动力源均是 FDI，但技术源不一定相同；技术转移与扩散效应的技术源是 FDI，其他溢出效应的技术源不一定是 FDI。

外资企业本地化程度反映的模仿学习效应与竞争效应、联系效应外延上的联系与区别如图 1。模仿学习效应与竞争效应、联系效应的外延部分重合，既包括本地企业因为竞争压力而诱致的模仿学习效应，也包括本地企业因为与外资关联而诱致的模仿学习效应；同时又有区别，即模仿学习效应也有非竞争性企业或非关联企业的模仿学习效应。现有 FDI 溢出效应的经验研究文献基本上没有区分技术转移与扩散效应与其他溢出效应。由于 FDI 的溢出效应难以度量，在实证研究的文献中主要用外资的参与程度等测度。外资参与程度的代理指标通常为外商投资额占 GDP 的比例（沈坤荣和耿强，2001）、外商投资额占投资的比例（包群等，2006）、外资企业资产（Aitken and Harrsion，1999）、就业份额（Keller and Yeaple，

[①] Blomstrom 和 Kokko（1996）认为溢出效应的含义是，跨国企业无法获得由于跨国企业的进入或参与对东道国企业劳动生产率产生的正外部性，即本地企业劳动生产率提高产生全部收益。

2003)、产值份额（Sjöholm，1999）、增加值份额（Bin，2000）。外资的参与程度虽然度量了外资企业的多种溢出效应，但实证主要检验的是 FDI 竞争效应和示范效应对东道国技术的影响。这就是说，用外资参与程度检验 FDI 对东道国技术进步的影响，只能说明内资企业技术进步的动力源是 FDI，技术源不一定是 FDI。因此，用外资的参与程度作解释变量会夸大 FDI 的技术转移与扩散效应；更重要的是，没有研究能检验外资的参与程度是否反映不同类型的溢出效应，也不能检验外资的参与程度对本地哪个层面的技术进步产生影响。

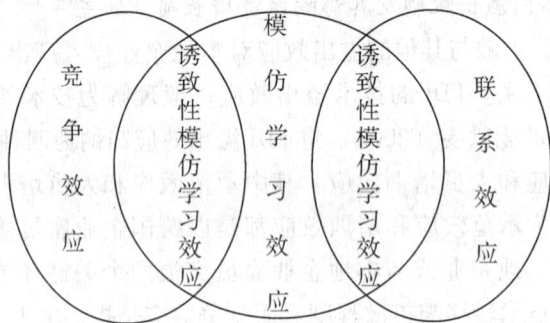

图 1　模仿学习效应与竞争效应、联系效应的比较

　　模仿学习效应、竞争效应和联系效应能促进本地企业不同层面的技术进步，进而对经济增长质量产生不同的影响。提高外资企业生产的本地化水平，本地企业通过模仿学习可以获得更多的中间产品技术，增加本地企业单位投入创造的新价值，必然提高投入产出率。竞争效应和联系效应可以通过模仿学习获得更多中间产品的生产技术，提高经济增长质量，也可能因为获得的技术并不是中间产品的技术而降低经济增长质量。外资企业为了确保竞争优势，以获得东道国市场的份额，严格控制技术外溢，常常通过进口包含核心技术的中间投入品支持企业的本地生产，中间产品技术不会发生溢出；本地企业迫于竞争压力，采取模仿或引进技术手段提高产品的技术竞争力，但获得的是终端产品的生产技术，包含核心技术的中间产品通常依赖进口，进口增加意味着投入增加，创造新价值的过程缩短。技术水平虽然提高，但因为不是中间产品的技术改善，创造新价值的比例可能下降，导致经济增长质量必然下降。在联系效应中，本地企业为 MNC 提供合格的中间投入品，通过模仿或 MNC 的技术帮助获得了中间产品的生产技术，不过，可能仍然需要进口零部件和高质量的原材料，同时还可能放弃原有产品的生产，技术水平虽然提高，但创造新价值的比例可能降低，经济增长质量下降。因此，外资企业本地化程度的提高通过转移和扩散了更多的中间产品生产技术，提高经济增长质量；而竞争效应和联系效应促使本地企业可能提高的是终端产品或某个环节的中间产品生产技术，不一定延伸创造新价值过程，不一定能提升经济增长质量。

三、计量模型与研究方法

(一) 基本模型

从上述理论分析得到了一个重要的结论,溢出效应发生的机制不同,本地技术进步的路径选择不同,对本地企业不同层面的技术进步的影响也不同,从而对经济增长质量的影响存在差异。但是这一结论需要进一步检验。目前对 FDI 溢出效应的检验主要是以外资参与度和外资企业投入的本地采购比例为解释变量,外资企业投入的本地采购比例识别的是 FDI 的关联效应,但外资参与度无法区分竞争效应和示范效应。由于模仿学习在行业内部容易发生,所以本文利用行业面板数据检验 FDI 行业内的技术转移、扩散效应和其他溢出效应对内资经济增长质量影响的差异。借鉴沈坤荣和耿强 (2001)、Javorcik (2004) 利用柯布—道格拉斯生产函数 (即 C - D 函数) 构建检验 FDI 溢出效应计量模型的方法,本文将对数化的人均生产函数表述为:

$$\text{LN}(VAD/L) = \text{LN}A + \theta SPILLOVER + \alpha\text{LN}(K/L) \tag{3}$$

VAD/L 为人均增加值,K/L 为人均资本。A 为其他因素,沈坤荣和耿强 (2001) 理解为制度因素,并选用市场化水平度量,令市场化制度变量 $NS = \text{LN}A$。$SPILLOVER$ 为外资企业的溢出效应,根据本文的理论分析,溢出效应可以用两种方法度量:一是用 FDI 企业生产本地化程度 (LOC) 度量 FDI 的技术转移与扩散效应,即模仿学习效应;二是用外资参与程度 ($FSHA$) 度量 FDI 的溢出效应,主要测度 FDI 的竞争效应,也能反映 FDI 的部分联系效应和模仿学习效应。FDI 的竞争效应中包含竞争诱致的模仿学习效应和联系效应中包含关联诱致的模仿学习,属于 FDI 的技术转移与扩散效应,因此,FDI 企业生产本地化程度反映的技术转移、扩散效应与外资参与程度反映的 FDI 溢出效应存在部分重合,在计量中表现为共线性,共线性程度取决于外资参与程度反映的溢出效应中模仿学习效应的大小。根据投入产出率的定义,投入产出率 R 可表述为,$R = VAD/MINP = (VAD/L) \div (MINP/L)$,$MINP$ 为中间投入量,($MINP/L$) 为人均中间投入量,并将 (3) 式代入投入产出率表达式中,得到本文基本计量模型:

$$\text{LN}R_{it} = \beta + \theta_1 LOC_{it} + \theta_2 FSHA_{it} + \alpha\text{LN}(K_{it}/L_{it})$$
$$+ \eta NS_{it} + \lambda\text{LN}(MINP_{it}/L_{it}) + \mu_{it} \tag{4}$$
$$\text{LN}R_{it} = \beta + \theta_1 LOC_{it} + \theta_2 FSHA_{it}^{\#} + \alpha\text{LN}(K_{it}/L_{it})$$
$$+ \eta NS_{it} + \lambda\text{LN}(MINP_{it}/L_{it}) + \mu_{it} \tag{5}$$

i 表示第 i 个行业，t（$t = 1999, \cdots, 2007$）表示第 t 年，μ 为残差，β、θ、α、η、λ 为待估参数。R 为内资企业的投入产出率，是内资企业的人均增加值（VAD/L）与人均中间投入（$MINP/L$）的比值，人均增加值和人均中间投入分别为行业增加值或行业中间投入除以行业年均就业人数（L），中间投入等于总产出减去增加值再加上增值税。外资企业生产本地化程度（LOC）为增加值与总产出的比例。外资参与程度 $FSHA$ 为外资企业增加值占行业增加值的比例。外资参与程度与外资企业生产本地化两个变量存在共线性，处理这一问题有两种方法：一是允许共线性存在，如（4）式中外资参与程度 $FSHA$ 与 LOC 存在共线性，共线性程度低则不会影响检验结果，共线性程度高则影响检验结果；二是消除共线性，即对外资参与程度 $FSHA$ 进行调整，（5）式中的 $FSHA^{\#}$ 是调整的 $FSHA$，调整的方法是借鉴 2000 年 Kumar 的处理方式，利用 $FSHA_{it} = C + LOC_{it} + \varepsilon_{it}$ 对外资的参与度进行调整，用回归的残差 ε_{it} 表示调整的外资参与程度 $FSHA^{\#}$。模型（4）和模型（5）的区别在于：模型（4）允许 LOC 和 $FSHA$ 的共线性存在，但存在检验结果失真的风险；模型（5）消除了 LOC 和 $FSHA$ 的共线性，能检验其他溢出效应即非模仿学习效应，但存在缩小 FDI 竞争效应、联系效应的风险。外资企业生产本地化程度与外资参与度是模型（4）和模型（5）的核心解释变量，其余为控制变量。资本（K）为内资企业固定资产的合计，由资产合计额减去流动资产合计额获得；资本通过创造增加值而间接影响投入产出率，预期人均资本与投入产出率正相关。市场化（NS）为非国有企业总产值占全部总产值的比例。由投入产出率的定义可以预期人均中间投入（$MINP/L$）的符号为负。以上数据均为规模以上工业企业统计数据，内资企业的相关数据均由各行业企业的数据减去外资企业的数据获得。数据来自《中国工业经济统计年鉴》、《中国经济贸易年鉴》及国研网。

（二）行业特征变量、研究方法与检验步骤

1. 影响 FDI 溢出效应的行业因素

国内外相当多的经验研究，如 Kokko（1994）对墨西哥行业的研究、陈涛涛（2004）对中国行业的研究和 Dimelis（2005）对希腊行业的研究成果表明，本地企业的相对技术能力和行业集中度是影响 FDI 溢出效应的重要因素。本文不仅检验本地企业的相对技术能力和行业集中度对外资企业生产本地化程度和外资参与程度对内资企业投入产出率作用的影响，而且还检验外资聚集水平对外资企业生产本地化反映的技术转移、扩散效应和内资企业增加值率的相对水平对外资参与程度反映的其他溢出效应（非模仿学习效应，后文中其他溢出效应皆同）对内资企业投入产出率作用的影响。外资企业生产本地化程度和外资参与程度作为解释变量，二者可能相互影响。从理论上说，外资企业生产本地化程度即增加值率高，外资参与程度也高，无论是示范效应还是人力资本流动效应越大，模仿学习效应越大；如果二者都低，模仿学习效应就小；如果外资企业生产本地化程度高，外资参与程度低，意味着只有数量较少的外资企业转移和扩散技术，模仿学习效应小；如果外资企业生产本地化程度低，外资参与程度高，外资项目因为"飞地化"而难以转移与扩散技术，模仿学习效应低。

内资企业技术能力采用相对度量法，即用内资企业劳动生产率与外资企业劳动生产率的比值衡量；同样用相对度量法衡量内资企业的增加值率水平，即用内资企业价值增值率与外资企业增加值率之比度量。行业集中度一般用 Herfindal 指数反映，由于缺少单个企业相关指标，无法准确获得 Herfindal 指数，但 Sjoholm（1999）根据一个行业的总产量与企业数正相关关系来计算 Herfindal 指数，本文也采用类似的方法计算 Herfindal 指数。外资参与程度作为解释变量时，为外资企业增加值占行业的比值，反映外资参与的绝对水平，但不能充分体现外资参与程度的行业差距，本文将外资参与程度的相对水平即集聚水平作为分组标准和构造连乘项的变量。

2. 研究方法与检验步骤

检验 FDI 溢出效应的影响因素有两种方法，一是按行业特征分组检验；二是构造行业特征变量与反映溢出效应的变量之连乘式，因此，本文检验步骤如下。

第一，按设定的四个行业特征对样本进行分组①，通过运行模型（2）和模型（3），初步考察外资企业生产本地化程度反映的 FDI 技术转移、扩散效应和外资参与程度反映的溢出效应以及其他溢出效应对内资经济增长质量的影响差异；同时考察行业因素对 FDI 的技术转移、扩散效应和外资参与程度反映的溢出效应及其他溢出效应对经济增长质量作用的影响。

第二，通过构造技术能力、行业集中度和外资聚集水平分别与外资企业生产本地化程度的连乘式②，将模型（4）改造为模型（6）；构造内资企业技术能力、

---

① 技术差距分组按 1999—2007 年间多数年份内外资企业劳动生产率之比是否大于 0.6 分为大小两组，技术差距大组样本包含 13 个行业，技术差距小组样本包含 14 个行业。行业集中度分组按 1999—2007 年间多数年份的 Herfindal 指数是否大于 0.015% 分为两组，行业集中度高组样本包括 16 个行业，行业集中度低组样本包括 11 个行业。增加值率差距分组按 1999—2007 年间多数年份内外资企业增加值率之比是否大于 1 分为大小两组，增加值率差距大组样本包含 13 个行业，增加值率差距小组样本包含 14 个行业。外资聚集水平分组按 1999—2007 年间多数年份行业外资企业增加值的比例与制造业外资企业增加值的比例之比是否大于 1.2 分为高低两组，外资企业聚集水平高组样本包括 11 个行业，外资企业聚集水平低组样本包括 16 个行业。

② 未考虑内资企业增加值率的相对水平与外资企业生产本地化（LOC）的连乘式，因为二者连乘即为内资企业的增加值率，无法反映增加值率的差距对外资企业生产本地化的技术转移、扩散效应的影响；相应地，未考虑按内资企业增加值率的相对水平分组检验模型（4）。

行业集中度和增加值率水平分别与外资参与程度的连乘式①，将模型（4）和模型（5）改造为模型（7）和模型（8）。

$$LNR_{it} = \beta + \theta_1 LOC_{it} \times TECHGAP_{it} + \theta_2 LOC_{it} \times HERF_{it} + \theta_3 LOC_{it} \times CLUR_{it}$$
$$+ \alpha LN(K_{it}/L_{it}) + \eta NS_{it} + \lambda LN(MINP_{it}/L_{it}) + \mu_{it} \tag{6}$$

$$LNR_{it} = \beta + \theta_1 FSHA_{it} \times TECHGAP_{it} + \theta_2 FSHA_{it} \times HERF_{it} + \theta_3 FSHA_{it} \times VRGAP_{it}$$
$$+ \alpha LN(K_{it}/L_{it}) + \eta NS_{it} + \lambda LN(MINP_{it}/L_{it}) + \mu_{it} \tag{7}$$

$$LNR_{it} = \beta + \theta_1 FSHA_{it}^{\#} \times TECHGAP_{it} + \theta_2 FSHA_{it}^{\#} \times HERF_{it} + \theta_3 FSHA_{it}^{\#} \times VRGAP_{it}$$
$$+ \alpha LN(K_{it}/L_{it}) + \eta NS_{it} + \lambda LN(MINP_{it}/L_{it}) + \mu_{it} \tag{8}$$

按照内资企业技术能力、外资聚集水平和行业集中度三个标准分组，运行模型（6），利用模型（6）的三个连乘项的估计结果，进一步考察内资企业技术能力、行业集中度和外资聚集水平分别对外资企业生产本地化水平对经济增长质量作用的影响。按照内资技术能力、增加值率水平和行业集中度三个标准分组，分别运行模型（6）和模型（8），利用模型（7）和模型（8）的三个连乘项的估计结果，进一步考察内资企业技术能力、行业集中度和增加值率差距分别对外资参与度反映的溢出效应和其他溢出效应对经济增长质量作用的影响，并且还考察外资参与度反映的溢出效应和其他溢出效应对经济增长质量影响的差异。

*TECHGAP*为内资企业劳动生产率与外资企业的比值，度量内资企业的相对技术能力；*HERF*为HERFINDAL指数，即为每个企业平均产量占行业总产量比例的平方和乘以百分数，度量行业集中度；*CLUR*为外资聚集水平，用某行业外资企业增加值占行业的比值与制造业外资企业增加值占制造业的比值之比来度量；*VRGAP*为内资企业增加值率与外资企业的比值，度量内资企业价值增值率的相对水平。

四、检验结果及分析

（一）不同溢出效应影响经济增长质量及影响因素的初步检验

为检验行业因素对外资企业生产本地化和外资参与程度反映的溢出效应对内资经济增长质量作用的影响，对模型（4）按设定的四个分组标准得到的子样本进行估计，结果见表1。

---

① 未考虑外资聚集程度与外资参与程度的连乘式，因为外资聚集程度与外资参与程度本质上是一样的；相应地，未考虑按外资聚集水平分组检验模型（5）和模型（6）。

表1　　　　　　　　FDI 技术转移与溢出效应影响经济增长质量及
影响因素的初步检验（模型（4））

解释变量	内企技术能力高	内企技术能力低	内企增加值率低	内企增加值率高	集聚水平低	聚集水平高	行业集中度低	行业集中度高
C	-2.4481 (0.0000)	-2.4965 (0.0000)	-2.2303 (0.0000)	-2.3745 (0.0000)	-2.3006 (0.0000)	-2.2750 (0.0000)	-2.4508 (0.0000)	-2.2727 (0.0000)
LOC	5.1275 (0.0000)	5.4833 (0.0000)	4.8700 (0.0000)	4.4895 (0.0000)	4.6815 (0.0000)	4.7029 (0.0000)	5.0488 (0.0000)	4.7248 (0.0000)
$FSHA$	-0.0066 (0.0011)	0.0527 (0.0001)	0.0417 (0.0000)	0.0086 (0.0847)	0.0387 (0.0312)	-0.0679 (0.7696)	0.0050 (0.7696)	-0.0024 (0.8478)
K/L	0.0004 (0.6732)	0.0065 (0.0000)	-0.0031 (0.4989)	0.0027 (0.3214)	-0.0131 (0.0839)	0.0020 (0.6742)	-0.0032 (0.0976)	0.0007 (0.8962)
$MINP/L$	-0.0001 (0.8694)	-0.0136 (0.0061)	-0.0113 (0.0002)	0.0037 (0.1452)	0.0092 (0.1455)	-0.0102 (0.0031)	0.0054 (0.1177)	-0.0100 (0.0471)
NS	0.0352 (0.0000)	0.0378 (0.0646)	0.0326 (0.0015)	0.0518 (0.0000)	0.0179 (0.3866)	0.1026 (0.0000)	0.0267 (0.1205)	0.0777 (0.0000)
调整 R^2	0.9994	0.9988	0.9919	0.9980	0.9947	0.9915	0.9994	0.9932
F 统计量	45 201	5821.7	3066.91	11 366	5406.8	2299.6	10 663	4192.88
样本数	126	117	126	117	144	99	99	144

注：括号内值为 p 值，下同。

　　从整体上看，外资企业生产本地化程度的技术转移与扩散效应比外资参与度的溢出效应更能促进我国内资经济增长质量的提高，外资企业生产本地化程度提高0.01，内资企业投入率提高4.7%以上；而外资参与程度提高0.01，内资企业投入率提高幅度最大的也只有0.05%，有时甚至阻碍内资企业投入率的提高。从行业因素的影响看，本地企业的技术能力、价值增加值率、外资聚集水平和行业集中度分别对外资的技术转移、扩散对内资经济增长质量作用的影响有较小的差异，但差异不明显，需要进一步检验；行业因素对外资参与程度反映的溢出效应对内资经济增长质量作用的影响存在较大的差距。具体来说，相对于外资企业的内资企业技术能力，影响外资参与程度反映的溢出效应对经济增长质量的作用，在内资企业技术能力高样本组中，外资参与程度的系数为负值；内资企业技术能力低样本组中，外资参与程度的系数为正值。外资聚集水平的高低同样对外资参与程度对经济增长质量作用的影响截然相反，在外资聚集水平高样本组，外资参与程度的系数为负；外资聚集水平低样本组，外资参与程度的系数为正。相对于外资企业的内资企业价值增值率水平对外资参与程度系数的影响也有明显的差异，内资企业价值增值率低样本组的外资参与程度系数是高样本组的近五倍；行业集中度对外资参与程度系数的影响并不显著。

为检验行业因素对外资企业生产本地化反映的模仿学习效应和外资参与程度反映的其他溢出效应（即非模仿学习效应）对内资经济增长质量作用的影响，对模型（5）按设定的四个分组标准得到的子样本进行估计，结果见表2。表2显示，常数项和外资企业生产本地化的系数与模型（4）估计结果仅有微小差异，完全不影响结论的性质，其他变量系数、模型显著水平和调整的 R^2 均没有变化，因此模型（4）和模型（5）检验的结论是一致的。不过，从模型（5）的回归结果得到一个基本结论，外资企业生产本地化程度反映的技术转移、扩散效应与外资参与程度反映的技术溢出效应不存在强共线性。进一步说，外资参与程度反映的非模仿学习效应占技术溢出效应的比例较高，即在外资的竞争压力下，本地企业通过引进技术等路径产生的技术进步率占外资溢出效应对本地企业技术进步的贡献率的比例较高。

表2　　　　　FDI 技术转移与其他溢出效应影响经济增长质量
及影响因素的初步检验（模型（5））

解释变量	内资企业				集聚水平		行业集中度	
	技术能力		增加值率		低	高	低	高
	高	低	低	高				
C	-2.4511 (0.0000)	-2.4905 (0.0000)	-2.2303 (0.0000)	-2.3727 (0.0000)	-2.2787 (0.0000)	-2.2791 (0.0000)	-2.4469 (0.0000)	-2.2732 (0.0000)
LOC	5.1299 (0.0000)	5.5150 (0.0000)	4.9201 (0.0000)	4.4942 (0.0000)	4.6609 (0.0000)	4.6670 (0.0000)	5.0398 (0.0000)	4.7235 (0.0000)
$FSHA^{\#}$	-0.0066 (0.0011)	0.0527 (0.0001)	0.0417 (0.0000)	0.0086 (0.0847)	0.0387 (0.0312)	-0.0679 (0.0000)	0.0050 (0.7696)	-0.0024 (0.8478)
K/L	0.0004 (0.6732)	0.0065 (0.0000)	-0.0031 (0.4989)	0.0027 (0.3214)	-0.0131 (0.0839)	0.002 (0.6742)	-0.0032 (0.0976)	0.0007 (0.8962)
$MINP/L$	-0.0001 (0.8694)	-0.0136 (0.0061)	-0.0113 (0.0002)	0.0037 (0.1452)	0.0092 (0.1455)	-0.0102 (0.0031)	0.0054 (0.1177)	-0.0100 (0.0471)
NS	0.0352 (0.0000)	0.0378 (0.0646)	0.0326 (0.0015)	0.0518 (0.0000)	0.0179 (0.3866)	0.1026 (0.0000)	0.0267 (0.1205)	0.0777 (0.0000)
调整 R^2	0.9994	0.9988	0.9919	0.9980	0.9947	0.9915	0.9994	0.9932
F 统计量	45 201	5821.7	3066.91	11 366	5406.8	2299.6	10 663	4192.88
样本数	126	117	126	117	144	99	99	144

（二）行业因素影响 FDI 技术转移效应对经济增长质量作用的进一步检验

为进一步检验行业因素是否影响 FDI 的技术转移对经济增长质量的作用，对模型（6）按分组的子样本进行估计，结果如表3。

表3　　　　行业因素对 FDI 技术转移的经济增长质量效应影响的
进一步检验（模型（5））

解释变量	内资企业技术能力		外资集聚水平		行业集中度	
	低	高	高	低	高	低
C	−1.1815 (0.0000)	0.3946 (0.1397)	−0.0743 (0.7629)	−1.7569 (0.0000)	−1.1783 (0.0000)	0.2858 (0.2488)
LOC ∗ *CLUR*	−0.0084 (0.9189)	−0.1657 (0.0009)	1.1398 (0.0000)	−0.0604 (0.2934)	0.6459 (0.0000)	−0.0600 (0.257)
LOC ∗ *TECH*	0.8527 (0.0000)	3.7451 (0.0000)	1.1512 (0.0000)	1.4310 (0.0006)	0.3848 (0.0000)	1.0400 (0.0000)
LOC ∗ *HERF*	0.2672 (0.9110)	−7.0905 (0.0011)	−7.1123 (0.0005)	−2.9918 (0.2368)	−5.0817 (0.2931)	−15.4985 (0.0000)
K/*L*	0.1983 (0.0000)	0.1856 (0.0001)	0.2346 (0.0000)	0.4040 (0.0000)	−0.0035 (0.8744)	0.3389 (0.0000)
MIN*P*/*L*	−0.1963 (0.0000)	−0.3209 (0.0000)	−0.3420 (0.0000)	−0.3714 (0.0000)	−0.0088 (0.5811)	−0.4429 (0.0000)
NS	0.0080 (0.9478)	−0.2546 (0.0062)	−0.0078 (0.9334)	0.3624 (0.0152)	0.0092 (0.7528)	0.0074 (0.9312)
调整 R^2	0.3296	0.7993	0.5789	0.6934	0.7375	0.8051
F 统计量	11.2448	77.9938	33.765	37.938	46.889	99.423
样本数	126	117	144	99	99	144

从本地企业技术能力的影响看，外资企业生产本地化程度与本地企业技术能力连乘式的系数在内资企业技术能力低样本组是高样本组的四倍多，说明本地企业技术能力越低即外资企业技术水平越高，FDI 技术转移对内资经济增长质量提升的促进作用越大。从外资聚集水平的影响看，外资企业生产本地化与外资聚集水平连乘式的系数在外资聚集水平低样本组的显著水平达到1%，在外资聚集水平高样本组则不显著。这就是说，只有当外资聚集水平较低时，外资企业生产本地化过程中的技术转移才能促进内资经济增长的绩效。从行业集中度的影响看，外资企业生产本地化与行业集中度连乘式的系数在行业集中度高样本组的显著水平达到1%，在行业集中度低样本组则不显著，意味着只有当行业集中度达到较高水平

时，外资企业生产本地化才能对内资经济增长的绩效具有显著的负面作用。

（三）行业因素影响 FDI 溢出效应对经济增长质量作用的进一步检验

模型（4）初步检验行业因素对 FDI 溢出效应对经济增长质量作用的影响，利用模型（7）按分组的子样本对影响 FDI 溢出效应对经济增长质量作用的因素进一步检验，结果见表4。

表4　行业因素影响 FDI 溢出效应对经济增长质量作用的进一步检验（模型（7））

解释变量	内资企业技术能力		内资企业增加值率		行业集中度	
	低	高	高	低	高	低
C	− 1.3206 (0.0000)	− 0.7742 (0.0000)	− 0.7874 (0.0000)	− 1.4635 (0.0000)	− 0.7283 (0.0000)	0.0356 (0.9011)
$VRGAP \times FSHA$	0.0285 (0.6755)	− 0.0321 (0.6611)	0.1318 (0.0000)	− 0.0411 (0.1320)	− 0.2847 (0.0014)	0.1729 (0.0000)
$TECHGAP \times FSHA$	0.1164 (0.1742)	0.8513 (0.0000)	− 0.1218 (0.0088)	0.2430 (0.0208)	0.1408 (0.0003)	− 0.1203 (0.2060)
$HERF \times FSHA$	− 1.3902 (0.3565)	− 9.0122 (0.0000)	− 5.3875 (0.0000)	0.9208 (0.5559)	− 24.0590 (0.0000)	− 11.3850 (0.0000)
K/L	0.1919 (0.0000)	0.2178 (0.0000)	0.1757 (0.0000)	0.3082 (0.0000)	0.0059 (0.8487)	0.1968 (0.0000)
$MINP/L$	− 0.1814 (0.0000)	− 0.2640 (0.0000)	− 0.2227 (0.0000)	− 0.2777 (0.0000)	− 0.0313 (0.1849)	− 0.2999 (0.0000)
NS	0.2351 (0.0355)	0.4353 (0.0000)	0.5167 (0.0000)	0.2093 (0.0185)	0.1003 (0.0267)	0.4904 (0.0000)
调整 R^2	0.2000	0.7851	0.7455	0.3336	0.4795	0.7162
F 统计量	6.2088	71.6210	62.0432	10.6780	16.046	61.156
样本数	126	117	126	117	99	144

从本地企业技术能力的影响看，外资参与程度与本地企业技术能力连乘式的系数在内资企业技术能力低样本组的显著水平达到1%，在高样本组则不显著。这说明只有外资企业技术水平相对于内资企业较高时，FDI 的溢出效应才能促进经济增长质量的提升。从本地企业价值增值率的相对水平影响看，外资参与程度与外资聚集水平连乘式的系数在本地企业的价值增值率高低样本组截然相反，内资企业的价值增值率相对于外资企业较低时，即外资企业本地化水平高时，外资参与度反映的溢出效应能显著地促进内资经济增长质量的提高；而内资企业的价值增值率相对于外资企业较高时，即外资企业本地化水平低时，外资参与度反映的溢出效应阻碍内资经济增长质量的提高。从行业集中度的影响看，外资参与程度与

行业集中度连乘式的系数在行业集中度低样本组的系数是高样本组的两倍，这就是说，外资参与程度反映的溢出效应在行业集中度低样本组对内资经济增长质量的负面作用明显大于高样本组。

（四）FDI 其他溢出效应与溢出效应对内资经济增长质量影响的差异

模型（4）和模型（5）的检验结果没有明显的差异，无法甄别外资参与程度产生的溢出效应对应的本地企业选择不同的技术进步路径对内资经济增长质量影响的差异。利用模型（8）按分组的子样本进行检验（参见表5），与模型（7）的经验结果进行对比，观察外资参与度反映的溢出效应和调整的外资参与度反映的其他溢出效应对内资经济增长质量的影响是否存在显著差异。

表5　行业因素影响 FDI 其他溢出效应对经济增长质量作用的进一步检验（模型（8））

解释变量	内资企业技术能力		内资企业增加值率		行业集中度	
	低	高	高	低	高	低
C	-1.3365 (0.0000)	-1.0432 (0.0000)	-1.0168 (0.0000)	-1.4340 (0.0000)	-1.4987 (0.0000)	-1.2147 (0.0008)
$VRGAP \times FSHA^{\#}$	0.1542 (0.2431)	0.0871 (0.5554)	-0.4051 (0.0000)	-0.0914 (0.1308)	0.6634 (0.1432)	0.0059 (0.9329)
$TECHGAP \times FSHA^{\#}$	0.0244 (0.8880)	-0.4905 (0.1680)	-0.1324 (0.0379)	0.2460 (0.1759)	0.3100 (0.1052)	-0.2133 (0.2568)
$HERF \times FSHA^{\#}$	-3.6356 (0.3869)	0.3316 (0.8969)	0.4233 (0.8437)	1.7706 (0.5477)	-75.7630 (0.0016)	-0.3894 (0.8722)
K/L	0.1682 (0.0000)	0.1618 (0.0000)	0.09474 (0.0000)	0.2818 (0.0000)	0.1064 (0.0003)	0.2624 (0.0000)
$MINP/L$	-0.1573 (0.0000)	-0.1895 (0.0000)	-0.1328 (0.0000)	-0.2541 (0.0000)	-0.0868 (0.0086)	-0.2783 (0.0000)
NS	0.2761 (0.0075)	0.5969 (0.0000)	0.60864 (0.0000)	0.2759 (0.0036)	0.2809 (0.0000)	0.6366 (0.0000)
调整 R^2	0.2051	0.6884	0.7213	0.2995	0.3087	0.6630
F 统计量	6.3763	43.7210	54.9205	9.2659	8.2923	47.895
样本数	126	117	126	117	99	144

在按本地企业技术能力分组样本的回归中，调整的外资参与程度与本地技术能力连乘式的系数在内资企业技术能力两个样本组均不显著。这说明内资企业技术水平相对于外资企业无论高低，本地企业如果不通过模仿学习，而是通过引进技术等途径来提高技术水平，对经济增长质量提升的影响都是不显著的。在按本地企业价值增值率水平分组样本的回归中，调整的外资参与程度与外资聚集水平

连乘式的系数符号在本地企业的价值增值率高低样本组虽然相同，但仅在内资企业的价值增值率相对于外资企业较低样本组显著，且符号与模型（7）的结果即未调整的外资参与程度的系数完全相反，说明本地企业如果不通过模仿学习而是通过其他方式提高技术水平，反而阻碍经济增长的绩效。在按行业集中度分组的样本回归中，调整的外资参与程度与行业集中度连乘式的系数在行业集中度低样本组的系数是表4中外资参与程度与行业集中度连乘式系数的三倍，说明本地企业如果不通过模仿学习而是通过其他方式提高技术水平，对内资经济增长质量的负面作用更大。

（五）检验结果的解释

从经验检验结果中我们发现了一些有价值的结论，这些结论都有其内在的原因。

第一，外资企业在生产本地化过程中转移、扩散的技术能显著地提高内资经济增长的绩效，而外资参与程度反映的溢出效应不一定能提高内资经济增长的绩效，即使外资参与程度反映的溢出效应能提高内资经济增长的绩效，其作用也远远低于外资企业生产本地化对经济增长质量的作用。其原因是，外资企业生产本地化程度的提高，意味着外资企业在东道国创造新价值的过程越长，转移和扩散更多的是中间产品生产技术，本地企业通过模仿学习获得更多的中间产品生产技术，单位投入的产出增加，经济增长质量得到提升。而外资参与程度的提高，意味着竞争更加激烈或内外资企业关联更多，本地企业既可以通过模仿学习也可以通过引进技术等路径提升技术水平；通过模仿学习可能获得更多的中间产品技术，能提高经济增长的绩效；而引进技术或研发技术可能获得的是终端产品技术或某一中间产品技术，生产终端产品需要的中间产品或生产某一中间产品需要的零部件则可能依赖进口，投入水平增加，如果产出水平增加的比例低于投入增加的比例，则降低经济增长的绩效。因此，竞争压力迫使本地企业选择引进技术等路径提高技术水平对经济增长质量可能产生的负面作用，会抵消外资参与程度度量的模仿学习效应对经济增长质量的正面作用。

第二，内资企业的技术能力、外资的聚集水平和行业集中度是影响外资企业生产本地化过程中技术转移对经济增长质量作用的重要因素。具体来说，内资企业的技术能力相对于外资企业越低，外资企业的技术水平越高，本地企业模仿学习的空间越大，如果外资企业生产本地化水平提高能使本地企业获得外资企业更多的中间产品生产技术，进而提升经济增长的绩效；而且内资企业的技术能力越低，内外资的竞争越弱，技术溢出风险越小，外资企业生产本地化程度会越高，本地企业模仿学习效应越大，对内资经济增长质量的正面作用越大。外资的低聚集水平有助于外资生产本地化对内资经济增长质量产生正面作用，因为外资聚集水平越低，内外资竞争程度越低，技术溢出风险小，外资企业为降低成本而提高生产本地化程度，本地企业通过模仿学习就能获得更多的中间产品技术，本地企业的投入产出率就会提高；反之，外资聚集水平越高，内外资竞争越激烈，技术溢出风险越大，外资企业为控制技术溢出而进口中间投入品，本地企业通过模仿获得更多的是终端产品技术，不一定能提高投入产出率。行业集中度越高越可能阻碍内资经济增长质量的提高，原因可能是行业集中度越高，行业内人力资本流动越少，如果人力资本单向流向外资企业，则会降低内资经济增长的绩效。另外，行业集中度越高意味着竞争越弱，而竞争对 FDI 技术转移与扩散有两方面的影响，一是如上述所说竞争弱有助于 FDI 的技术转移和扩散，这可能在外资企业是技术领先者的情况下发生；二是竞争弱也可能不利于 FDI 的技术转移和扩散，这可能在内资企业是技术领先者的情况下发生，外资企业的进入主要是利用廉价的劳动力和生产要素，本地企业不仅没有技术可以模仿学习，反而因技术人员流失而降低经济增长的绩效。

第三，外资参与程度反映的溢出效应和其他溢出效应对内资经济增长质量的影响具有明显的差异。具体分三种情况进行说明：第一种情况是内资企业技术能力相对于外资企业较低时，即外资企业技术水平较高，外资的进入产生的竞争促进内资企业模仿学习外资的技术，即 FDI 参与程度反映的溢出效应与外资企业生产本地化反映的技术转移与扩散趋近时，能提高本地企业的投入产出率。外资的进入产生的竞争迫使内资企业选择引进技术等路径而不是模仿学习外资的技术来提高技术水平，内资企业获得的是终端产品技术或某一中间产品技术，生产终端产品的中间投入或生产中间产品的零部件则可能依赖进口，FDI 参与程度反映的其他溢出效应即非模仿学习效应对内资经济增长质量产生负面影响；内资企业获得的是完整的产品生产技术，中间投入品不需进口，对内资经济增长质量的影响也可能是正面的，因此 FDI 参与程度反映的其他溢出效应对内资经济增长质量的影响是不易观察的。第二种情况是内资企业的价值增值率相对于外资企业较低时，外资企业的价值增值率即生产本地化程度高，外资参与程度越高，本地企业通过模仿学习就容易获得更多的中间产品技术，FDI 参与程度反映的溢出效应与外资企业生产本地化反映的技术转移与扩散同样是趋近的，有助于提高内资企业的投入产出率。外资参与程度越高，竞争程度越高，如果内资企业迫于竞争压力，不通过模仿学习而是选择引进技术或研发提高技术水平，但生产投入依赖进口时，FDI 参与程度反映的其他溢出效应对内资经济增长质量产生负面影响。第三种情况是行业集中度较低时，外资的进入引起激烈的竞争，竞争使外资企业为控制技术外溢而大量进口中间投入品支持企业生产时，外资企业生产本地化水平降低，本地企业通过模仿学习获得更多的是终端产品生产技术，中间投入依赖进口，本地企业进口中间投入品导致减少的增加值超过模仿学习能生产的增加值时，外资参与程度反映的溢出效应对内资经济增长质量产生负面影响；当本地企业不通过模仿学习而是选择引进技术等路径提高技术水平时，外资参与程度反映的其他溢出效应对内资经济增长质量产生的负面影响更大。分析还表明，内资企业的技术能力和价值增值率及行业集中度是影响外资参与度对经济增长质量作用的重要因素。

五、结论与对策

本地企业在 FDI 溢出效应发生的不同机制下选择不同的技术进步路径，对经济增长质量产生不同的影响。本文将 FDI 溢出效应分为 FDI 的技术转移、扩散效应和竞争效应及联系效应三类。FDI 的技术转移、扩散效应发生时，本地企业主要是选择模仿学习提高技术水平；FDI 的竞争效应发生时，本地企业可以通过模仿学习或引进技术等路径来提高技术水平；FDI 发生联系效应时，可以通过外资企业的技术援助或技术合作或模仿学习等途径提高技术水平。FDI 的技术转移、扩散效应即模仿学习效应可以用外资企业生产本地化程度度量，因为外资企业生产本地化水平越高，在东道国创造新价值的过程越长，生产的中间环节越多，使用的中间产品生产技术越多，本地企业接触 FDI 技术的概率越大，本地企业通过模仿学习就能获得更多的中间产品技术，提高投入产出率。FDI 的进入会与本地企业产生竞争和联系，诱致本地企业模仿学习 FDI 的技术，如果引致的模仿学习效应与外资企业生产本地化过程中的技术转移和扩散效应趋近，FDI 的竞争效应和联系效应能促进内资经济增长质量的提高；如果本地企业在与外资企业的竞争和联系中选择引进技术等其他路径提高技术水平，获得的是终端产品技术或某一中间产品技术，而生产投入依赖进口，投入会增加，创造新价值过程缩短，经济增长质量就会下降。

因为模仿学习容易在行业内发生，因此本文利用 1999—2007 年 27 个制造行业面板数据，采用按行业特征分组和构造行业变量与反应 FDI 溢出效应的变量连乘式，检验本地企业在 FDI 溢出效应发生的不同机制下选择不同的技术进步途径对经济增长质量影响的差异及其行业因素的影响。经验研究的结果验证了本地企业在 FDI 溢出效应发生的不同机制下选择不同的技术进步路径对经济增长质量产生不同影响的理论推断。

具体地说，外资企业在生产本地化过程中转移、扩散的技术能显著地提高内资经济增长的绩效，而外资参与程度反映的溢出效应不一定能提高内资经济增长的绩效，即使外资参与程度反映的溢出效应能提高内资经济增长的绩效，其作用也远远低于外资企业生产本地化对经济增长质量的作用。外资企业生产本地化对经济增长质量的正面作用随外资企业技术优势扩大而增大，外资企业生产本地化只有在外资聚集水平较低时对经济增长质量的正面作用才显著，外资企业生产本地化只有在行业集中度较高时能阻碍内资经济增长质量的提高。外资参与程度反映的溢出效应和其他溢出效应即非模仿学习效应对内资经济增长质量的影响具有明显的差异。内资企业技术能力相对于外资企业较低时，即外资企业技术水平较高，或者内资企业的价值增值率相对于外资企业较低时，即外资企业的价值增值率高，外资进入产生的竞争促使内资企业模仿学习外资的技术，FDI 参与程度反映的溢出效应与外资企业生产本地化反映的技术转移与扩散趋近时，能提高本地企业的投入产出率。如果内资企业迫于竞争压力不是模仿学习外资的技术，而是选择引进技术等其他路径提高技术水平，FDI 参与程度反映的其他溢出效应对内资经济增长质量的影响不显著或是负面的。行业集中度较低时，外资进入引起激烈的竞争使外资企业为控制技术外溢而大量进口中间投入品支持企业生产时，外资企业生产本地化水平降低，本地企业通过模仿学习获得更多的是终端产品生产技术，中间投入依赖进口，外资参与程度反映的溢出效应对内资经济增长质量产生负面影响；当本地企业不通过模仿学习而是选择引进技术等路径提高技术水平时，外资参与程度反映的其他溢出效应对内资经济增长质量产生的负面作用更大。

理论研究结论和经验检验的结果对我国利用外资促进经济增长方式的转变具有重要的政策意义，通过节能减耗提高投入产出率是转变我国经济增长方式的重要途径，节能减耗提高投入产出率的关键在于技术进步，而提高利用外资质量、扩大 FDI 技术转移与扩散效应是促进技术进步的重要措施。FDI 的技术转移、扩散效应和溢出效应对经济增长质量的影响存在很大的差异，只有本地企业在外资企业生产本地化过程中模仿学习 FDI 的技术才能有效地促进经济增长质量的提高。因此，政府应甄别不同溢出效应对经济增长质量的不同影响，制定相应的政策，如可以借鉴世界其他一些国家，对外资企业产品的本地含量特别是外资企业在本地创造新价值的比例作出相应的规定，提高外资企业在中国生产的本地化程度，既可避免 FDI 企业生产的飞地化，又可以促使其转移、扩散更多中间产品生产技术。同时外资企业技术水平越高，模仿学习的空间越大，FDI 技术转移与扩散对经济增长质量的正面作用越大，因此政府应提高引进 FDI 项目的技术含量。利用外资水平高的行业要限制外资，利用外资水平低的行业要控制利用外资的水平，避免外资的聚集水平超过一定的限度，因为适度的外资聚集水平有利于本地企业模仿学习 FDI 的技术，进而提高投入产出率水平，促进经济增长方式转变。

参考文献

[1] 包群，赖明勇，阳小晓. 外商直接投资、吸收能力与经济增长[M]. 上海：上海三联书店，2006.

[2] 陈涛涛. 外商直接投资的行业内溢出效应[M]. 北京：经济科学出版社，2004.

[3] 傅元海. 中国利用外商直接投资质量问题研究[M]. 北京：经济科学出版社，2009.

[4] 郭克莎. 加快我国经济增长方式的转变[J]. 管理世界，1995（5）：31-40.

[5] 洪银兴. 经济增长方式转变的总体思路[C] //. 洪银兴，沈坤荣，何旭强. 经济增长方式转变研究. 南京：南京大学出版社，2000.

[6] 江小涓. 中国的外资经济——对增长、结构升级和竞争力的贡献[M]. 北京：中国人民大学出版社，2002.

[7] 李平. 国际技术扩散对发展中国家技术进步的影响：机制、效果及对策分析[M]. 上海：上海三联书店，2007.

[8] 卢荻. 外商投资与中国经济发展——产业和区域分析证据[J]. 经济研究，2003（9）：40-48.

[9] 沈利生，王恒. 增加值率下降意味着什么[J]. 经济研究，2006（3）：59-66.

[10] 沈坤荣，耿强. 外国直接投资、技术外溢与内生经济增长——中国数据的计量检验与实证分析[J]. 中国社会科学，2001（5）：82-93.

[11] 沈坤荣. 利用外资推动经济增长方式转变[C] //. 洪银兴，沈坤荣，何旭强. 经济增长方式转变研究. 南京：南京大学出版社，2000.

[12] 王美今，沈绿珠. 外商直接投资技术转移效应分析[J]. 数量经济技术经济研究，2001（8）：98-101.

[13] 张建华，欧阳轶雯. 外商直接投资、技术外溢与经济增长——对广东数据的实证分析[J]. 经济学（季刊），2003（3）：647-666.

[14] 郑玉歆. 全要素生产率的再认识——用 TFP 分析经济增长质量存在的若干局限[J]. 数量经济技术研究，2007（9）：3-11.

[15] 朱平芳，李磊. 两种技术引进方式的直接效应研究——上海市大中型工业企业的微观实证[J]. 经济研究，2006（3）：90-102.

[16] Aitken, B. J., and A. E. Harrison. 1999. "Do Domestic Firms Benefit From Direct Foreign Investment? Evidence for Venezuela." *American Economic Review*, 89 (3): 605-618.

[17] Bin Xu. 2000. "Multinational Enterprises, Technology Diffusion, and Host Country Productivity Growth." *Journal of Development Economics*, 62 (2): 477-493.

[18] Blomström, M., and A. Kokko. 1996. "The Impact of Foreign Investment on Host Countries: A

Review of the Empirical Evidence. " World Bank Policy Research Working Paper No. 1745.

[19] Bresman, T. , E. Brynjolfsson, and Loren Hitt. 1999. "Informatiom Technology, Workplace Organization and the Demand for Skilled Labor: Firm Level Evidence. " National Bureau of Economic Research Working Paper No. 7236.

[20] Cohen, W. , J. Bessant, and R. Kaplimsky. 2002. "Putting supply chain learning into practice. " *International Journal of Operation and Production Management*, 23 (2): 167 – 184.

[21] Dimelis, S. P. 2005. "Spillovers from Foreign Direct Investment and Firm Growth: Technological, Financial and Market Structure Effects," *International Journal of the Economics of Business*, 12 (1): 85 – 104.

[22] Javorcik, B. S. 2004. "Does Foreign Investment Increase the Productivity of Domestic Firm? In Search of Spillovers through Backward Linkages. " *American Economic Review*, 94 (3): 605 – 627.

[23] Keller, W. , and S. Yeaple. 2003. "Multinational Enterprises, International Trade, and Productivity Growth: Firm Level Evidence from the United States. " http: //www. gsm. pku. edu. cn/userfiles/0708 – 30 (3). pdf.

[24] Kinoshita, Y. 1998. "Technology Spillovers through Foreign Direct Investment. " http: //www. cerge. cuni. cz/pdf /wp/Wp139. pdf.

[25] Kokko, A. 1994. "Technology market characteristics and spillovers. " *Journal of Development Economics*, 43 (2): 279 – 293.

[26] Kokko, A. , R. Tansint, and M. C. Zejan. 1996. "Local Technological Capablility and Productivity Spillovers form FDI in the Uruguayan Manufacturing Sector. " *Journal of Development Studies*, 32 (4): 602 – 611.

[27] Kumar, N. 2000. "Explaining the Geography and Depth of International Production: The Case of US and Japanese Multinational Enterprise. " *Weltwirtschaftliches Archiv*, 136 (3): 442 – 477.

[28] Kumar, N. 2002. *Globalization and the Quality of Foreign Direct Investment*. New Delhi: Oxford University Press.

[29] Madhok, A. , and T. Osegowitsch. 2000. "The International Biotechnology Industry: A Dynamic Capabilities Perspective. " *Journal of International Business Studies*, 31 (2): 325 – 335.

[30] Nelson, R. R. , and E. S. Phelps. 1966. "Investment in humans, technological diffusion and economic growth. " *American Economic Review*, 56 (2): 69 – 75.

[31] Sjöholm, F. 1999. "Technology Gap, Competition and Spillovers from Direct Foreign Investment: Evidence from Establishment Data. " *Journal of Development Studies*, 36 (1): 53 – 73.

Mechanism of FDI spillover effects, path of domestic firms' technical progress and the quality of domestic economic growth

Fu, Yuan-hai   *Wang, Zhan-xiang*

(School of Economy and Trade, Hunan University of Commerce, Changsha, China, 410205;

Jiangxi University of Finace and Economics, Nanchang, China, 330013)

Abstract: Domestic enterprises choose a different path of technological progress under a different mechanism of FDI spillover effects which have a different impact on the quality of domestic economic growth (measured by the input-output ratio). FDI spillover effects can be divided into three kinds of mechanisms consisting technology transfer and diffusion effects, competition effects and contact effects. Domestic enterprises promote FDI to transfer more intermediate product technology in the process of foreign enterprises production localization by imitating FDI's technology which could enhance the quality of economic growth. If competitive effects and contact effects lure local enterprises to improve the technical level through imitation, they can be close to the technology transfer and diffusion effect of production localization, which would enhance the quality of economic growth. The quality of economic growth may not be enhanced if local companies would improve the technical level by prefering to introduce advanced technology. Because imitation effects easily occur in the industry, theoretical judgments can be examined by using panel data of 27 manufacturing industries from 1999 to 2007 in China. The results showed that the transfer and spread of intermediate products' technology in the localization of foreign firms' production has a positive effect on quality of economic growth. Even if the spillover effect (mainly competitive effect) that is reflected by the depth of foreign participation can increase the quality of economic growth, but also far less than the role of technology transfer, and even has a negative effect on the quality of economic growth. If local enterprises improve the technical level by introducing instead of imitating advanced technology, the spillover effect (mainly competitive effect) that is reflected by the depth of foreign participation which may have an insignificant influence on the quality of economic growth, or a completely opposite, or a greater negative effect. The study also found that the relative technological capability of domestic enterprises, the aggregation level of FDI, the relative level of the value - added rate of domestic enterprises and the depth of industry concentration are important factors which affect the effects of the technology transfer and diffusion reflected by the depth of the local production of foreign firms and spillover effects reflected by FDI participation depth reflecting on the quality of economic growth.

Key words: FDI spillover effect; imitation learning effect; the qualty of economic growth

中国工业企业全要素生产率增长及其来源
——基于 1999—2006 年间面板数据

尹向飞

摘　要: 本文运用随机前沿生产函数模型对 1999—2006 年全部国有和规模以上非国有工业企业的 *TFP* 及其各因素进行研究，研究结果表明: 技术效率同进口比率、出口比率、规模、有效保护率、国退民进、国进外退、集中度正相关；*TFP* 呈 "Z" 型增长趋势，年均增长 11.28%，其增长的 78.6% 归因于技术进步；技术效率总体上呈改善趋势，其中技术效率低下的行业改善迹象十分显著，但截至 2006 年为止仍没有摆脱技术效率低下的状况；资源配置得到优化，配置效率呈 "V" 型变化趋势；规模效率对 *TFP* 的作用很小。最后针对上述问题提出相关政策建议。

关键词: 随机前沿；全要素生产率；技术进步；技术效率；配置效率

一、引　言

自改革开放以来，中国经济取得举世瞩目的成就，但经济学界对此褒贬不一。诸如邹至庄（1984）、陈时中等（1986）、郭庆旺等（2005）等学者认为中国的全

作者简介: 尹向飞（1974— ），湖南邵阳人，湖南商学院信息学院教师。作者感谢李陈华、生延超、刘智勇、易先忠、邓柏盛、刘嫦娥、张杰飞等在 2010 年 1 月 14 日湖南商学院第五场 "博士沙龙" 上的有益评论，wantflying1999@yahoo.com.cn。

要素生产率增长十分缓慢，甚至出现负增长；而 chow（2002）、张军（2002）、孙琳琳等（2005）等学者持相反观点，认为中国的全要素生产率增长比较快，其中涂正革等（2006）认为中国 TFP 增长率高达 6.8%。以上学者使用的研究方法为索洛余值法。至于索洛余值法是否适合测度中国全要素生产率问题，一些学者持不同的观点，例如 Felipe（1997）质疑生产函数的技术进步外生性、非体现性、Hicks 中性假定，Kim（1994）的研究表明东亚新兴工业化国家存在规模报酬递增的现象，林毅夫、任若恩（2007）、何锦义（2006）对参数估计中存在的问题进行分析。测度全要素生产率的主要方法还有 DEA 方法和随机前沿生产函数法。由于 DEA 方法不能内生环境变量，因此只有利用两步法分析改革政策对全要素生产率的影响，而利用两步法研究环境变量对 TFP 的影响存在缺陷，众多学者证实其缺陷可能在于估计的非一致性和非有效性，因此本文不予采纳。利用随机前沿生产函数法测算中国全要素生产率的研究不少，如：王争、郑京海（2006）利用该方法，对中国工业生产效率的地区差异的研究；孔翔等（1999）对国有企业全要素生产率变化及其决定因素的研究；涂正革、肖耿（2005）对中国工业生产力发展趋势及潜力的研究；王志刚、龚六堂、陈玉（2006）对中国地区间生产效率演进的研究等。但是这些研究主要集中在大中型企业或者地区差异，而对全部国有以及规模以上非国有工业企业的全要素生产率的研究较少；而且这些研究强调人力资本、FDI、对外开放等对技术无效率项的作用，研究时间段基本上在 2002 年之前，而 2002 年以后较少有人研究。

由于随机前沿生产函数允许技术无效率的存在，同时考虑到要素投入对技术进步存在影响，这更符合中国工业企业的实际情况，因此本文采用这种研究方法。本文对 1999—2006 年全部国有以及规模以上非国有工业企业 TFP 进行测度，旨在分析过剩经济条件下全部国有以及规模以上非国有工业企业生产效率的变化。该段时间内全部国有以及规模以上非国有工业企业 TFP 如何变化？哪些因素决定工业企业 TFP 的变化？哪些因素影响工业企业的技术效率？这些是本文所要回答的问题。

本文的贡献如下：定义几个全面反映国企改革政策的经济指标，并将这些指标纳入全要生产率测算体系，通过研究国企改革对各个行业生产效率的影响来评价改革措施的成败。由于全部国有以及规模以上非国有工业企业在我国国民经济占有非常重要的地位，这些工业企业的增加值，在 1999—2006 年期间占中国国内生产总值的比率分别为 23.74%、25.29%、25.83%、27.42%、30.92%、36.72%、

39.26%、43.19%[①]，因此，本文的实证结果对深入分析中国工业企业 *TFP* 发展趋势与潜力具有重要意义。

本文的结构如下：第二部分为模型和变量说明，第三部分为实证分析，第四部分为 *TFP* 增长的决定因素，第五部分为总结。

二、模型及变量说明

（一）模型的设定

随机前沿生产函数模型最初由 Aigner、Lovell 和 Schmidt（1977）以及 Meeusen 和 van den Broeck（1977）分别提出，但其仅仅针对截面数据。Battese 和 Coelli 于 1992 年提出时变技术效率的随机前沿生产函数模型，较 Aigner、Lovell 和 Schmidt（1977）以及 Meeusen 和 van den Broeck（1977）提出的模型有了较大的改进，该模型针对面板数据，并考虑技术非效率项随时间变化而变化。但是由于未考虑外部环境变量对技术效率的影响，因此 Battese 和 Coelli（1992）在解释企业之间效率的差别时，需要利用两步法。而两步法在估计参数时不可能像一步法那样有效。为解决这个问题，Kumbhakar 等（1991）和 Reifschneider 等（1991）提出了外部环境对技术效率存在影响的随机前沿生产函数模型，Battese 和 Coelli（1995）也提出了对应的模型。由于研究时间段内各项经济改革的深入可能严重影响各个行业的技术效率，因此本文采用 Battese 和 Coelli（1995）提出的模型，对中国工业企业的全要素生产率进行测度，在此基础上解释经济改革对技术效率的影响。

本文的前沿生产函数采用超越对数生产函数形式，因此假定实际产出、前沿产出和相对前沿的技术无效率项之间的关系为

$$\ln Y_{it} = (\alpha_0 + \sum_{j=1}^{n} \alpha_j \ln x_{jit} + \alpha_T t + \alpha_{TT} t^2 + \sum_{j=1}^{n} \alpha_{Tj} t \ln x_{jit}$$

$$+ \sum_{j=1}^{n} \sum_{k \geqslant j}^{n} \alpha_{jk} \ln x_{jit} \ln x_{kit}) + v_{it} - u_{it} \qquad (1)$$

其中（1）式右端第一项（即括号中的公式）为前沿生产函数的对数，记为 $\ln f$ (x, t)，$f(x, t)$ 为前沿生产函数，i 表示行业，t 代表时间，n 代表投入要素的个数，Y_{it}，x_{jit} 分别代表产出和第 j 种投入；v_{it} 为随机误差项，其服从 $N(0, \sigma_v^2)$，用来捕捉由行业无法控制的因素对前沿产出的冲击；u_{it} 表示无效率项，其被假设独

[①] 根据历年《中国统计年鉴》相关数据计算得到。

立于 v_{it}，并服从非负值截断的 $N\left(m_{it}, \sigma_u^2\right)$，其中技术效率模型为：

$$m_{it} = \delta_0 + \sum_{k=1}^{m} \delta_k z_{kit} \tag{2}$$

（2）式中 m 代表环境变量 z_{kit} 的个数，δ_k 代表第 k 个环境变量对技术效率的影响。在估计随机前沿生产函数时，我们必须对随机前沿生产函数模型的适用性、环境变量对技术效率是否存在影响、技术进步的存在性、中性技术进步、CD 生产函数设定进行检验。

（二）全要素生产率测算及分解

TFP 及其分解仍沿用 Kumbhakar（2000）所提出的方法，相关指标及其计算公式如下：

1. *TFP* 增长率

TFP 的增长率定义为经济增长减去要素投入增长的部分，即：

$$\dot{TFP} = \dot{Y} - \sum_{j=1}^{n} S_j \dot{x}_j \tag{3}$$

其中 S_j 表示第 j 项要素投入成本在要素总成本中所占的份额。

2. 前沿技术进步（*TC*）

前沿技术进步（简称技术进步）等于前沿生产函数的对数对时间求导数，根据（1）式可以推出：

$$TC = \frac{\partial \ln f(x,t)}{\partial t} = \alpha_T + 2\partial_{TT}t + \sum_{j=1}^{n} \alpha_{Tj}\ln x_{jt} \tag{4}$$

3. 技术效率改进（$\dot{TE}$）

定义技术效率（*TE*）和技术效率改进（$\dot{TE}$）分别为 $TE = \exp(-u)$，$\dot{TE} = -\frac{du}{dt}$。（1）式两边对 t 求全微分，得：

$$Y = TC + \sum_{j=1}^{n} \varepsilon_j x_j + TE \tag{5}$$

其中 $\varepsilon_j = \partial \ln f(x, t)/\partial \ln x_j$，表示要素 j 的产出弹性，$\dot{x}_j = \partial \ln x_j/\partial t$ 为投入要素 j 的增长率。

4. 规模效率（*SC*）和配置效率（*AE*）

将（5）式代入（3）式，再经过变换可得到 *TFP* 增长的分解式：

$$TFP = TC + TE + \left\{(RTS-1)\sum_{j=1}^{n} \lambda_j x_j\right\} + \left\{\sum_{j=1}^{n}(\lambda_j - S_j)x_j\right\} \tag{6}$$

其中 $RTS = \sum_{j=1}^{n} \varepsilon_j$ 表示规模效应，$\lambda_j = \varepsilon_j/RTS$ 表示投入要素 j 相对于总体规模报酬

的产出弹性。公式（6）的第三项定义为规模效率（*SC*），第四项定义为配置效率（*AE*）。则有

$$TFP = TC + TE + SC + AE \tag{7}$$

即 *TFP* 增长率可分解为技术进步（*TC*）、技术效率改进（*TE*）、规模效率（*SC*）和配置效率（*AE*）四大因素。

（三）数据和变量说明

本文研究的时间区间为 1999—2006 年，选择该段时间的主要原因为我国国企改革的重大举措主要集中 1992—1999 年，并且从 1998 年开始，我国由短缺经济转向过剩经济，竞争机制基本形成。为了保持数据的连续性和一致性，本文将纺织业、木材及竹材采运业、工艺品及其他制造业、其他采矿业、废弃资源和废旧材料回收加工业排除在研究样本范围之外①，这样就得到 35 个行业 8 年 280 个样本数据。本文所用到的变量有行业工业增加值（Y_{it}）、资本存量（K_{it}）、劳动力（L_{it}），环境变量有规模（*Scale*）、进口比率（*IMR*）、出口比率（*EXR*）、有效保护率（*ERP*）等七个指标，变量和环境变量的引入和说明见附录。

三、实证分析

（一）主成分分析

在考虑环境变量对技术非效率项的影响时，国有经济和非国有经济指标就有五个，这五个变量可能存在多重共线现象。从经济原理角度来看，国有资本比例减少，很可能导致所需要的劳动力比例降低，产出比例自然也会降低。国有企业不但通过要素市场对宏观经济产生巨大的影响，而且通过产品市场对宏观经济产生巨大影响，资本比率、劳动力比率、产出比率不一定完全共线，因此很有必要同时从要素市场（资本、劳动力）和产品市场（产出）两个角度研究国有经济对宏观经济的影响。多种方法可以克服多重共线问题，但是主成分分析具有降维、提取的主成分能最大程度地保留原始数据信息、各主成分之间相互独立等优点，因此本文采用该方法来解决共线问题。利用 splus 6.0 对国有或国有控股产出比率（noutputr）、国有资产比率（nassetr）、港澳台资产比率（gatassetr）、其他资产比率

---

① 因为 2002 年后，纺织业中的一个大类被调到其他行业，木材及竹材采运业被调到农林牧副渔业，而工艺品及其他制造业、废弃资源和废旧材料回收加工业为新增行业，具体见国家统计局统计设计管理司的新《国民经济行业分类》国家标准发布实施问答，其他采矿业在工业中的地位并不重要，因此不予研究。

（qita）、国有或国有控股劳动力比率（nlaborr）五个变量进行主成分分析，具体结果见表1。

表1 主成分分析结果

成分	noutputr	nlaborr	naassetr	gatassetr	qita	方差贡献率	累积方差贡献率
F_1	−0.542	−0.622	−0.510	0.158	0.184	0.812	0.812
F_2	0.644	0.000	−0.477	−0.103	0.588	0.105	0.917

从表1可以看出，第一个主成分国有指标noutputr、nlaborr、naassetr系数都为负，而非国有指标gatassetr、qita都为正，因此第一主成分F_1反映国退民进的经济指标，我们将其归纳为国退民进因子。国退民进因子同时从要素市场（资本市场、劳动力市场）和产品市场描述国退民进的程度，国有经济成分越小，非国有经济成分越大，那么国退民进因子越大。从第二个主成分F_2的系数，不容易归纳出明显的经济特征，但是考虑到naassetr、gatassetr、qita、fassetr之和等于1，因此将qita用gatassetr、naassetr、fassetr表示，然后代入F_2，得：

$$F_2 = 0.588 + 0.644\text{noutputr} + 0.111\text{naassetr} - 0.691\text{gatassetr} - 0.588\text{fassetr}$$

从上式可以看出，国有经济的两个变量noutputr、naassetr系数为正，外资变量gatassetr、fassetr的系数为负，因此我们将其归纳为国进外退因子。第一主成分F_1和第二主成分F_2的方差贡献率分别为81.2%和10.5%，他们的累积贡献率达91.7%，这两个主成分包含原始数据的绝大多数信息，因此在分析国有经济、非国有经济对行业技术非效率项的影响时，我们只要选择这两个因子即可。

（二）随机前沿生产函数模型参数估计

我们选取产出变量Yit、投入变量L_{it}和K_{it}、环境变量F_1、F_2、$HHI^{1/2}$、Scale、IMR、EXR和ERP，利用软件Front 4.1进行参数估计，结果见表2。

表2 随机前沿生产函数模型参数估计结果

随机前沿方程			技术效率方程		
变量	系数	t值	环境变量	系数	t值
截距项	9.581 62	9.015 19	截距项	0.707 26	4.646 66
时间	0.176 85	9.708 61	出口比率（EXR）	−0.010 28	−4.389 87
$\ln K$	−0.645 99	−2.515 88	进口比率（IMR）	−0.002 58	−3.708 04
$\ln L$	1.289 01	3.735 36	F_1	−0.005 36	−4.613 60
$(\ln K)^2$	0.063 44	3.424 82	F_2	−0.007 84	−3.088 65
$(\ln L)^2$	0.037 98	1.192 66	集中度（$HHI^{1/2}$）	−0.038 12	−4.978 70

表2（续）

随机前沿方程			技术效率方程		
变量	系数	t 值	环境变量	系数	t 值
$\ln K \times \ln L$	−0.105 74	−3.655 36	有效保护率（ERP）	−0.025 66	−7.482 97
时间 × $\ln K$	−0.008 32	−4.923 62	规模（$Scale$）	−0.279 83	−1.165 75
时间 × $\ln L$	0.017 89	2.965 10			
时间 × 时间	0.005 75	0.920 12			
σ_u^2	0.163 55	9.243 13	λ	0.117 94	5.179 94
对数似然值	−130.38				

注：$\lambda = \sigma_u^2 / (\sigma_u^2 + \sigma_v^2)$。

对随机前沿生产模型的适用性（$H_0: \delta_0 = \delta_1 = \cdots = \delta_7 = \lambda = 0$）、环境变量对技术效率是否存在影响（$H_0: \delta_1 = \delta_2 = \cdots = \delta_7 = 0$）、技术进步的存在性（$H_0: \alpha_T = \alpha_{TT} = \alpha_{TL} = \alpha_{TK} = 0$）、中性技术进步（$H_0: \alpha_{TT} = \alpha_{TL} = \alpha_{TK} = 0$）、C－D 生产函数设定（$H_0: \alpha_{TT} = \alpha_{LL} = \alpha_{KK} = \alpha_{LK} = 0$）的检验结果见表3。

表3　　　　　　　　　　　　　　　假设检验结果

原假设（H_0）	$LR（H_0）$	χ^2	自由度	$CV（1\%）$	决策
1. $H_0: \delta_0 = \delta_1 = \cdots = \delta_7 = \lambda = 0$	−180.82	100.88	9	20.97 *	拒绝 H_0
2. $H_0: \delta_1 = \delta_2 = \cdots = \delta_7 = 0$	−180.81	100.86	7	18.48	拒绝 H_0
3. $H_0: \alpha_T = \alpha_{TT} = \alpha_{TL} = \alpha_{TK} = 0$	−145.56	30.36	4	13.28	拒绝 H_0
4. $H_0: \alpha_{TT} = \alpha_{TL} = \alpha_{TK} = 0$	−165.57	70.38	3	11.35	拒绝 H_0
5. $H_0: \alpha_{TT} = \alpha_{LL} = \alpha_{KK} = \alpha_{LK} = 0$	−166.01	71.26	4	13.28	拒绝 H_0
一般模型（无约束）	−130.38				

注：无约束的对数似然值 $LR（H_1）$ = −130.38，χ^2 值使用 −2（$LR（H_0）$ − $LR（H_1）$）来计算，其具有一个近似的 χ^2 或混合 χ^2 分布；其中 * 涉及 $\lambda = 0$ 的假设，其统计量服从混合正态分布，对应的临界值来源于 Kodde 和 Palm（1986）的推导；自由度等于约束的数目。

（三）结果分析

1. 前沿生产函数

从检验结果可以看出，在 1% 的显著性水平下，所有检验的零假设被拒绝，因此使用（1）式作为各个行业的生产函数是合适的。从表2可以看出，尽管解释变量时间 × 时间的系数不显著，但是其他含时间的项的系数显著，同时假设检验3和

4的检验结果（见表3的第4行和第5行）表明，这些含时间的项都不能被排除在模型之外，因此本文对此项予以保留。此外，除了 $(\ln L)^2$ 的系数外，其他解释变量的系数在1%的显著性水平下显著。

2. 技术效率的决定因素

从表2可以看出，除了规模的系数外，其他环境变量在1%的置信度水平下显著不为0，并且我们可以得出：

第一，规模的系数为负，这验证了凡登定律，说明规模和技术效率正相关。但是其系数不显著，说明凡登定律对中国技术效率的作用不明显。

第二，出口比率、进口比率的系数为负，这和前面的演绎推理相一致，即进出口比率的增长有助于推动技术效率的提高，但是进口比率系数的绝对值比率远远小于出口比率系数的绝对值，说明进口对技术效率的推动作用远远小于出口对技术效率的推动作用，这应归因于我国的进出口商品结构。我国主要商品的进出口比例见图1和图2①。

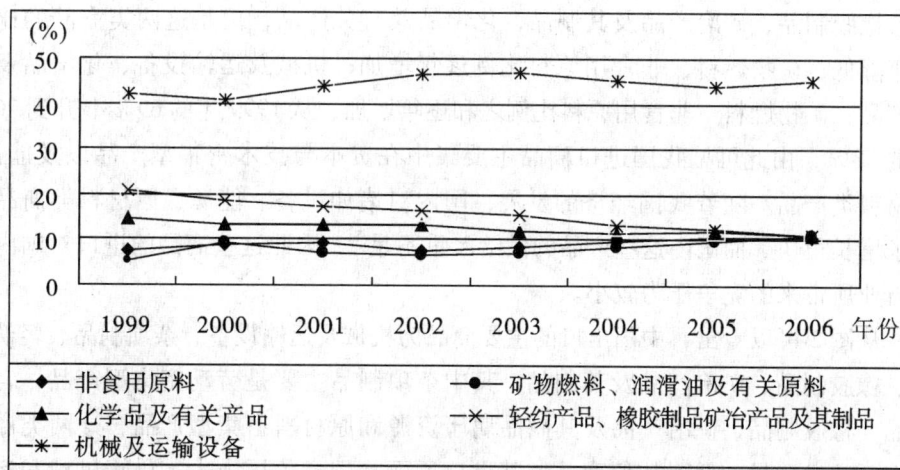

图1　各类进口商品占总进口的比率

----

① 选择至少有一年比例超过10%的商品。具体数据根据历年《中国统计年鉴》相关数据计算得到。

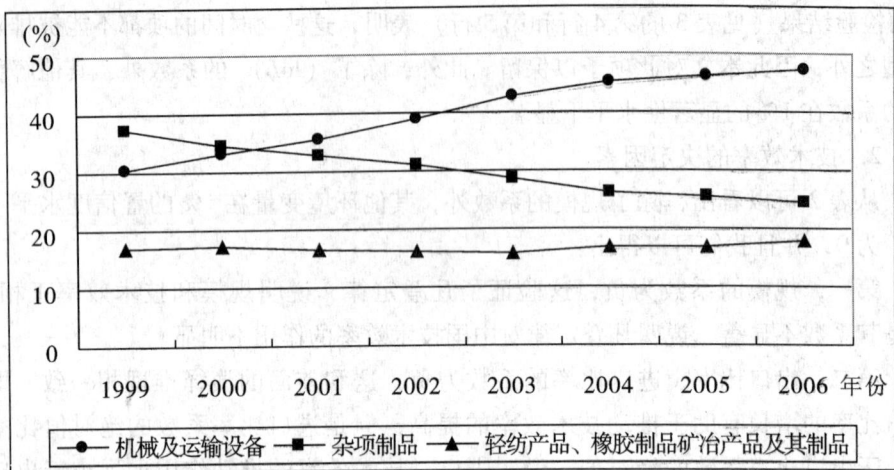

图2　各类出口商品占总出口的比率

从图1中可以看出，进口比例最高的商品为机械及运输设备，其次为轻纺产品、橡胶制品、矿冶产品及其制品，化学品及有关产品，但是这两类商品的比例逐年降低，矿物燃料、非食用原料比例逐年增加；机械及运输设备、化学品及有关产品、矿物燃料、非食用原料比例之和逐年增加，从1999年的69%上升到2006年的78%，由此可见我国进口商品主要集中在资本与技术密集型产品以及能源、原材料类产品。随着我国经济的发展，国内对诸如设备、能源、原材料类商品的需求增长很快，而国内这些产品的供给严重不足①，因此这些商品的进口对国内相关行业所带来的竞争压力较小。

从图2可以看出，中国出口的主要商品为机械及运输设备、杂项制品、轻纺产品、橡胶制品、矿冶产品及其制品，其中杂项制品主要是劳动密集型产品，轻纺产品、橡胶制品、矿冶产品及其制品属于资源和原材料密集型产品，这两类商品属于低技术含量、低附加值商品，其出口所面临的竞争压力大；尽管机械和运输设备增长很快，从1999年占总出口的30%增长到2006年的47%，但是出口生产企业普遍缺乏核心技术和自主品牌，我国主要从事这些商品的生产环节，而研发设计和销售环节掌握在外资公司手中，技术含量很低。以机电产品为例，2006年，机电的加工贸易出口占机电出口总值的71.2%，而一般贸易仅占25%②，因此其

---

①　例如我国的原油、铁矿石严重依赖进口，高新技术产品的进口依存度也非常高，2005年集成电路90%必须依靠进口来满足，而制造业设备的进口依存度也超过50%。（易行健，2006）

②　摘自《我国机电产品进出口结构调整步伐加快》，网址：http://www.yn.gov.cn/yunnan，-china/73185744641851392/20070307/1146412.html。

所面临的外部竞争压力也很高。综上所述，出口所面临的竞争压力远远高于进口所带来的竞争压力，因此进口对技术效率的影响程度远远低于出口对技术效率的影响程度。

第三，国退民进的系数为负，说明国退民进有助于技术效率的提高，这一点和前面的演绎推理相一致。国进外退的系数为负，并且在 1% 的显著性水平下显著，这说明国进外退有助于技术效率的提高。导致这一结果可能因为国外资金进入中国市场，对原有企业产生巨大冲击，可能导致大量中小企业破产，原有品牌消失，而且跨国公司可能利用"转移定价"的方式转移利润等，这一切都有可能导致技术效率的降低。

第四，集中度的系数为负，而集中度越高，则竞争水平越低，因此竞争水平和技术效率负相关。这和前面的演绎推理相悖，导致这一现象的可能原因为自 1998 年后，一方面我国由经济短缺转向经济过剩，很多行业竞争过度，导致行业内的生产能力大面积闲置；另一方面固定投资的大量增加进一步加深了产能过剩，这两方面因素导致技术效率降低。

第五，有效保护率的系数为负，这说明技术效率和有效保护率正相关。

四、*TFP* 及其决定因素

估计模型（1）的参数后，然后可以根据（3）式至（6）式计算各个行业的 *TFP*、技术进步、技术效率改进、规模效率、配置效率，以下分别对他们进行分析。

1. *TFP* 增长率

由于行业较多，并且涉及 8 年数据，考虑到篇幅限制，因此本文对 *TFP* 及其分解因素的讨论仅限于平均值。本文涉及三种平均值，其定义如下：行业 j 的年度平均 *TFP* 增长率为该行业的所有年份 *TFP* 增长率的算术平均值，记为 $\overline{TFP}_j$。第 t 年全部国有以及规模以上非国有工业企业的平均 *TFP* 增长率为第 t 年所有行业 *TFP* 增长率的加权平均值，权重为该年各行业工业增加值占该年 35 个行业工业增加总值的比例，记为 $\overline{TFP}_t$。全部国有以及规模以上非国有工业企业的总体 *TFP* 平均增长率为 $\overline{TFP}_t$ 的算术平均值。后面我们采用相同的方法定义技术进步、配置效率、规模效率、技术效率的相应平均增长率。2000—2006 年工业企业的平均 *TFP* 呈"Z"型增长趋势，*TFP* 增长率分别为 8.19%、10.20%、7.38%、13.99%、15.18%、10.22% 和 13.78%，年均增长 11.28%，这说明 2000—2006 年工业企业的平均 TFP 增长很快。

从行业的角度来看，平均 TFP 增长率最高的 5 行业主要集中在采矿业，分别为煤气的生产和供应业、黑色金属矿采选业、非金属矿采选业、煤炭采选业、有色金属矿采选业，其 TFP 增长率分别为 16.08%、17.47%、18.44%、19.68%、20.88%，高出涂正革（2005）测算的最高五个行业 TFP 增长率 3 至 4 个百分点，导致这种情况出现的可能因素为自 1997 年开始，中国加大了国企改革力度，明确建立现代企业制度，并且这一目标在 2000 年得到实现，由于现代企业制度克服了1998 年以前实行的承包制不能促进国有企业适应市场经济发展的缺陷①，这些行业更加适应市场经济，从而他们的 TFP 增长速度更高。平均 TFP 增长率最低的 5 行业分别为化学纤维制造业、家具制造业、石油和天然气开采业、烟草加工业、塑料制品业，其 TFP 增长率分别为 6.34%、7.40%、7.86%、8.10%、8.67%。平均 TFP 增长率最高的 5 个行业的 TFP 增长率远远高于最低的 5 个行业，平均高出将近 11 个百分点。从后面的论述可以看出推动 TFP 增长的主要因素为技术进步，但是导致上述差距并不归因于技术进步，而是技术效率改进。最高 5 个行业、最低 5 个行业的技术进步平均值分别为 7.77%、7.33%，两者相差不大，但是他们的技术效率改进分别为 8.99% 和 0.1%，两者相差将近 9%。结合 1999—2006 年中国工业企业的经济增长和最高 5 个行业的高技术效率改进，我们可以解释为什么 TFP 增长率最高的 5 个行业集中在采矿业。1999—2006 年中国经济尤其是工业行业获得飞速发展，全部国有和规模以上非国有工业企业的工业实际增加值②增长率分别为 13.59%、15.01%、16.16%、19.61%、22.99%、28.69%、25.07%，工业的高速增长必然大大拉动原材料尤其是矿资源的需求。为了应对日益增加的矿资源需求，一方面加大矿资源的进口③，另一方面引进先进技术，加大矿资源的开采，这大大提高了国内采矿企业资产、劳动力的利用率，导致了技术效率获得很大的改进，进而推动了采矿业的技术效率改进和 TFP 增长。

2. 技术进步

2000—2006 年工业企业的平均技术进步分别为 6.33%、7.43%、8.58%、9.76%、11.05%、12.20%，这说明 2000—2006 年工业企业技术进步很快并且呈

---

① 摘自张卓元：《30 年国有企业改革的回顾与展望》，具体见 http://news.rednet.cn/c/2008/02/04/-1435622__1.htm。

② 按工业品出厂价格指数平减。

③ 矿资源的进口比例非常高，出口比率非常低，采矿业的进口比率在所有行业中排行前列，TFP 增长率最高的 5 个行业中，除了煤炭行业外，其他四个行业进口比率都在 20% 以上，其中铁矿石进口超过国内全部国有和规模以上非国有工业企业铁矿石的产值，平均进口比率达 132%。

加速增长趋势。技术进步年均增长 8.67%，较涂正革（2005）测算的技术进步率低 5.33 个百分点。

从行业的角度来看，平均技术进步最快的 5 个行业分别为普通机械制造业、非金属矿物制品业、皮革毛皮羽绒及其制品业、煤炭采选业、服装及其他纤维制品制造业，其中普通机械制造业 9.85%、非金属矿物制品业 9.87%、皮革毛皮羽绒及其制品业 9.96%、煤炭采选业 10.07%、服装及其他纤维制品制造 10.48%。平均技术进步最慢的 5 个行业分别为煤气的生产和供应业、烟草加工业、自来水的生产和供应业、化学纤维制造业、石油和天然气开采业，其技术进步平均增长率分别为 5.74%、6.09%、6.7%、6.7% 和 6.83%。从这 10 个行业的环境变量特征来看，技术进步最慢的 5 个行业的平均国退民进指标在 35 个行业中的排名分别为 6、1、3、17、2，平均集中度指标（$HHI^{1/2}$）排名分别为 33、34、20、32、35，而技术进步最快的 5 个行业对应的国退民进和集中度指标排名分别为 20、22、35、4、33 和 8、1、9、28、4，其他指标的特征并不明显，这说明国有垄断不利于技术进步，因此只有通过引入非国有经济，加强垄断行业竞争，才能促进技术进步。

3. 技术效率和技术效率改进

技术效率是实际产出和前沿产出之比。实证结果表明，1999—2006 年平均技术效率分别为 0.79、0.81、0.83、0.82、0.86、0.88、0.88、0.89，这说明我国工业企业的技术效率逐年呈增长趋势。其中年均技术效率最高的 5 个行业分别为家具制造业、电子及通信设备制造业、文教体育用品制造业、仪器仪表文化办公用机械制造业、服装及其他纤维制品制造业，其技术效率分别为 0.975、0.976、0.977、0.978、0.980；年均技术效率最低的 5 个行业分别为自来水生产和供应业、电力蒸汽热水生产供应业、煤炭采选业、非金属矿采选业、印刷业记录媒介的复制业，其技术效率分别为 0.350、0.484、0.516、0.602、0.610。从技术效率最高和最低的行业差别来看，技术效率最高的 5 个行业集中在竞争激烈、开放度高、有效保护率高的行业，而最低的 5 个行业集中在高垄断、国有程度高的行业。这一点和涂正革（2005）的结果不一致，导致不一致的可能原因存在于三个方面：研究对象不同（涂正革研究对象为大中型工业企业）、研究时间段不同（涂正革研究的时间段为 1995—2002 年）、随机前沿生产函数模型不同（涂正革采用的模型为 Battese 和 Coelli（1992）的时变技术效率的随机前沿生产函数模型，而本文采用的模型为 Battese 和 Coelli（1995）的随机前沿生产函数模型）。

人们不仅仅关注技术效率，更关注技术效率改进。本文的测算结果表明，2000—2006 年平均技术效率改进分别为 1.41%、2.91%、-0.79%、5.07%、5.41%、-1.64%、0.38%，年均增长 1.82 个百分点。平均技术效率改进最快的

5 个行业分别为煤炭采选业、黑色金属矿采选业、非金属矿采选业、煤气生产和供应业、有色金属矿采选业，其技术效率分别以每年 7.13%、7.98%、8.99%、9.61%、11.25% 的速度改进。由此可见，尽管这些行业技术效率低下[①]，但是其技术效率改进速度很快。上述 5 个行业技术效率改进很快可能归因于国企改革。1999 年以前这 5 个行业国企职工冗余非常严重，国企改革尤其是 1998 年推行的国企下岗分流政策[②]大大减少了这 5 个行业冗余职工的数量，这表现在尽管 2000—2004 年这些行业资本增长速度比较快，但是煤炭采选业、非金属矿采选业、煤气生产和供应业、有色金属矿采选业劳动力基本上负增长[③]，而黑色金属矿采选业的劳动力增长非常缓慢。冗余职工的减少促进了劳动力效率的提高，进而促进技术效率的提高。尽管国企改革促进了这些行业技术效率以很快的速度提高，但是并没有改变这些行业技术效率低下现状，因此从通过提高技术效率这一途径来促进这 5 个行业 TFP 增长的潜力很大。平均技术效率改进最慢的 5 个行业主要为国有化程度低、竞争激烈的行业，分别为化学纤维制造业、塑料制品业、家具制造业、服装及其他纤维制品制造业、电子及通信设备制造业，其技术效率改进速度分别为 −0.57%、−0.21%、−0.18%、−0.11%、0.06%，这些行业技术效率改进速度缓慢的可能原因为由于行业内部竞争激烈，为了生存，这些行业内部的企业除了引进新技术、新设备外，还必须从提高效率的角度入手，因此历年他们的技术效率已经处于很高的水平[④]，技术效率不可能以较快的速度提高。

4. 规模效率

2000—2006 年工业企业的平均规模效率分别为 −0.26%，−0.20%，−0.20%，−0.25%，−0.29%，−0.09%，0.04%，年均增长 −0.18%。2000—2005 年规模效率为负，这主要归因于中国工业企业存在规模不经济现象。根据计算，1999—2005 年的规模报酬算术平均值分别为 0.929，0.941，0.952，0.963，0.973，0.982，0.992，这说明 1999—2005 年工业企业规模报酬得到改善，2006 年规模报酬略高于 1，达到 1.003，进而导致规模效率大于 0。

从行业的角度来看，平均规模效率最高的 5 行业分别为石油加工及炼焦业、电

力蒸汽热水生产供应业、石油和天然气开采业、化学纤维制造业、煤气生产和供应业，其对 *TFP* 增长的影响分别为 0.048%、0.061%、0.061%、0.088%、0.159%。最低的 5 个行业分别为皮革毛皮羽绒及其制品业、家具制造业、服装及其他纤维制品制造、电子及通信设备制造业、文教体育用品制造业，平均规模效率分别为 −0.64%、−0.60%、−0.58%、−0.57%、−0.5%。从这 10 个行业的环境变量特征来看，规模效率最高的 5 个行业的出口交货值比率、国退民进指标远远低于规模效率最低的 5 个行业，而国进外退指标、集中度指标远远高于规模效率最低的 5 个行业，而且规模效率最高的 5 个行业属于资本密集型行业，最低的 5 个行业属于劳动力密集型行业。

5. 配置效率

从行业的角度来看，仅仅只有皮革毛皮羽绒及其制品业的配置效率为负，其他行业的配置效率都为正，这说明绝大多数行业的资源配置得到改善。平均配置效率最低的 5 行业分别为皮革毛皮羽绒及其制品业、电气机械及器材制造业、家具制造业、木材加工及竹藤棕草制品业、化学纤维制造业，其配置效率分别为 −0.52%、0.04%、0.05%、0.05%、0.13%；最高的 5 个行业为医药制造业、有色金属矿采选业、专用设备制造业、黑色金属矿采选业、煤炭采选业，其配置效率分别为 1.65%、1.67%、1.91%、2.13%、2.74%。

由于 $\lambda_K - S_K = 1 - \lambda_L - (1 - S_L) = -(\lambda_L - S_L)$，因此

$$AE = (\lambda_K - S_K)\dot{K} + (\lambda_L - S_L)\dot{L}$$

$$= (\lambda_K - S_K)\left(\frac{\mathrm{dln}K}{\mathrm{d}t} - \frac{\mathrm{dln}L}{\mathrm{d}t}\right)$$

$$= (\lambda_K - S_K)\frac{\mathrm{dln}K/L}{\mathrm{d}t} = (\lambda_K - S_K)\dot{K/L}$$

(4)

由（4）式可以得到，配置效率不但和人均资本存量的增长正相关，而且和资本产出弹性与资本在总成本中所占份额之差正相关。为了进一步分析配置效率和人均资本存量之间的关系，本文分别将配置效率和人均资本存量排序，然后按从高到低的顺序分为高（11 个行业）、中（12 个行业）、低（12 个行业）三组，具体结果见表5。

表5 配置效率和人均资本存量增长的关系

配置效率分组	行业	人均资本存量增长所处组的比例
低（平均配置效率为0.18%）	皮革毛皮羽绒及其制品业、电气机械及器材制造业、家具制造业、木材加工及竹藤棕草制品业、化学纤维制造业、服装及其他纤维制品制造、仪器仪表文化办公用机械、电子及通信设备制造业、塑料制品业、石油和天然气开采业、饮料制造业、石油加工及炼焦业	高：8.3%、中：16.7%、低：75%
中（平均配置效率为0.81%）	文教体育用品制造业、自来水的生产和供应业、食品加工业、煤气的生产和供应业、金属制品业、食品制造业、印刷业记录媒介的复制、橡胶制品业、造纸及纸制品业、烟草加工业、非金属矿物制品业、有色金属冶炼及压延加工业	高：25%、中：58.3%、低：16.7%
高（平均配置效率为1.70%）	化学原料及制品制造业、电力蒸汽热水生产供应业、普通机械制造业、非金属矿采选业、交通运输设备制造业、黑色金属冶炼及压延加工业、医药制造业、有色金属矿采选业、专用设备制造业、黑色金属矿采选业、煤炭采选业	高：73%、中：27%、低：0%

从表5可以看出，配置效率最高组中的行业基本上是资本密集型行业，并且该组各个行业的国退民进指标都很低；中间组行业中资本密集型和劳动力密集型行业基本各占一半；最低组主要为劳动力密集型行业，除了石油和天然气开采业、石油加工及炼焦业外，该组其他各行业的国退民进指标都较高。配置效率最高组的平均配置效率为1.7%，其人均资本增长很快，11个行业中存在8个行业属于人均资本增长速度最高的组，其余3个行业属于人均资本增长速度中等的组；配置效率中等组的平均配置效率为0.81%，组中主要行业属于人均资本增长速度中等的组，占该组行业总数的58.3%；配置效率最低组的平均配置效率为0.18%，组中主要行业属于人均资本增长速度最低的组，占该组行业总数的75%，即12个行业中存在9个行业人均资本增长很慢，人均资本存量年均增长不足2.7%，人均资本增长速度最快和中等的行业分别为1个和2个，分别占总数的8.3%和16.7%。由于配置效率反映要素配置状况，因此在完全竞争的市场经济条件下，要素配置达到最优，配置效率应该为0。从上述分析可以看出，国有化程度较高的行业，可以通过改进资源配置来促进经济和TFP增长，而国有化程度较低的行业，其市场化程度较高，因此配置效率对TFP的促进作用有限。

2000—2006年工业企业的平均配置效率分别为1.69%，1.17%，0.93%，0.59%，0.29%，0.91%，1.15%，年均增长0.96%，由此看出，我国工业行业资源配置逐年得到优化并呈"V"型变化趋势。2000—2004年，配置效率逐年下降，这应主要归因于劳动力的增长。2000 年平均劳动力负增长 -4.6%，直接拉动配置效率增长 0.74 个百分点。随着全球经济的复苏，各个行业对劳动力需求自 2002 年开始逐年增加，2004 年工业行业平均劳动力增长达 13.18%，珠江三角洲竟然出现"民工荒"，快速增长的劳动力拉低了配置效率的增长，使得配置效率在 2004 年达到最低点 0.29%。随着劳动力基数和工资的提高，2005 年的平均劳动力增长率比 2004 年的平均劳动力增长率降低了 9.4 个百分点，大大促进了配置效率的增长。

上文分析了影响技术效率的各因素以及 *TFP*、技术进步、技术效率、技术效率改进、规模效率、配置效率的变化，但是人们往往还关注驱动经济增长、*TFP* 增长的因素。本文利用 *TFP* 对经济增长的贡献来分析 *TFP* 对经济增长的作用，利用技术进步、技术效率、配置效率、规模效率对 *TFP* 增长的贡献来分析各因素对 *TFP* 的影响。各行业 *TFP* 对经济增长的贡献为该行业 *TFP* 增长率除以其工业增加值增长率再乘以 100%，*TFP* 对工业企业经济增长的总体贡献定义为各个行业 *TFP* 的贡献的加权平均值，权重为各个行业工业增加值占工业企业工业增加总值的比重。全要素各因素对 *TFP* 增长的贡献采用相似的定义方法，贡献图见图 3。

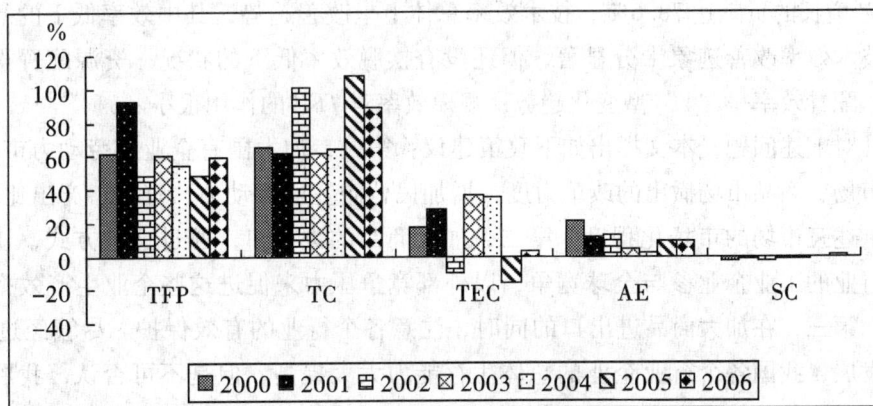

图 3　*TFP* 对工业增加值的贡献以及各因素对 *TFP* 的贡献

从图 3 可以看出：①*TFP* 对工业企业经济增长起主要作用。2000—2007 年，*TFP* 对经济增长的贡献都不低于 48%，其中 2002 年达到最大值 92.4%，平均贡献为 60.6%，也就是说要素投入对工业经济增长的贡献仅为 39.4%，因此要素投入不是推动工业经济增长的主要因素，推动经济增长的主要原因是 *TFP* 的增长。②技术进步是推动 *TFP* 增长的决定性因素，研究时段内技术进步对 *TFP* 增长的贡献都在 60% 以上，而 2004 年更高达 108%，总体上 78.6% 的 *TFP* 增长应归因于技术进步。③技术效率改进对 *TFP* 的增长贡献在 *TFP* 的四个要素中排行第二，对

TFP 的平均贡献约为 13.4%。尽管技术效率改进对 TFP 的平均贡献不大，但是存在一些诸如非金属矿采选业、煤炭采选业、有色金属矿采选业等行业，技术效率改进对推动 TFP 的增长起非常重要的作用，例如非金属矿采选业的技术效率改进对 TFP 增长的贡献达 49%，并且这些行业技术效率低下，很有挖掘潜力。④配置效率对 TFP 的贡献首先呈下跌趋势，从 2000 年的 20.59% 逐年下跌到 2004 年的 1.93%，然后呈上升趋势，其对 TFP 的年均贡献为 9.74%，排行第三位。⑤规模效率对 TFP 的贡献很小，年均贡献仅为 −1.75%，但是呈上升趋势。

五、小结

综上所述，我们可以得出：对于全部国有和规模以上非国有工业企业，规模的扩大、进口比例、出口比例的增长、国退民进、有效保护率的提高有助于技术效率的提高，而竞争的加剧、国外资本的进入阻碍了技术效率的提高；TFP 呈 "Z" 型增长趋势，而其增长应主要归因于技术进步；技术进步年均增长 8.67%，对 TFP 增长的贡献达 78.6%；技术效率总体上呈改善趋势，其中效率低下的行业总体技术效率改善迹象十分显著，但还没有摆脱效率低下的状况；资源配置得到优化，配置效率呈 "V" 型变化趋势；规模效率对 TFP 的作用很小。

针对上述问题，本文提出如下政策建议：第一，加大国有企业从劳动力市场、资本市场、商品市场撤出的改革力度，增加民营企业的劳动力、资本、产出比重，提高上述三市场的市场化程度。第二，加大商品的进出口，通过这种方式，让国内各行业的工业企业参与全球竞争，以外部竞争压力来促进这些企业生产效率的提高。第三，在加大商品进出口的同时，注意各个行业的有效保护。尽管经过 30 年的发展，我国各个行业企业的总体生存能力大大提高，但是不可否认，我国很多行业企业的整体实力水平远远落后于国外先进企业，因此通过合适的贸易措施给这些企业提供一个比较安全的环境，让其在此环境中稳定发展是必要的。当然通过提高名义关税等贸易保护方式并不可取，因为这可能导致国与国之间的贸易摩擦和贸易战争。我们应采取有效措施提高有效保护率而非名义关税税率来对我国的工业企业提供保护。第四，防止重复建设，从源头上制止低层次恶性竞争。重复建设是我国工业化进程中的"顽症"，不但计划经济时期存在重复建设，改革开放后同样存在重复建设。重复建设一方面造成资源、资金、原材料、设备等浪费；另一方面加剧了产能过剩，以及行业内与行业之间的过度竞争，不利于提高行业的生产效率，在过剩经济条件下更是如此。第五，保持各个行业较高的经济增长。只有保持各个行业较高的经济增长，才能使各个行业的设备、劳动力利用率达到较高水平，进而促进 *TFP* 的增长。第六，针对不同的行业，应制定不同的改革措施，以提高他们的 *TFP*。对于竞争激烈、国有程度低、技术效率水平高的行业，应制定相关措施，加大创新力度，通过促进该行业的技术进步来解决其长期持续发展问题；对于国有程度高、技术效率水平低的行业，应制定对应措施，内部挖潜，着重提高这些行业的技术效率水平。

参考文献

[1] 陈时中. 经济增长的结构因素分析[J]. 数量经济技术经济研究，1986（7）：12 – 19.

[2] 郭庆旺，贾俊雪. 中国全要素生产率的估算：1979—2004[J]. 经济研究，2005（6）：51 – 60.

[3] 何锦义等. 当前技术进步贡献率测算中的几个问题[J]. 统计研究，2006（5）：29 – 35.

[4] 孔翔，Rorbert E. Marks，万广华. 国有企业全要素生产率变化及其决定因素：1990 – 1994 [J]. 经济研究，1999（7）：40 – 48.

[5] 李小平，卢现祥，朱钟棣. 国际贸易、技术进步和中国工业行业的生产率增长[J]. 经济学（季刊），2008（2）：549 – 564.

[6] 林毅夫，任若恩. 东亚经济增长模式相关争论的再探讨[J]. 经济研究，2007（8）：4 – 12.

[7] 刘春元. 中国工业制度体系变迁、市场结构与工业经济增长——计量与实证研究[J]. 经济学动态，2003（4）：61 – 70.

[8] 涂正革. 我国大中型工业企业生产率与技术效率的随机前沿模型分析 [D]. 华中科技大学博士学位论文，2005.

[9] 涂正革，肖耿. 中国的工业生产力革命[J]. 经济研究，2005（3）：4 – 15.

[10] 涂正革，肖耿. 非参数成本前沿模型与中国工业增长模式研究[J]. 经济学（季刊），2007（1）：185 – 210.

[11] 王争，郑京海，史晋川. 中国地区工业生产绩效：结构差异、制度冲击及动态表现[J]. 经济研究，2006（11）：48 – 59.

[12] 王志刚，龚六堂，陈玉宇. 地区间生产效率与全要素生产率增长率分解（1978 – 2003）[J]. 中国社会科学，2006（2）：55 – 66.

[13] 易行健. 我国进出口快速增长的现状、趋势、问题及未来的政策选择[J]. 中央财经大学学报，2006（12）：63 – 68.

[14] 张军. 资本形成、工业化与经济增长：中国的转轨特征[J]. 经济研究，2002（6）：3 – 13.

[15] 张宇. FDI与中国全要素生产率的变动[J]. 世界经济研究，2007（5）：14 – 19.

[16] 赵伟，何元庆等. 对外开放程度度量方法的研究综述[J]. 国际贸易问题，2005（6）：32 – 35.

［17］郑适，汪洋. 中国产业集中度现状和发展趋势研究［J］. 财贸经济，2007（11）：111－117.

［18］Aigner, D. J. , C. A. Lovell, and P. J. Schmidt. 1977. "Formulation and Estimation of Stochastic Frontier Production Function Models." *Journal of Econometrics*, 6 (1): 21 –37.

［19］Akrasanee, Narongchal, and Paitoon Wibonchutikula. *Thailand's Trade and Industrialization Policy and Productivity Growth*. BangKoko: Thailand Development Research Institute, 1992.

［20］Battese, G. E. , and T. J. Coelli. 1992. "Frontier Production Functions, Technical Efficiency and Panel Data: With Application to Paddy Farmers in India." *Journal of Productivity Analysis*, 3 (1): 153 –169.

［21］Battese, G. E. , and T. J. Coelli. 1995. "A Model for Technical Inefficiency Effects in a Stochastic Frontier Production Function for Panel Data." *Empirical Economics*, 20 (2): 325 –332.

［22］Corden, W. M. 1966. "The Structure of a Tariff System and the Effective Protective Rate." *Journal of Political Economy*, 74 (3): 209 –221.

［23］Felipe, J. 1999. "Total Factor Productivity Growth in East Asia: A Critical Survey." *Journal of Development Studies*, (4): 1 –41.

［24］Kim, Jong – II, and Lawrence Lau. 1994. "The Sources of Economic Growth of the East Asian Newly Industrialized Countries." *Journal of Japanese and international Economies*, 8 (3): 235 –271.

［25］Kodde, D. A. , and F. C. Palm. 1986. "Wald Criteria for Jointly Testing Equality and Inequality Restrictions." *Econometirca*, 54 (5): 1243 –1248.

［26］Kumbhakar, S. C. , and C. A. K. Lovell. *Stochastic Frontier Analysis*. Cambridge: Cambridge University Press, 2000.

［27］Kumbhakar, S. C. 1987. "The Specification of Technical and Allocative Inefficiency in Stochastic Frontier Models." *Journal of Econometrics*, 34 (3): 335 –348.

［28］Urata, S. , and K. Yokota. 1994. "Trade Liberalization and Productivity Growth in Thailand." *The Developing Economies*, 32 (4): 444 –459.

附录：变量及环境变量的引入和说明

模型（1）式中所使用的投入和产出变量说明如下：

Y_{it}：行业工业增加值，以 1999 年的不变价格表示，其中第 i 个行业的平减指数 P_{it} 为固定资产价格指数和 CPI 指数的加权平均指数替代，该行业的固定资产价格指数权重为该行业的固定资产折旧和工业增加值比率，CPI 指数的权重等于 1 减去固定资产价格指数权重。采用上述方法计算工业增加值平减指数的理由如下：根据分配法，工业增加值由劳动者报酬、固定资产折旧、生产税净额、营业盈余四部分组成。具体数据来自历年中国工业经济统计年鉴。

K_{it}：资本存量，以 1999 年的不变价格表示。借鉴孔翔等（1999）对资本存量的处理方法，本文资本存量的计算也采用前一年的资本净值减去本年的折旧，再加上经过投资价格指数平减的新增资本存量。投资价格指数使用历年中国统计年鉴提供的固定资产价格指数。资本净值和折旧数据来自历年中国工业经济统计年鉴。

L_{it}：就业人数，本文选取全部从业人员年平均人数，具体数据来自历年中国工业经济统计年鉴。

在随机前沿生产函数模型中，环境变量通过仅仅影响技术无效率项来影响全要素生产率，因此本文在选取环境变量时，根据该环境变量对 *TFP* 增长是否存在影响作为依据。影响行业技术效率可分为两类，一类为行业外部环境的变化，另外一类为行业内部因素的变化。竞争是影响技术效率最重要的外部环境因素，如果某行业内部竞争非常激烈，那么该行业内部企业会采取一切措施提高技术效率，以求生存，因此技术效率和竞争可能正相关。国外企业通过进口、FDI 同国内企业竞争，而国内企业通过出口同国外企业竞争，因此进口、出口占国内工业生产总值的比率、FDI 占固定资产的比率同技术效率可能正相关。关税税率是影响进口的重要因素，名义关税税率是贸易保护水平的重要度量，但是有效保护率比名义关税税率更能反映真实的保护水平，因为有效保护率"不但注意关税对成品价格影响，也注意投入品（原材料或中间产品）由于征收关税而增加的价格，因此有效保护率计算的是某项加工工业中受全部关税制度影响而产生的增值比，是对一种产品的国内、外增值差额与其国外增值的百分比"[1]，所以有效保护率越高，国外商品相对于国内同类商品就越没有竞争优势，进口越少，对国内商品的竞争压力越弱，由此可以推出有效保护率同技术效率可能负相关。行业内部因素包括企业内部资产、产品和劳动力质量。由于大多数国企在不同程度上承担一定的政策负担，因此非国有经济在挖掘资产和劳动力使用效率的潜力上，明显优于国有企业，这说明如果某行业的非国有经济资本、劳动力在行业中所占的比重越大，那么该行业的资产、劳动力使用效率越高，技术效率自然也就越高。和低效率企业相比，高效率企业的产品要么质量更好，要么成本和销售价格更低等等，竞争的最终结果是物美价廉的产品驱逐物差价高的产品，因此非国有经济工业销售总值占行业销售总值的比率可以反应国有经济和非国有经济之间的这种效率变动。根据凡登定律，规模的扩大有助于生产效率的提高，同时不少实证研究也证明了这一点（Akrasanee 等，1992；Urata，S. 等，1994）。Akrasanee、Narongchal 等（1992）、李小平，卢现祥，朱钟棣（2008）、涂正革（2005）、张宇（2007）等的实证研究也验证上述因素和技术无效率项之间存在相关关系。综上所述，同时考虑到回归时环境变量可能存在多重共线性，因此（2）式中的环境变量，由下列变量或者变量的线性组合组成：

贸易开放度指标：度量开放程度的指标主要有外贸依存度、关税税率、有效保护率和数量限制平均覆盖率、非关税壁垒覆盖率、价格扭曲度等（赵伟、何元庆等；2005），其中选取最多的变量为进出口依存度（进出口比率）、名义关税税率以及有效保护率，由于名义关税税率不能反映外贸保护实际水平，因此本文采用有效保护率，进口贸易依存度（进口比率），出口贸易依存度（出口比率）三个指标。第 *t* 年进口比率（IMR）、出口比率（EXR）分别为各行业进口总

---

① 摘自海关词典，具体见 http://www.china-customs.com/customs/data/128.htm。

额、全部国有以及规模以上非国有工业企业出口交货值除以该行业全部国有以及规模以上非国有工业企业的工业销售产值，所有数据来自历年中国工业统计年鉴。根据 Corden（1966）对有效保护的定义，有效保护率（ERP）采用下列公式计算得到：

$$ERP_j = \frac{t_j - \sum_i a_{ij} t_i}{1 - \sum_i a_{ij}}$$

其中 t_j 表示第 j 行业的名义关税税率，本文用该行业各种商品的关税优惠税率算术平均值代替。所有商品的关税优惠税率来自历年《中华人民共和国海关进出口税则》，各种商品归属行业是根据国家统计局行业分类标准进行划分[①]；a_{ij} 为投入产出系数，2002 年以前的投入产出系数通过对 1997 年投入产出表计算得到，2002 年至 2006 年投入产出系数通过对 2002 年投入产出表计算得到，具体计算过程和数据可向作者索取。

竞争：一般利用行业集中度指数作为行业竞争程度的度量，而行业集中度指数主要有两个，行业集中度 CR 和赫芬戴尔指数 HHI，而 HHI 比 CR 更能反映行业的集中程度（郑适、汪洋，2007），因此本文采用 HHI 指标。借鉴涂正革（2005）的计算方法，本文以市场份额前十位的企业计算赫芬戴尔指数，1999—2002 年 HHI 数据来源于涂正革的博士论文，2004—2006 年各个行业前十大企业的销售收入来自中国经济信息网，2003 年 HHI 指数通过线性插值计算得到。本文选择 $HHI^{1/2}$ 作为竞争的度量。

规模：借鉴 Urata 和 Yokota（1994）的测算方法，利用各个行业生产总值同比增长率表示规模变化，规模变量记为 Scale。

国有经济和非国有经济指标：国有或国有控股产出比率（noutputr）为国有或国有控股工业企业产出与全部国有以及规模以上非国有工业企业产出的比率，国有或国有控股劳动力比率（nlaborr）为国有或国有控股工业企业从业人员数与全部国有以及规模以上非国有工业企业从业人员数的比率，这两个指标度量国有化水平，他们越小，表明产出、劳动力的国有化程度越低，非国有化程度越高；为了区分各类不同性质的资产对技术效率的影响，本文引入国有资产、港澳台资产、外资在行业资产中所占的比率，其中国有资产比率（nassetr）、港澳台资产比例（gatassetr）、外资比例（fassetr）分别为国有资本、港澳台资本、外商资本除以实收资本，所有数据来自于历年的中国工业统计年鉴；为了考虑国内其他性质的企业对技术效率的影响，其他性质企业的资产比率（qita）为 1 减去上述三项资产比率，当然 nassetr，gatassetr，fassetr，qita 共线，因此只能选择其中三个指标进行研究，本文考虑 nassetr，gatassetr，qita 三指标对技术效率的影响。

资本、劳动力在总成本中的份额 S_{K_i} 和 S_{L_i}：劳动力成本主要包括工资总额、劳动福利（住房公积金）、个人所得税和保险（养老、医疗、工伤、失业、生育、农村养老保险），其中工资总额占劳动力成本的绝大部分，考虑到数据的获得，因此本文假设劳动力成本仅仅由工资总额

---

① 具体见 http://www.chinammn.com.cn/2006top/hyclass.asp？。

构成①；资本成本主要包括利息支出和当年折旧，本文资本的利息支出为资本存量乘以当年五年以上贷款利率，这是一种隐含成本计算方法，因为企业如果将企业资产转让，得到资金后贷给其他企业主，便可以得到利息收入，而如果自己生产产品，那么不但没有这项利息收入，而且必须承担折旧成本。总成本为资本成本和劳动力成本之和，资本、劳动力在总成本中所占的份额分别为资本成本、劳动力成本除以总成本。

The Growth of Industry Enterprise TFP in China and Its Sources: Base on Panel Data 1999 – 2006

Yin, Xiang – fei

(Information School, Hunan University of Commerce, Changsha, China, 410205)

Abstract: By adopting the stochastic frontier production model, this paper analyzed the TFP and its factors of all national and non – state scale industry enterprises from 1999 to 2006. Major findings include: Technical efficiency is positively correlated with the ratio of import and export, scale, effective protection rate, "the State Economy out and the Private Economy in", "the State Economy in and the Foreign Economy out", concentration Ratio; TFP grow 11. 28% per year on average and evolve along a "Z" shape path; 78. 6% of TFP's growth owes to TC; TE show increasing trend, in which the technical efficiency rate of low TE industries grow rapidly, but these industries' TE is still low; The allocation of resources has been optimized, and show "V" shape path; SC's contribution to TFP is rather low. In the end part of this paper, some advices are provided to the above problems.

Keywords: Stochastic frontier; TC; TE; AE

---

① 稳健性检验结果表明，假定除工资以外其他劳动力支出为工资的 0. 1 倍、0. 2 倍、0. 3 倍对配置效率、规模效率、TFP 增长率的影响不大，对技术进步、技术效率无影响。

内生货币与我国经济波动
——基于 DSGE 框架的研究

王延军

摘　要：借助 CIA 约束将货币引入一个包含三部门的随机动态一般均衡（DSGE）模型，通过对比货币在内/外生情况下宏观经济变量的波动特征，本文研究了内生货币机制作为一个冲击传递渠道在沟通货币与实际产出之间的桥梁作用。研究发现，我国货币供给具有明显的内生性，内生货币机制增强了货币冲击效应而削弱了技术冲击效应，并且它加剧了通货膨胀。同时，本文的研究还发现，虽然引进了内生货币机制，但由于缺少强力货币冲击传递机制（如黏性），货币在长期内对实际产出仍然没有任何影响。

关键词：内生货币；经济波动；随机动态一般均衡模型

2003 年被认为是我国经济发展过程中具有转折意义的一年。在这一年，一方面，我国经济运行正式走出了通货紧缩周期，国民经济运行重新步入快速发展的轨道；另一方面，自这一年始，我国的经济波动，无论是名义变量的波动还是实际变量的波动，都具有明显平滑化的趋势。关于这种现象的出现，一些学者认为我国的宏观经济政策调控在其中发挥了非常重要的作用，如刘树成、张晓晶、张平（2005），郭玉清（2007）；而另一部分学者则从货币内生性的角度对我国宏观经济政策，特别是货币政策的效应提出了质疑，例如陈昭（2005），卢东、陈学彬

作者简介：王延军（1972—　），男，山东滨州人，复旦大学博士后，上海立信会计学院国贸经济系讲师、经济学博士，wangyj0909@163.com。

（2008）等。这些争论表明，货币供给的内生性对宏观经济政策效应的发挥具有重要的影响。那么，我国货币供给具有内生性吗？内生性货币对我国经济运行又有何影响？这是我国经济要实现持续快速发展无法回避的问题。

除了货币供给的内生性对经济实践的重要影响外，在理论方面，King 和 Plosser（1984），Freeman（1986），Freeman 和 Huffman（1991），Freeman 和 Kydland（2000）等将货币内生机制看作一条从实际变量到名义变量的冲击传递渠道引入他们的模型，他们的结论表明私人金融机构的行为随着实际经济变动而变动，并由此导致了货币存量和实际产出之间的正相关关系。那么，在我国，内生货币机制在沟通名义变量与实际变量之间究竟发挥了什么作用？它对通货膨胀有何影响？本文试图通过构造一个包含内生货币机制的随机动态一般均衡模型（Dynamic Stochastic General Equilibrium，简称 DSGE）来回答这些问题，并分析结论的政策含义。

将内生货币与经济波动联系起来可能要归因于经济学界的一个误解。因为许多经济数据表明货币的变动超前于产出的波动，这导致很多学者得出结论，认为货币的不规则变动导致了总体经济的波动，基础货币可用作一个政策工具来影响产出的变化。但是，另一些研究（Cagan 1965；King and Plosser 1984）则给出了不同的结论，他们认为只有内生货币才与产出之间存在高度的正相关性。这一结论暗示，现实经济中所谓的名义货币波动或许仅仅是意味着货币对产出或其他实际冲击的反应。这一结论得到 Sims（1980）和 Weiss（1985）的进一步证实，他们的研究发现，当将利率包括进包含货币和产出的向量自回归模型后，利率冲击而不是货币冲击能够解释大部分产出的波动。

此后，King 和 Plosser（1984），Freeman（1986），Freeman 和 Huffman（1991），Freeman 和 Kydland（2000）等主要关注于外生货币供给和内生货币供给的区别。在他们所构造的模型中，尽管外生货币表现为中性特征，但私人金融机构的行为随着实际经济变动而变动，并由此导致了货币存量和实际产出之间的正向关系。比如 Freeman 和 Huffman（1991）构造了一个一般均衡模型，该模型中的货币存量包括内生货币和外生货币，并且该模型含有一个内生的货币乘数，该乘数决定于内生货币和基础货币之间相对的回报率及交易成本。内生货币主要是银行的存款，并且银行用这些存款来创造资本，所以内生货币可以被看做中间资本。如果经济环境的变化使得持有中间资本变得更具有吸引力时，当期的货币存量以及随后的产出就会上升。Freeman 和 Huffman 得出的关于货币与产出之间关系与 Sims（1972）有极大的相似之处，但与后者不同的是，该模型中货币与产出的波动都是源于其他因素的冲击。因此，学者们所观察到的货币存量的变动主要是内生货币的波动，这一波动虽然超前于产出的波动，但不是产出波动的原因。

Freeman 和 Kydland（2000）将 Freeman 和 Huffman（1991）的模型改变为一个包含真实扰动的、标准的经济周期模型。这个模型的一个重要特点是，货币的内生性来源于代表性家庭的货币余额的选择对宏观经济变量波动的反应。这种内生的货币反应不但产生了实际经济中所具有的货币与产出之间的关系，而且产生了其他模型只有通过假设才具有的黏性价格。该模型经过校准以用于研究美国长期的经济波动特征，其分析结论表明，即使没有黏性，经济模型中也可以得到实际经济中所具有的货币总量和产出之间的相关关系。

国内有关货币供给内生性的研究主要是关注货币内生性理论的发展和演化，例如陈昭（2005），卢东、陈学彬（2008）等，也有为数不多的一些文献实证检验了我国货币供给的内生性问题，如万解秋、徐涛（2001），刘金全、刘志强（2002），孙杰（2004）。但目前国内还没有从货币内生性角度考察我国经济波动特征的文献，也没有研究通过构建随机动态一般均衡模型（DSGE 模型）来证明我国货币供给的内生性。与这一主题较为接近的文献是陈昆亭、龚六堂（2006），但其文献中没有出现货币，所以他们不可能考察货币与实际产出之间的关系，也不可能描述内生货币机制在沟通实际变量与名义变量之间发挥的作用。

基于前人研究的不足，本文拟将内生货币机制作为一条从实际变量到名义变量的冲击传递渠道，引入 DSGE 框架来考察货币内生下我国宏观经济变量波动的特征、名义变量与实际变量之间的关系，并通过与货币外生情况下的对比来判断我国货币供给是否具有内生特性。本文以下部分结构安排如下：第一部分通过货币先行方式（Cash‐in‐Advance，简称 CIA）引入货币，构造了一个货币分别具有内生特征和外生特征的 DSGE 模型并求解和模拟；第二部分是对模型模拟结果的分析；最后是结论与政策含义。

一、模型的构造及求解

这一部分将构建一个货币分别具有内生特征和外生特征、包含三部门的 DSGE 模型，并在稳态附近进行一阶泰勒级数展开与求解。

（一）模型的结构

考虑如下模型经济系统，该系统由企业、居民和货币管理部门三部门组成，利用劳动、资本作为投入要素生产一种产品。该模型经济所生产的产品或被用于消费或被用来投资。在该经济中，所有的家庭都是同质的，所有的企业也是同质的，企业被家庭所拥有，因此，该经济的代表行为人（representative agent）既具有企业性质也具有家庭性质。另外，该经济系统拥有完全竞争的市场以及灵活变动的价格。

在该模型经济中，货币作为媒介交易，或者更准确地讲，货币是被用于购买消费品。货币的供给受制于货币管理部门，货币通过对代表行为人的转移支付进入流通。因为价格是完全灵活的，所以货币通过未来通货膨胀预期（anticipated future inflation）这一渠道影响实际经济。通过提高通货膨胀预期，货币增长率的上升使得消费等需要用钱支付的行为相对于不需要钱支付的行为如闲暇变得更加昂贵，因此代表行为人必然用闲暇替代消费。

该模型经济的外生冲击一方面来自于技术，另一方面来自于货币增长率。本文将分别研究货币供给在内生和外生两种情况下技术与货币的冲击效应。下面将详细描述经济模型的结构。

首先考虑代表行为人的经济行为。在该经济系统中，假设行为人具有无限期界的生命，行为人通过选择以最大化各期效用的贴现值，即：

$$\max_{(C_t, L_t, K_t, M_t^d)} E \sum_{t=0}^{\infty} \beta t U(C_t, L_t) \tag{1}$$
$$U(C_t, L_t) = \log C_t + \eta \log(1 - L_t); \quad 0 < \beta < 1, \eta > 0$$

其中，C_t 和 L_t 分别是行为人 t 期的消费和劳动供给，β 表示其主观贴现率，η 衡量消费和劳动在行为人即期效用函数中的相对权重。即期效用函数显示，消费和闲暇之间存在单一替代弹性。假设行为人在各期均提供相同单位的劳动，把劳动正规化为 1，代表行为人的生产函数为：

$$Y_t = F(Z_t L_t, K_{t-1}) = (Z_t L_t)^{\alpha} K_{t-1}^{1-\alpha}; \quad 0 < \alpha < 2 \tag{2}$$

其中：Y_t 为 t 期产出，K_{t-1} 为代表行为人在 t 期初的资本存量，α 为劳动的产出份额，$1-\alpha$ 为资本的产出份额。生产函数 F 服从规模报酬不变的假设，并且劳动和资本之间存在单一的替代弹性。Z_t 是一个随机变量，它表示第 t 期的技术水平，采用劳动增进型技术进步形式是因为该形式保证了稳态的存在[①]。假设技术水平 Z_t 的运动规律服从如下过程：

$$\operatorname{Ln} Z_t = \operatorname{Ln} \bar{Z} + g_t + z_t$$
$$z_t = p_z Z_{t-1} + \varepsilon_t^z, 0 < p_z < 1, \varepsilon_t^z \sim i.i.d. N(0, P_\varepsilon^2) \tag{3}$$

其中，$\bar{Z}$ 为 Z_t 的稳态值，g 为稳态技术进步率。根据新古典增长模型的特点，该经济运行到稳态后主要经济变量的增值率都为 g。z_t 是技术序列剔除增长趋势后的

---

① 关于劳动增进型技术与稳态的关系证明可见 Barro and Sala – Martin（2004）。

余项，假定它服从一阶自回归过程。ρ_z 为技术冲击的一阶自回归系数，ε_t^z 为彼此不相关的白噪声扰动。

假设资本存量的变化服从

$$K_t = (1-\delta)\,K_{t-1} + I_t; \quad 0 < \delta < 1 \tag{4}$$

其中，I_t 为 t 期的总投资，δ 为折旧率。

在每一阶段的开始，代表行为人持有从上一阶段继承而来的货币，并且接受来自货币管理部门的货币形式的转移支付。假设行为人受到货币先行（cash-in-advance）的约束，即

$$M_{t-1}^d + (G_t - 1)\,M_{t-1}^s \geqslant P_t C_t; \quad G_t = M_t^s / M_{t-1}^s \tag{5}$$

这里，M_{t-1}^d 为行为人 $t-1$ 期选择持有的货币量；M_{t-1}^s 为 $t-1$ 期的货币供给，G_t 为 t 期的货币供给增长率，从而 $(G_t - 1)\,M_{t-1}^s$ 为 t 期的货币转移；P_t 为 t 期的物价水平。

行为人除了受到货币先行约束外，还要受到预算约束，即

$$Y_t + \left[M_{t-1}^d + (G_t - 1)\,M_{t-1}^s \right] / P_t = C_t + I_t + M_t^d / P_t \tag{6}$$

方程（6）表明，代表行为人的收入来自产品生产以及期初的货币余额；支出主要用于消费、投资并形成每一阶段末的货币余额；在每一阶段，行为人都要保证其总支出等于其总收入。现在，代表行为人的问题可以被描述为：给定价格水平和转移支付，在方程（2）、（4）、（5）、（6）的约束下，实现一生效用的最大化。

其次，货币管理部门决定了货币增长规则。在货币供给外生下，有如下货币冲击方程：

$$\log G_t = (1 - p_g)\,\log \bar{G} + p_g = \log G_{t-1} + \varepsilon_t^g$$
$$0 < p_g < 1, \quad \varepsilon_t^g \sim i.i.d.\,N\,(0,\,p_g^2) \tag{7}$$

其中，$\bar{G}$ 为 G_t 的稳态值，ρ_g 为货币冲击的一阶自回归系数，ε_t^g 为彼此不相关的白噪声扰动。如果令 $g_t = \log G_t - \log \bar{G}$，则式（7）就可以表示为：

$$g_t = p_g g_{t-1} + \varepsilon_t^g \tag{8}$$

在货币供给内生下，根据内生货币理论，假设货币供给增长率为产出和通货膨胀率的函数：

$$\log\,(G_t / \bar{G}) = \omega_y \log\,(Y_t / \bar{Y}) + \omega_\pi \log\,(\pi_t / \bar{\pi}) + \log V_t$$
$$\pi_t = P_t / P_{t-1} \tag{9}$$

其中，ω_y、ω_π 为参数，分别表示货币增长率对产出和通货膨胀的反应系数；$\bar{Y}$，$\bar{\pi}$ 分别为 Y_t，π_t 的稳态值；假设外生货币冲击 V_t 服从一阶自回归（即马尔科夫过

程），可用下式表示：

$$\log V_t = (1 - p_v) \log \bar{V} + p_v \log V_{t-1} + \varepsilon_t^v$$
$$0 < p_v < 1 , \quad \varepsilon_t^v \sim i.\,i.\,d.\,N\,(0,\,p_v^2) \tag{10}$$

其中，$\bar{V}$ 为 V_t 的稳态值，ρ_v 为外生冲击的一阶自回归系数，ε_t^v 为彼此不相关的白噪声扰动。

（二）模型的求解

求解代表行为人的最优化问题并在所有市场出清的假设下，可以得到模型经济的竞争性均衡。但在得到模型的竞争性均衡以前，要首先求解代表性行为人的优化问题。在预算约束和货币先行约束下，可以解得代表性行为人最优化一阶条件如下：

$$\frac{1}{C_t} - \lambda_t - u_t = 0 \tag{11}$$

$$\frac{-\eta}{1 - L_t} + \lambda_t \alpha \,(Z_t L_t)^\alpha K_{t-1}^{1-\alpha} / L_t = 0 \tag{12}$$

$$-\lambda_t / P_t + \beta E \,\left(\frac{\lambda_{t+1}}{P_{t+1}} + \frac{u_{t+1}}{p_{t+1}}\right) = 0 \tag{13}$$

$$-\lambda_t + \beta E \,\left(\lambda_{t+1} \,\left(\frac{Y_{t+1}\,(1-\alpha)}{K_t} + 1 - \delta\right)\right) = 0 \tag{14}$$

其中，λ_t 和 u_t 是拉格朗日乘子；方程（11）是消费的一阶条件，方程（12）是劳动的一阶条件，方程（13）是货币的一阶条件，方程（14）是资本的一阶条件。

从方程（12）解出 λ_t，可得：$\lambda_t = \dfrac{\eta L_t}{\alpha Y_t\,(1 - L_t)}$，再结合方程（11），可得 $u_t = \dfrac{1}{C_t} - \dfrac{\eta L_t}{\alpha L_t\,(1 - L_t)}$。将 λ_t 以及 $\dfrac{1}{C_{t+1}} = \lambda_{t+1} + u_{t+1}$ 代入方程（13）和方程（14）可得：

$$\frac{-\eta L_t}{\alpha Y_t\,(1 - L_t)} + \beta E \,\left(\frac{1}{\pi_{t+1} C_{t+1}}\right) = 0 \tag{15}$$

$$\frac{-L_t}{Y_t\,(1 - L_t)} + \beta E \,\left(\frac{L_{t+1}}{Y_{t+1}\,(1 - L_{t+1})} \,\left(\frac{Y_{t+1}\,(1-\alpha)}{K_t} + 1 - \delta\right)\right) = 0 \tag{16}$$

需要说明的是，方程（15）提供了一条货币影响产出的冲击传递渠道，因为如同税收一样，预期到的未来通货膨胀削弱了货币的预期购买力，并由此导致了实际收入的边际效用和货币持有量的降低，而一些需要货币支持的市场行为，比如说消费，又随着边际效用和货币持有量的降低而减少。

货币市场出清的条件满足 $M_t^d = M_t^s$。汇总各方程，则该模型经济的竞争性均衡在货币供给外生的情况下可以用方程（2）～（4）、（7）、（8）及如下方程表示：

$$R_t = (1-\alpha)\frac{Y_t}{K_{t-1}} + 1 - \delta = 1 + r_t \tag{17}$$

$$Y_t = I_t + M_t \tag{18}$$

$$G_t = \frac{C_t \pi_t}{M_{t-1}} \tag{19}$$

$$G_t = \frac{M_t \pi_t}{M_{t-1}} \tag{20}$$

$$\frac{\eta L_t}{\alpha Y(1-L)} = \beta E_t \frac{1}{C_{t+1}\pi_{t+1}} \tag{21}$$

$$\frac{L_t}{Y_t(1-L_t)} = \beta E_t \frac{L_{t+1}}{Y_{t+1}(1-L_{t+1})}R_{t+1} \tag{22}$$

其中，$M_t = \dfrac{M_t^s}{P_t}$；$\pi_t = \dfrac{P_t}{P_{t-1}}$。

在货币供给内生的情况下，该模型经济的竞争性均衡可用方程（2）～（4）、（9）、（10）、（17）～（20）表示。由于以上规划问题没有解析解，所以本文采用King, Plosser and Rebelo（2002）的一阶泰勒级数展开法将该方程系统在其稳态附近对数线性化，经过参数校准后，就可以通过待定系数法，利用 MATLAB 求解该模型。

（三）校准

由 Kydland 和 Prescott（1982）提出的校准法将利用从前人研究中和从实证中得来的信息将数值赋予模型中的参数以及变量的稳态值。本文中需要校准的参数有：劳动的产出份额 α、劳动的稳态值 $\bar{L}$、资本稳态收益率 r、稳态的货币存量增长率 $\bar{G}$、折旧率 δ、稳态技术增长率 g、内生货币系数 ω_y，ω_π、技术冲击的一阶自回归系数 ρ_z 及其标准差 σ_ε^z、货币外生下货币冲击的一阶自回归系数 ρ_g 及其标准差 σ_ε^g、货币内生下货币冲击的一阶自回归系数 ρ_v 及其标准差 ρ_g 等。对于资本收益率 r 来说，针对其的研究文献不多。张帆（2000）估算了 1978 年和 1995 年的物质资本收益率，分别为 0.1 和 0.12。参照张帆（2000）的估算方法，采用 Chow and Li（2002）提供的 1978—2005 的资本数据，依据方程（23），本文估算我国的资本年收益为 $\bar{R} = 1.081$[①]。

---

① 该参数的校准参考了胡永刚、刘方：《劳动调整成本、流动性约束与中国经济波动》，《经济研究》，2007（10）：38 - 39。

$$r = (\sum_{t=1978}^{2005} r_t)/28 - \delta = [\sum_{t=1978}^{2005} (1-\alpha) Y_t / K_t]/28 - \delta \tag{23}$$

偏好参数：偏好参数 β 和 η 都可以从稳态方程（略）中推出。由竞争性均衡各方程的稳态方程可以得到：

$$\beta = \frac{1+g}{\bar{R}} \tag{24}$$

$$\eta = \frac{\beta\alpha \, (1-\bar{L})}{\bar{\pi} \, (1+g) \, \bar{L} \left(1 - \frac{(g+\delta) \, (1-\alpha)}{\bar{R}+\delta-1} \right)} \tag{25}$$

生产参数：对于折旧率，不同学者的估算各不相同。王小鲁和樊纲（2000）选取的折旧率为 0.05；王益煊和吴优（2003）采用余额递减法估计的几种资产折旧率分别为城镇住宅折旧率为 0.08，非住宅建筑的折旧率为 0.09，机器设备折旧率为 0.036~0.138，市政建设折旧率为 0.036；陈昆亭，龚六堂和邹恒甫（2004a，2004b），陈昆亭、龚六堂（2006）选取的折旧率为 0.1。参照以上的选择，本文选取年折旧率 $\delta = 0.1$。

Kydland 和 Prescott（1982）认为美国非市场活动占用的时间是市场活动的 2 倍，或闲暇占总时间的比例为 2/3。中国现行的 5 天 40 小时工作制与美国接近，虽然假日安排有一定出入，但本文认为劳动时间的稳态值取为 1/3 符合中国的实际情况。因此有 $L = 1/3$。

本文的经济模型中，产出、消费、技术、劳动、实际货币余额等宏观经济变量在稳态都将以相同的速率增长。参考 Chow and Li（2002），本文将稳态增长率 g 设定为 0.03。

对于劳动份额 α、ρ_z、σ_ε^z，Chow and Li（2002）利用 1952—1998 年的数据对中国的总生产函数进行过估计，他们估计的资本份额为 0.55；张军（2002）使用规模报酬不变的生产函数对 1952—1998 年的数据作了回归分析，估算出的资本份额为 0.499，劳动份额为 0.501；同样在假设生产函数服从规模报酬不变的前提下，王小鲁和樊纲（2000）的实证研究结果是，1952—1999 年期间中国生产要素的资本产出弹性为 0.5，劳动的产出弹性为 0.3，人力资本的产出弹性为 0.2。

尽管众多学者已经对劳动和资本的产出份额作过较为详细的研究，但他们研究中所使用的数据没有能够将 2002 年以后这一段中国经济发展日渐平稳、快速的阶段中所蕴含的信息囊括进来，所以由此得到的波动特征不能充分反映我国当前的实际经济情况。考虑到这一点，本文将使用 1978—2007 年的中国经济数据来估算资本产出份额、技术冲击的一阶自回归系数及其标准差。

为了校准 α、ρ_z、σ_ε^z 等参数，必须首先估计生产函数。方程（2）经过变换可以写成如下形式：

$$\log (Y_t/L_t) = b + (1-\alpha) \log (K_{t-1}/L_t) \tag{26}$$

其中，b 为参数；Y_t、L_t 和 K_t 分别是以 1978 年不变价格计算的实际产出、劳动力和资本存量①，其中资本存量 K_t 采用张军（2002）的方法计算而得。采用 OLS 方法，对方程（26）回归得到：

$$\log (Y_t/L_t) = -1.023 + 0.507\log (K_{t-1}/L_t) \tag{27}$$
$$(-7.91)\quad(4.93)$$
$$R^2 = 0.493 \qquad S.E = 0.404 \qquad F = 24.32$$

方程（27）中，括弧内的数字为 t 统计量；这个计量模型的拟和优度为 0.493，暗示以 Z_t 表示的技术以及其他因素在产出中占据了非常重要的地位。根据这个模型，资本产出弹性 $1-\alpha = 0.507$，劳动产出弹性 $\alpha = 0.493$。

接下来，根据生产函数估计技术冲击的一阶自回归系数 ρ_z 及其标准差 σ_ε^z。根据已经估计的生产函数（2.27）计算索洛剩余 $\log Z^t$：

$$\log Z_t = \log Y_t - 0.493\log L_t - 0.507\log K_t \tag{28}$$

得到 $\log Z_t$ 以后，首先对索洛剩余序列去除线形趋势，然后对上一步得到的残差进行一阶自回归来估计技术冲击的持久系数和波动标准差。估计的结果为：$\rho_z = 0.76$，$\sigma_\varepsilon^z = 0.03$。

货币政策参数：需要校准的货币政策参数有 $\bar{G}$、ρ_g、σ_ε^g、ω_y、ω_π、ρ_v、σ_ε^v。采用 M_2 作为货币供给量指标②，则有 $\bar{G} = 1.2283$。在货币外生假设下，对于 ρ_g、σ_ε^g，作方程（8）的 OLS 回归，结果如下：

$$\log g_t = 0.247\log g_{t-1} \tag{29}$$
$$(5.51)$$
$$R^2 = 0.55 \qquad DW = 1.43 \qquad \sigma_\varepsilon^g = 0.038$$

由该回归结果可知，在选取 M_2 为货币供给量指标的情况下，有 $p_g = 0.247$、$\sigma_\varepsilon^g = 0.038$。

货币内生假设下，对于参数 ω_y、ω_π、ρ_v、σ_ε^v，利用 M_2 作为货币供给量指标，分别作方程（9）、（10）的 OLS 的回归，结果如下：

$$\log (G_t/\bar{G}) = 0.226\log (Y_t/\bar{Y}) + 0.22\log (\pi_t/\bar{\pi}) \tag{30}$$
$$(2.936)\qquad\qquad(1.114)$$

---

① 数据来源于历年《中国统计年鉴》。

② 由于采用 M3 和 M2 所得到的估计结果差别不大，所以本文采用 M2 作为货币供给量指标。

$$R^2 = 0.15 \qquad F = 5.33 \qquad DW = 1.31$$

$$\log v_t = 0.831 \log v_{t-1} \tag{31}$$

$$(3.20)$$

$$R^2 = 0.279 \qquad F = 9.27 \qquad \sigma_\varepsilon^v = 0.034$$

由以上分析可知，在选取 M_2 为货币供给量指标的情况下，有 $\omega_y = 0.226$、$\omega_\pi = 0.22$、$\rho_v = 0.831$、$\sigma_\varepsilon^v = 0.034$。

总结整个校准的过程，各参数赋值如表1：

表1 参数取值

参数	g	α	$\bar{G}$	δ	$\bar{R}$	ρ_z	$\sigma\varepsilon^z$
取值	0.03	0.49	1.23	0.1	1.08	0.76	0.03
参数	$\omega\pi$	ω_y	$\bar{L}$	ρ_v	$\sigma\varepsilon^v$	ρ_g	$\sigma\varepsilon^g$
取值	0.22	0.23	0.33	0.83	0.034	0.247	0.038

二、模拟结果及分析

（一）模拟结果

模型参数经校准后，利用 Uhlig（1999）提供的 MATLAB 程序，通过迭代计算，可得到如下两组体现货币供给、实际产出、通货膨胀之间关系的最优反应方程：

（1）货币外生的情况下：

$$m_t = 0.6685k_{t-1} + 0m_{t-1} + 0.2128Z_t - 0.2067g_t \tag{32}$$

$$y_t = 0.4273K_{t-1} + 0m_{t-1} + 0.6312Z_t - 0.0099g_t \tag{33}$$

$$\pi_t = -0.6685K_{t-1} + 1m_{t-1} - 0.2128Z_t + 1.2067g_t \tag{34}$$

（2）货币内生的情况下：

$$m_t = 0.6046k_{t-1} + 0m_{t-1} + 0.1495Z_t - 0.5615v_t \tag{35}$$

$$y_t = 0.3978k_{t-1} + 0m_{t-1} + 0.5961z_t - 0.2081v_t \tag{36}$$

$$\pi_t = -0.6579k_{t-1} + 1.2821 \times m_{t-1} - 0.0159Z_t + 1.9406v_t \tag{37}$$

随后通过 MATLAB 解得均衡时模拟经济系统内各宏观经济变量的标准差和各变量与实际产出之间的相关系数，结果见表2、表3。同时为了便于比较，表4同时列出了实际经济中各宏观经济变量的标准差以及各变量与产出之间的相关系数。

表2 货币外生经济中变量同产出的关系

	$\sigma_x(\%)$	σ_x/σ_y	-4	-3	-2	-1	0	1	2	3	4
资本	0.38	0.31	-0.11	-0.32	-0.47	-0.28	0.66	0.56	0.20	-0.09	-0.20
货币	0.77	0.62	-0.07	-0.18	-0.24	-0.11	0.52	0.21	-0.00	-0.10	-0.11
产出	1.24	1.00	-0.15	-0.26	-0.26	0.07	1.00	0.07	-0.26	-0.26	-0.15
消费	0.77	0.62	-0.07	-0.18	-0.24	-0.11	0.52	0.21	-0.00	-0.10	-0.11
劳动	0.61	0.50	-0.15	-0.21	-0.17	0.16	0.97	-0.08	-0.36	-0.28	-0.12
投资	2.94	2.37	-0.15	-0.23	-0.19	0.13	0.92	-0.02	-0.30	-0.26	-0.13
通胀	3.80	3.06	0.01	0.03	0.03	-0.00	-0.18	0.06	0.05	0.03	0.01

注释：表2中的货币余额指标采用M_2，σ_x表示波动的标准差，σ_x/σ_y表示各变量标准差与产出标准差的比值。表3和表4同表2。

表3 货币内生经济中变量同产出之间的关系

	$\sigma_x(\%)$	σ_x/σ_y	-4	-3	-2	-1	0	1	2	3	4
资本	0.39	0.31	-0.09	-0.25	-0.36	-0.21	0.54	0.45	0.15	-0.08	-0.17
货币	1.34	1.06	-0.08	-0.17	-0.20	-0.04	0.54	0.13	-0.07	-0.12	-0.10
产出	1.27	1.00	-0.15	-0.26	-0.26	0.07	1.00	0.07	-0.26	-0.26	-0.15
消费	1.34	1.06	-0.08	-0.17	-0.20	-0.04	0.54	0.13	-0.07	-0.12	-0.10
劳动	1.06	0.83	-0.11	-0.18	-0.17	0.08	0.74	-0.01	-0.23	-0.20	-0.10
投资	2.96	2.33	-0.12	-0.18	-0.15	0.11	0.75	-0.02	-0.25	-0.21	-0.10
通胀	4.61	3.63	0.05	0.08	0.07	-0.06	-0.38	0.13	0.11	0.06	0.02

表4 实际经济中各经济变量与产出的关系

	$\sigma_x(\%)$	σ_x/σ_y	-4	-3	-2	-1	0	1	2	3	4
资本	1.81	0.56	-0.07	0.42	0.77	0.80	0.49	0.01	-0.42	-0.66	-0.62
货币	5.29	1.66	-0.23	-0.14	0.55	0.76	0.38	-0.09	-0.52	-0.56	-0.41
产出	3.18	1.00	-0.70	-0.40	0.12	0.72	1.00	0.71	0.13	-0.39	-0.67
消费	3.20	1.01	-0.60	-0.52	-0.34	0.15	0.56	0.67	0.41	0.00	-0.40
劳动	2.34	0.74	-0.22	-0.12	-0.07	0.04	0.21	0.46	0.38	0.16	-0.16
投资	10.2	3.22	-0.80	-0.65	-0.14	0.41	0.85	0.83	-0.33	-0.19	-0.67
通胀	4.81	1.51	-0.28	-0.13	0.12	0.34	0.59	0.35	0.11	-0.66	-0.66

（二）模拟结果分析

这一部分将对模拟结果从两个方面进行分析：一是通过比较模型在货币内生和外生两种情况下对我国实际经济模拟的优劣，从总体上分析模型中各经济变量的波动特征并对我国货币供给是否具备内生性做出判断；二是分析我国实际产出与货币供给在内生货币经济中的相互关系，并与货币外生情况下模型中实际产出与货币供给之间的关系作对比。

1. 货币内生和外生情况下，模拟结果的对比

通过对比表 2 和表 3 可以看出，总体来讲，货币供给内生情况下的模型比货币供给外生情况下能更好地再现实际经济变量的波动特征。具体来讲，首先，从各变量标准差与产出标准差的比值看，资本、货币供给量、消费、劳动、投资、通货膨胀指标在货币内生情况下的取值分别为 0.31、1.06、1.06、0.83、2.33、3.63，而在货币外生情况下分别为 0.31、0.62、0.62、0.50、2.37、3.06，通过与实际经济中的取值 0.56、1.66、1.01、0.74、3.22、1.51 对比，总的来说模型在货币供给内生下要优于货币供给外生。这一对比说明我国的货币供给具有一定的内生性，即货币供给的内生性加剧了各宏观变量的波动。

其次，从各经济变量与产出之间的当期相关系数来看，资本、劳动二项指标与产出的当期相关系数从货币供给外生情况下的 0.66、0.97 分别变成了内生情况下的 0.54、0.74，与实际值 0.49、0.21 更接近了；实际货币余额、消费与产出的当期相关系数在货币供给外生和内生情况下并没有大的改变，只有在投资和通货膨胀指标上，货币外生要略微优于货币内生。总体来讲，模型在货币供给内生情况下要比货币供给外生情况下更接近于现实。

最后，从各经济变量提前、滞后四期与当期产出的相关系数来看，资本、实际货币余额、消费、劳动、投资几项指标无论在货币供给外生情况下还是在内生情况下，都与产出具有同期性相关关系，但是实际经济中，资本、实际货币余额领先（lead）产出一期，而消费、劳动、均滞后（lag）产出一期，只有投资与产出同期，这些都与事实不符。实际经济中，通货膨胀滞后产出一期，而无论货币供给内生还是外生，均与产出不相关。从各经济变量与产出之间的提前、滞后关系的分析来看，模型在货币供给内生和外生情况下都与实际情况有一定的差距。

2. 内生货币经济中实际产出与货币供给之间关系的分析

内生货币机制的存在使得实际变量具有了一条对名义货币供给的冲击传递渠道，而在本文的模型中，方程（15）提供了一条货币影响实际变量的渠道，那么这些冲击传递渠道的存在如何影响产出与货币之间的关系？货币从外生变为内生的情况下，货币冲击和实际冲击对产出与货币之间关系的影响发生了什么变化？

下面的分析将对这些问题予以回答。

对比方程组（32）~（34）和（35）~（37）可以得到如下结论：

第一，由方程组（33）、（36）中 m_{t-1} 的系数可知，期初货币余额无论在货币外生还是货币内生情况下均不影响实际产出。方程（34）中 m_{t-1} 的系数为1，而方程（37）中 m_{t-1} 的系数为1.282，这表明货币外生情况下期初货币余额将一对一地影响通货膨胀，而货币内生化却加剧了通货膨胀。由于货币余额对经济的影响可以看做货币对经济的长期影响，所以也可以说，长期中货币不对实际经济产生影响。方程（33）中 g_t 的系数为 -0.009，方程（34）中 g_t 的系数为1.2067，方程（36）中 v_t 的系数为 -0.2081，方程（37）中 v_t 的系数为1.94，这说明货币外生情况下，货币冲击短期内对实际产出具有微弱的、负的影响，而内生货币下的这种负向影响要明显的增大；另外，货币供给冲击的短期影响主要体现在通货膨胀等名义变量上，并且内生货币下比外生货币下表现得更明显。之所以出现这种情况，我们认为主要是因为尽管方程（15）提供了一条货币影响实际变量的冲击传递渠道，但相对于黏性来说，这种渠道的传递效果要差得多，所以模型中的货币冲击持续很短一段时间后便迅速消失，而且最终都体现在通货膨胀等名义变量上[①]。以上结论与以弗里德曼为代表的货币学派的观点是一致的，即短期内货币供给影响实际产出，但长期内这种影响最终会消失。

第二，从方程（32）~（34）中 z_t 的系数来看，货币外生情况下，幅度为1%的技术冲击导致实际产出增长 $0.6312 \times 1\%$，实际货币余额增长 $0.2128 \times 1\%$，两者之差为0.4148%，由于产出增长幅度大于实际货币余额的增长幅度，所以导致通货紧缩，即方程（37）中 z_t 的系数为负值。而在货币内生情况下，1%正的技术冲击导致实际产出增长0.5961%，所导致的实际货币余额的变动幅度为0.1495%，两者之差为0.4466%，实际货币余额变动幅度的下降要大于产出增长幅度的下降，所以也导致通货紧缩，但比货币外生情况下的通货紧缩幅度有所降低。对比货币外生和内生情况下模型中1%技术冲击所导致的实际产出变动幅度与货币余额变动幅度的差额可知，后者大于前者，我们由此可以推断内生货币机制的引入确实增强了实际冲击的影响。另外，由于在货币内生情况下技术冲击导致了实际产出与货币供给同方向的变动，所以说模型在货币内生情况下实际产出与货币供给量存在正相关关系。

---

① 关于黏性的冲击传递效果，请参考 Friedman and Schwartz（1963）、Ball and Mankiw（1994）、Hairault and Portier（1993）、Yun（1996）、Rotemberg and Woodford（1997）、Ireland（1997，2000a，2001a，2001b）等。

三、结论与政策含义

通过构建一个货币具备内生和外生特征的 DSGE 模型，本文分析并对比了货币内生/外生情况下我国经济的波动特征及产出等实际变量与货币之间的关系。本文的分析认为，内生货币经济模型更适合于我国的实际情况，也就是说我国的货币供给具有比较明显的内生特征，内生货币机制增强了货币短期冲击效应而削弱了技术冲击效应。本文进一步分析得出，内生货币机制确实可以作为一条沟通渠道将冲击从实际变量传递到名义变量并导致了货币供给与实际冲击之间的正向关系，而且内生货币机制加剧了通货膨胀。另外，本文的分析还表明虽然引进了内生货币机制，但由于缺少强力货币冲击传递机制（例如黏性），货币在长期内依然对实际产出没有任何影响。

货币供给的内生性削弱了中央银行部门对货币供给量的控制，并加剧了通货膨胀。为了提高经济政策调控的有效性，宏观调控部门和学术界有必要研究我国货币供给内生性产生的原因并采取相应的措施。笔者认为，就近几年来看，由特定国情所决定的我国货币供给内生性增强的主要原因可以归结为如下几点：第一，来自商业银行和国有企业的"倒逼机制"使得基础货币供给并不完全取决于中央银行；第二，强制结汇制度所导致的外汇占款以及"有管理的浮动汇率制度"弱化了中央银行对基础货币供给的调控能力；第三，经济体制逐步健全，金融改革的深化使得融资手段和金融工具不断增加以及非国有金融机构和非银行金融机构进入我国金融市场，这也是我国货币供给内生化的重要原因。

针对逐步增强的货币供给内生性，为了提高货币政策的有效性，实现经济周期波动在适度高位的平滑化，我国经济主管部门应从以下三方面入手：

第一，尽快在国有企业（包括金融企业）内部建立完善的现代企业制度。我国货币供给内生性的形成与我国特定的经济制度密切相关，因此直接利用西方货币理论开出的"药方"来医治通货膨胀或通货紧缩难以收到满意的效果。就我国当前的金融体系来说，比较突出的问题是缺乏货币供给的内在稳定机制，因此必须借助于中央银行的外部控制来保持货币供给和金融秩序的稳定。但从长远着眼，我国应该着力培养货币供给的内在稳定机制，形成良性的货币供给内生机制，这种机制的培养与国有企业和国有商业银行的改革是一致的。国有企业和国有银行改革的目标是建立现代企业制度，这一目标的实现一方面意味着企业和银行内在约束机制的形成，另一方面也意味着良性内生货币供给机制基础的建立。总之，金融体系的成功运行与健全的微观体制的建立是密不可分的，所以，要提高货币政策的有效性，我国的企业和银行必须成为产权清晰、权责明确、自主经营、自负盈亏的经济实体。

第二，积极推进利率市场化进程。实现利率市场化要求央行通过公开市场操作可以有效调控货币市场利率，间接影响存贷款利率，并且从发达国家的经验来看，货币市场利率作为公开市场业务的操作目标是客观趋势。所以，在货币供给内生性的前提下，我国中央银行应积极推进利率市场化进程。

第三，增强汇率政策的灵活性，放宽结售汇制度。从历史经验看，保持人民币汇率的基本稳定对我国经济持续、快速增长具有重要意义，但这并不意味着人民币汇率决定和汇率形成机制一成不变，要实现资本项目自由化，长久盯住美元是难以持续的，因此，有必要实现我国汇率政策一定程度的灵活性和独立性。另外，我们应改革现行的外汇管理制度，实行意愿结售汇制度，逐步放开直接投资资本管制，积极引导、鼓励中国企业走出去，削弱人民币升值压力和金融机构外汇占款，以此减少国内资金的供给。同时应积极主动利用美元相对疲软这一契机，清偿外债，减轻外债负担。

参考文献

[1] Cagan, P. 1965. "Determinants and Effects of Changes in the Stock of Money 1875 – 1960." *NBER Books*, National Bureau of Economic Research, Inc., number caga65 – 1.

[2] Cooley, Thomas F., and Stephen F. Leroy. 1985. "A Theoretical Macroeconometrics: A Critique." *Journal of Monetary Economics*, 16 (3): 283 – 308.

[3] Freeman, Scott. 1986. "Inside Money, Monetary Contractons and Welfare." *Canadian Journal of Economics*, 19 (1): 87 – 98.

[4] Freeman, Scott, and Gregory W. Huffman. 1991. "Inside Money, Output, and Causality." *International Economic Review*, 32 (3): 645 – 667.

[5] Freeman, Scott, and Finn E. Kydland. 2000. "Monetary Aggregates and Output." *American Economic Review*, 90 (5): 1125 – 1135.

[6] King, Robert G., and Charles I. Plosser. 1984. "Money, Credit, and Prices in a Real Business Cycle." *American Economic Review*, 74 (3): 363 – 380.

[7] King, Robert, Charles Plosser, and Sergio Rebelo. 2002. "Production, Growth and Business Cycles: Technical Appendix." *Computational Economics*, 20 (1 – 2): 87 – 116.

[8] Kydland, Finn E., and Edward C. Prescott. 1982. "Time to Build and Aggregate Fluctuations." *Econometrica*, 50 (6): 1345 – 1370.

[9] Leamer, Edward E. 1985. "Sensitivity Analyses Would Help." *American Economic Review*, 75

(3)：308 - 313.

[10] Litterman, Robert B. , and Laurence Weiss. 1985. "Money, Real Interest Rates, and Output：A Reinterpretation of Postwar U. S. Data." *Econometrica*, 53 (1)：129 - 156.

[11] Sims, Christopher A. 1972. "Money, Income, and Causality." *American Economic Review*, 62 (4)：540 - 552.

[12] Sims, Christopher A. 1980. "Comparison of Interwar and Postwar Business cycles：Monetarism Reconsidered." *American Economic Review*, 70 (2)：250 - 257.

[13] Uhlig, Harald. 1999. "A Toolkit for Analyzing Nonlinear Dynamic Stochastic Models Easily." In *Computational Methods for the Study of Dynamic Economics*, ed. Ramon Marimon and Andrew Scott, 30 - 61. New York：Oxford University Press.

[14] Chow, Gregory C. , and Kui - Wai Li. 2002. "China Economic Growth：1952 - 2010." *Economic Development and Cultural Change*, 51 (1)：247 - 256.

[15] 陈昆亭，龚六堂. 粘滞价格模型以及对中国经济的数值模拟——对基本 RBC 模型的改进 [J]. 数量经济技术经济研究，2006 (8)：106 - 117.

[16] 陈昆亭，龚六堂，邹恒甫. 基本 RBC 方法模拟中国经济的数值试验[J]. 世界经济文汇，2004a (2)：41 - 52.

[17] 陈昆亭，龚六堂，邹恒甫. 什么造成了经济增长的波动：供给还是需求——中国经济的 RBC 分析[J]. 世界经济，2004b (4)：3 - 11.

[18] 陈昭. 内生货币供给理论述评[J]. 经济评论，2005 (4)：68 - 81.

[19] 郭玉清. 中国财政周期性波动的经济稳定效应分析[J]. 中央财经大学学报，2007 (1)：1 - 6.

[20] 刘金全，刘志强. 中国货币政策非中性——货币—产出的因果关系和影响关系检验[J]. 吉林大学社会科学学报，2002 (4)：5 - 10.

[21] 刘树成，张晓晶，张平. 实现经济周期波动在适度高位的平滑化[J]. 经济研究，2005 (11).

[22] 芦东，陈学彬. 后凯恩斯主义内生货币供给理论的发展——分析方法与理论模型[J]. 经济评论，2008 (2)：127 - 129.

[23] 孙杰. 货币政策、公司融资行为与货币供给内生性[J]. 世界经济，2004 (5)：13 - 19.

[24] 万解秋，徐涛. 货币供给的内生性与货币政策的效率——兼评我国当前货币政策的有效性 [J]. 经济研究，2001 (3)：40 - 45 转 50.

[25] 王小鲁，樊纲. 中国经济增长的可持续性——跨世纪的回顾与展望[M]. 北京：经济科学 出版社，2000.

[26] 王云川. 消费需求在经济波动中的作用及其调控[J]. 财经科学，2001 (1)：37 - 41.

[27] 王益煊，吴优. 中国国有经济固定资本存量初步测算[J]. 统计研究，2003 (5)：40 - 45.

[28] 张颖. 后凯恩斯主义内生货币供给理论的发展述评[J]. 经济评论，2002 (6)：78 - 81.

［29］张军. 资本形成、工业化与经济增长：中国的转型特征［J］. 经济研究，2002（6）：3－13.

［30］张帆. 中国的物质资本和人力资本估算［J］. 经济研究，2000（8）：65－71.

Endogenous Money and Economic Fluctuation in China: A Study based on DSGE Frame

Wang, Yanjun

（Station for the Post－Doctors of Theoretical Economics, FuDan University;
School Of International Trade and Economics, ShangHai LiXin College Of Accounting）

Abstract：Introducing money into a DSGE model which includes three departments through CIA constraint, comparing the fluctuation characteristic of macro－economy on situation with endogenous and exogenous money, this text researches the function on money and actual product of endogenous monetary mechanism which act as a channel. It shows, the monetary supply of our country is obviously endogenous, and endogenous monetary mechanism strengthen money effect but weaken technology effect, furthermore it has aggravated the inflation. Meanwhile, it still finds, introducing the endogenous monetary mechanism, but because of lacking strong money transmit mechanism（such as rigidity）, the money does not have any influence on actual product in the long－term yet.

Key Words：Endogenous Money; Economic Fluctuation;
Dynamic Stochastic General Equilibrium Model

股权分置改革
——一个制度变迁中的利益补偿案例

罗进华

摘　要： 某些制度变迁在增加社会净收益时，也可能使部分社会成员的合法利益受到损害，制度变迁中因此存在一个利益补偿问题。因多种原因的影响，现有制度变迁理论缺乏对这一问题的系统研究。历史上不少经济学家从多种角度讨论了利益补偿问题的解决，近年来发生在中国的股权分置改革对这一问题的研究提供了一些有价值的启示。这一问题的研究对解决中国改革中的利益矛盾也有重要启示。

关键词： 制度变迁；利益补偿；股权分置改革

一、前言

　　经济制度界定了人们在社会经济活动中的利益关系，制度变迁往往会改变人们之间这种既定的利益关系。一般来说，这种改变有如下几种：（A）制度变迁增进了整个社会的利益，使所有的社会成员平均受益或不同程度地受益；（B）制度变迁增进了整个社会的利益，使某些人受益而其余的人利益不变；（C）制度变迁增进了整个社会的利益，使某些人受益而其他的人利益受损。

　　作者简介：罗进华（1970— ），男，湖南宁乡人，湖南商学院经济与贸易研究院助理研究员，经济学硕士。

　　如果不考虑利益增加的外部性效应，上述（A）和（B）两种情形可以视为是帕累托改进，因为在这两种情形中，某些人的利益通过制度变迁得到了增加，同时却没有人的利益受到损害。而（C）显然不是一种帕累托改进，因为某些社会成员的利益在制度变迁中受到了损害。假定原有的或初始的制度安排是合法的，这种制度下人们的利益所得也是合法的，当制度变迁发生后，虽然总的社会利益得到了增加，但某些社会成员的利益却受到了损失，那么是否应该对利益受损者进行补偿呢？如果实行补偿，补偿的方式和标准是什么？诸如此类的一系列问题构成了制度变迁中的利益补偿问题。

　　首先，能否妥善解决制度变迁中的利益补偿问题关系到制度变迁的成功与否。如果某些利益集团认为其利益在制度变迁中受到了损害，他们将反对或破坏有利于增大社会总利益的制度变迁，从而增加制度变迁的成本，导致变迁迟缓或失败。"制度变迁经常在不同群选民中重新分配财富、收入和政治权力，如果变迁中受损失者得不到补偿，他们将明确地反对这一变迁。"（林毅夫，1994）威尼基（2003）曾得出一个结论，原苏联和东欧国家改革失败的原因在于中层政府官员的利益在改革中受到了损害。由于具体改革措施是由他们执行，他们于是在执行中采取了歪曲改革的策略，从而导致改革失败。更为经典的案例是关于泰国农业灌溉政策制定。即使当时普遍认为在湄南河修建水坝将对泰国农业极为有利，但因为这一工程将损害王室和一些官员的利益而一再被否决。（奥斯特罗姆等，1992）本文后面的案例分析也发现，能否妥善解决改革中的利益补偿问题将关系到改革能否顺利进行。

　　其次，利益补偿问题的解决涉及是否坚持公平和正义等基本的经济、道德原则。按照诺齐克的正义理论（沃尔夫，1999），如果初始分配状态是合法的，通过变迁后有人利益受损，不补偿就是违背正义的。从经济学角度来说，人们合法享有的利益就是其拥有的产权。德姆塞茨（1994）对产权的定义是"产权包括一个人或其他人受益或受损的权力……那么，产权是界定人们如何受益及如何受损，因而谁必须向谁提供补偿以使他修正人们所采取的行动。"按照这一定义，对合法利益的损害不进行相应补偿就是侵犯产权，也就违背了经济学公平交换的原则。此外，利益补偿还可以认为是解决了制度变迁中的负外部性问题。

二、关于解决利益补偿问题的研究综述

（一）制度变迁理论对解决利益补偿问题缺乏系统研究

制度变迁中的利益补偿问题也曾引起了某些研究制度变迁经济学家的注意。如有人针对威尼基提出的苏联中层官员因其利益在改革中受损而采取阻碍改革这种情况提出了如下设想：为换得反对者放弃对改革的抵触，能否切合实际地向他们提供如赎买他们的权力一类的补偿呢？（阿尔斯通和埃格特森，2003）林毅夫（1994）也曾指出过解决强制性制度变迁中利益补偿问题的重要性。不过，新制度经济学制度变迁理论总体上对如何解决利益补偿问题（如补偿方式、标准）缺乏系统研究。造成这一状况的主要原因有：

1. 制度变迁效率标准的局限性

新制度经济学判断制度变迁是否有效率的标准是制度变迁能否实现社会总产值最大化。这一标准首先为科斯所建立。科斯（1994）在《社会成本问题》一文最后指出："在设计和选择社会格局时，我们应考虑总的效果。这就是我所提倡的方法的改变。"这一标准也为制度变迁理论的代表人物诺斯、戴维斯、托马斯、拉坦等所接受，他们均强调制度变迁的动态效率标准即制度对经济增长的促进作用。如戴维斯和诺斯（1994）认为，"如果预期的净收益超过预期的净成本时，一项制度安排就会被创新"。在他们经常运用的比较制度分析方法中，判断制度变迁是否有效率的标准也是不同制度安排的生产性或动态性效率水平，以及制度在降低交易成本、促进社会财富总量增长方面的作用。采用这种注重总量增长的效率标准自然容易忽视总量下的各个个体的利益差别和补偿问题。

M. 卢瑟福（1999）认为，新制度经济学偏重于从制度促进经济增长这一功能角度来解释制度的产生，采用的是一种功能主义方法。这种方法往往强调事先的利益动机和利益激励，而对事后的利益补偿不够重视，对制度变迁实际发生的过程阐述不清楚。姚洋（2002）称这种现象是制度变迁过程的黑箱化。功能主义方法虽然抓住了制度变迁的重要特征，然而现实更为复杂，过于简化的效率标准并不完全符合社会现实，制度变迁理论在注重效率时也应该关注某些社会成员的利益得失和生活水平升降。

2. 新制度经济学制度变迁理论偏重于对影响制度变迁需求因素的考察

制度变迁理论虽然主张运用供求分析框架来分析制度变迁，但却偏重于对影响需求因素的分析，对制度的供给成本缺乏深入分析。如戴维斯和诺斯所说："我们假定制度变迁会被创新，产权会被修正。"（1994）这种假定也就意味着他们考察的是历史上已经发生了的制度变迁，他们所要做的也就是考察到底是一些什么因素诱导了制度变迁发生。在这一假定下，他们强调技术进步、价格和资源禀赋的变化、规模经济的获得、外部性的解决、风险的克服等诱致制度变迁的需求因素。与此同时，对影响供给成本的因素分析却因为这一假定而被忽略了。如诺斯和托马斯（1999）在研究英国历史上的圈地运动时，强调羊毛价格上涨引致圈地运动发生，而对圈地过程中各方利益冲突（所谓"羊吃人"）却一笔而过。拉坦（1994）曾指出："无论是诺斯和托马斯还是舒尔茨都没有试图提供一个制度变迁供给的理论，而且我们发现老的和新的制度学派文献对此都少有助益。"由于偏重于对制度变迁需求因素的考察，制度变迁理论也就忽视了利益冲突这一成本因素的深入研究，也就忽视了利益补偿问题。事实上，如前所述，由于利益分配问题处理不当，历史上很多有利于社会总产值增加的制度变迁却因为供给成本过高而没有发生（这其实也是现实中制度差异和发展差异普遍存在的原因之一）。

3. 诱致性制度变迁中利益补偿是自发进行的

新制度经济学主要讨论个人之间一致同意和自发实行的诱致性制度变迁。在这类变迁中，制度变迁"需要得到其行为受这一制度安排管束的一群（个）人准许。也就是说，无异议是一个自发的、正式的制度变迁的前提条件。"（林毅夫，1994）因为要达到一致同意，制度变迁受益者必须要补偿受损者才能获得后者的同意，从而共同推动变迁。至于各方如何就补偿标准达成一致意见，在诱致性制度变迁模式中，依靠个人理性便会引导每个人就规则取得共识，因为大家都遵循这些规则符合每个人自身的利益，个人之间不存在利益或价值冲突。因此，通过参与各方的谈判最终可以确定符合各方利益要求的补偿标准，利益补偿是各方自发自愿进行的，最终的结果是帕累托均衡。也许因为在这种诱致性制度变迁理论中利益补偿是自发自愿进行的，所以制度变迁理论忽略了对这一问题的研究。

然而，实际中很多制度变迁是强制性的、非一致同意的。正如林毅夫（1994）所说，由于制度变迁中搭便车的存在和制度的公共产品性质，由上述自发进行的制度供给将少于最佳供给，而由政府采取行动可以矫正制度供给的不足。因此，由国家政府主导的强制性制度变迁很普遍。在强制性制度变迁中，因为不需要通过参与各方的谈判和取得一致同意，有可能出现有人利益受损的情况，制度变迁由此给某些人带来负的外部性。诺齐克也认为在自愿性的制度变迁中各方的交易结果是正义的，而在政府主导的强制性制度变迁中交易结果就不一定是正义的了。显然，在这种制度变迁中必须重视利益补偿问题。

总之，由于上述多种原因，新制度经济学制度变迁理论对利益补偿问题不够重视，缺乏一个解决利益补偿问题的系统理论。

（二）某些经济学理论中关于利益补偿问题解决的若干讨论

虽然制度变迁理论忽视了利益补偿问题，但这一问题却一直（尤其是当福利经济学家们在研究帕累托补偿检验标准时）引起某些经济学家的注意。当然，他们没有专门论述制度变迁中的利益补偿，不过，这些关于利益补偿的理论显然对制度变迁理论中的利益补偿问题研究有重要参考价值。

经济学理论中，判断两种社会状态下效率和福利变化最常用的标准是帕累托标准。按照这一标准，最优的制度变迁不应该存在有人利益受损这种状况，如前述制度变迁（C）。但是，如果出现了这种情况，又该如何解决呢？社会是否有必要对受益者进行补偿呢？然而，帕累托标准却没有讨论这种现象。帕累托标准的这一特点长期以来被称为是帕累托标准社会状态排序的不完全性，也就是说，帕累托标准只能对部分社会状态进行排序，而无法对所有社会状态进行排序。如果人们运用帕累托标准作为制度变迁的标准，很容易会因为这种不完全性而忽略了利益补偿问题。

针对帕累托标准无法完全对各种社会状态排序的缺陷，经济学家们提出了多种补偿检验（Compensation Test）标准，试图弥补帕累托标准的缺陷。

英国经济学家庇古曾讨论了存在外部性情况下的补偿问题。他认为在解决外部性问题时，政府应将受益者边际收益大于边际社会成本的部分通过征税（这种税收被称为庇古税）的方式收取并补贴给社会受损者。我们可以发现，庇古不但主张对利益受损者进行补偿，也提出了补偿标准和进行补偿的一种方式即行政方式。

在解决外部性问题上，新制度经济学代表人物科斯（1994）也是主张补偿的，并且提出了他所主张的市场补偿方式和标准。按照他的意思，当 A 方的行为将使社会总产值最大，但对 B 方造成损害，而 B 方拥有不受损害的权力时，A 方可以通过购买 B 方产权的方式补偿其损失。例如，如果养牛的社会价值大于种田的社会价值，当牛吃了禾苗，致使农夫利益受到了损害，并且农夫拥有不受损害的权力时，牛的主人可以通过向农夫购买其不受损害权力的方式对农夫的损失做出相应的补偿，最终的结果是帕累托均衡。和庇古方法不同的是，科斯坚持在实现社会总产值最大化的基础上解决外部性问题。其次，在补偿方式上，和庇古的由政府通过税收补偿相反，科斯提出可以通过当事人双方自愿的市场谈判确定补偿标准，即采取市场方式进行补偿。下文的案例分析中我们将发现，解决股权分置改革中的利益补偿问题就是采用这种市场化方式。当然，采用市场化方式的前提是市场交易成本为 0。如果市场交易成本过大，科斯还是主张采取如政府干预等方式的。

卡尔多针对帕累托标准不完全社会状态排序问题提出了一种补偿标准。他认为，在社会总收入增加下，当出现一部分人收入增加而一部分人收入减少时，可以采取一定的政策（如税收和价格政策），使受损的人得到充分补偿而其他人的状态仍然比以前变得更好，从而使每个人的状况变得更好而没有使任何人变得更坏。后来希克斯也提出了类似的补偿标准，合称为卡尔多—希克斯标准。

卡尔多—希克斯标准中的补偿是虚拟的，并不一定要进行。也就是说按照这一标准，在制度变迁中有人受益有人受损这种情况下，只要受益者所得大于受损者的损失，实现了总产值的最大，就是一种改进。或者说这种标准强调效率，而不论分配是否合理。李特尔认为，这些标准只能说明一种变迁仅仅是一种潜在的改进，是否为真正的改进，还需要考虑分配问题，为此李特尔提出了自己的标准：如果变迁通过了卡尔多—希克斯标准，并且再分配是好的，那么就是一种改进；如果变迁不能通过卡尔多—希克斯标准，并且再分配是不好的，那么就不是一种改进；其他情况则无法判断。因此，李特尔标准结合了帕累托效率标准和分配标准。当然，他认为效率标准比分配标准重要，通过效率标准是前提。

上述经济学们所讨论的关于外部性和帕累托标准不完全社会状态排序下的补偿主要是指经济利益方面的补偿，但经济利益只是衡量社会状态排序的一个方面，更为完全的社会状态排序应该包括除经济利益之外的更多方面的因素。如在 Sen（1973，1991）著名的社会福利指数中就包括了人的能力、机会和活动内容等。这意味着在社会状态变迁中经济利益补偿只是一个方面的内容，其他如人们在自由、机会、活动能力等方面的丧失也应该得到相应的补偿。当然，这也会使补偿问题变得更为复杂。

（三）研究如何解决制度变迁中的利益补偿问题具有重要理论价值

综上所述，虽然现有制度变迁理论对如何解决利益补偿问题缺乏系统研究，但也有不少经济学家是重视利益补偿问题的，他们对补偿方式和补偿标准进行了深入探讨。当然，他们讨论时的对象并不是制度变迁。我们认为，既然制度变迁中有人利益受损这种状况在现实中是客观存在的，这种情形也不符合帕累托标准的要求，并且补偿问题的解决对成功促进制度变迁和维护社会公平公正秩序具有重要意义，那么，借鉴已有的关于补偿的经济理论，研究制度变迁中的补偿问题就具有重要理论价值。本文下面将以近年来发生在中国证券市场的一个重要制度变迁——股权分置改革为例，实证地研究制度变迁中利益补偿问题的解决。

三、股权分置改革中利益补偿问题的解决

（一）案例背景

股权分置是中国证券市场中上市公司特有的一种股权结构。它是指上市公司的总股本分为流通股（或社会公众股）和非流通股两部分，流通股可以通过公开市场进行交易，非流通股不能进入公开市场交易。1992 年 5 月国家体改委发布《股份公司规范意见》及 13 个配套文件就明确规定了在我国证券市场中国家股、法人股、公众股、外资股四种股权形式并存，上市公司一般在其招股说明书中也对这种股本结构作了规定，并承诺非流通股暂不流通。截至 2004 年 6 月底，我国股票市场中流通股占总股本的 36%，非流通股占总股本的 64%。由于上市公司非流通股所占比重相对较大，股东大会常常被个别非流通大股东所操纵利用，这被认为不利于公司治理；此外，大量国有非流通股通过非公开市场交易，容易导致国有资产的流失；非流通股的存在还被认为不利于以控制权为目的并购，等等。由于上述多种原因，社会上要求解决股权分置的呼声一直存在。1999—2002 年间曾经两次启动了这一改革，但因为没有解决好流通股股东的利益损失问题而导致改革不得不终止。此后，社会各界就如何设计一个能平衡两类股东利益冲突的改革方案进行了长期讨论。2005 年 5 月，最终启动了由非流通股股东补偿流通股股东利益损失的改革。本文不准备对股权分置改革发生的原因进行讨论（这正是传统制度变迁理论所着重研究的内容），但假定改革将有利于社会净收益增加，因为这是制度变迁的前提条件。本案例所主要关注的是股权分置改革中是如何解决利益补偿问题的。

（二）股权分置改革中流通股股东和非流通股股东之间存在利益补偿问题

股权分置改革除了假定能增加社会净收益外，改革中最根本的利益关系变化在于流通股股东和非流通股股东的利益关系改变。改革之前，非流通股不能流通，投资价值相对有限；另一方面，流通股因为具有流动性溢价而投资价值相对较高。流通股股东和非流通股股东的这种利益格局是由当时的法律法规和公司招股说明书所规定的，因此，这种利益格局的存在有其合法性。但改革后，非流通股取得流通权，获得流动性溢价，投资价值明显提升，非流通股股东因此将大大受益；另一方面，非流通股一旦流通，将大大增加二级市场的股票供给，打破现有市场上股票和资金的供求平衡关系，导致股票价格下降，由此给流通股股东带来利益损失。因此，在股权分置改革中，非流通股股东将大大受益，而流通股股东的利

益将受到损害。并且，非流通股股东的受益是以流通股股东利益受损为前提的。

既然改革前流通股股东和非流通股股东利益格局的存在有其合法性，那么，改革后这种利益格局的改变，尤其是流通股股东的利益受到了损害是否应该得到补偿呢？如需要补偿，又以什么方式和标准进行呢？显然，股权分置改革中同样存在一个利益补偿问题。

（三）因没有妥善解决利益补偿问题，历史上多次股权分置改革尝试均以失败告终

2005 年前，中国证券市场进行了两次股权分置改革（当时称为国有股减持或全流通）的尝试，因为改革中对流通股股东利益补偿问题没有得到妥善解决，两次改革尝试均因流通股股东反对而以失败告终。

1999 年 12 月，中国嘉陵和黔轮胎首次通过采取向流通股股东配售的方式进行国有股减持试点。配售价格计算规则为 10 倍市盈率乘以前三年每股收益平均值。由于这两家公司前三年业绩呈下降趋势（1996—1998 年，中国嘉陵每股收益分别为 0.51 元、0.46 元、0.38 元，黔轮胎分别为 0.80 元、0.38 元、0.26 元，到 2005 年，这两家公司的每股收益分别为 0.02 元和 0.19 元），流通股股东由此认为以前三年业绩为依据确定配售价格将损害自身利益，于是纷纷抛售股票，导致两家公司股票出现大幅下跌，配售最终被迫停止。

2000 年 6 月 13 日，时任证监会副主席的史美伦女士在 APEC 的 CEO 峰会上表示，在未来的中国资本市场上，不再有流通股和非流通股的分类，每一家上市公司的股票应当是全部流通的。由于流通股股东害怕他们的利益将在未来的全流通中受损，此消息入市的第二天，上海综指见顶 2245 点，随即以急跌方式，出现了1994 年以来最大规模的一次下调。

2001 年 6 月 12 日，国务院正式发布《减持国有股筹资社会保障资金管理暂行办法》。该办法规定新发、增发股票时，应按融资额的 10% 出售国有股，并且国有股应按二级市场价格出售。流通股股东认为国有股按市场价格减持将损害他们的利益，由此大量抛出股票，股票市场持续下跌。到 2001 年 10 月 22 日，上海综指下探到 1514 点，跌幅达 32%，股票市值缩水近 6000 亿元。为了挽救股市，国务院于 2001 年 10 月 23 日发出了暂停国有股减持的通知。结果当日沪市全线涨停。不过，中国证监会网站在 2001 年 11 月 14 日刊登信息，继续公开征集国有股减持的具体操作方案。国有股减持被认为是悬在中国证券市场一把随时会掉下来的剑，流通股股东为了避免为此剑所伤，继续抛售股票，导致股市不断下跌。2002 年 1 月 11 日，沪市终于跌破 1500 点这个重要心理点位，并且延续下跌趋势。为了维护证券市场稳定，2002 年 6 月 24 日，国务院发出通知，决定停止通过国内证券市场

减持国有股。通知发出的当日，沪市又一次全线涨停。

1999—2002 年间两次国有股减持尝试失败的重要原因，在于流通股股东认为他们的利益在改革中受到了损害，改革也并没有制定相应的措施以补偿他们的利益损失，改革由此遭到广大流通股股东的反对。他们用脚投票，导致股市不断下跌，改革最终也无法进行下去。两次改革尝试的失败证明了这一结论：如果改革中利益受损者认为他们不能得到补偿，他们将反对改革，导致改革难于进行。

（四）2005 年实施了由非流通股股东对流通股股东进行利益补偿的改革

1. 为改革所作的前期制度安排

2004 年 2 月 2 日，国务院发布《关于推进资本市场改革开放和稳定发展的若干意见》（俗称"国九条"，以下简称《意见》），明确提出"要积极稳妥解决股权分置问题，在解决这一问题时要尊重市场规律，切实保护投资者特别是公众投资者的合法权益"。过去几次股权分置改革的失败最终使管理层意识到在改革中要保护流通股股东（社会公众股东）的利益，并通过政策形式做出了正式制度安排，从而使对流通股股东利益补偿提供了有力的制度依据。同时，《意见》提出要尊重市场规律，也暗示了解决利益补偿问题将以市场化方式进行。

2004 年 9 月，中国证券监督管理委员会为贯彻落实"国九条"提出的保护流通股股东利益的精神，发布了《关于加强社会公众股股东权益保护的若干规定（征求意见稿）》（以下简称《规定》），提出了建立系列保护公众投资者利益的机制。《规定》要求，对社会公众股东利益有重大影响的事项，应经全体股东大会表决通过，并经参加表决的社会公众股股东所持表决权的半数以上通过，方可实施或提出申请。上市公司召开股东大会，除现场会议外，还应当向股东提供互联网形式的会议平台。《规定》中的这些要求，虽然不是专门针对股权分置改革而做出的，但事实上为以市场化方式解决股权分置改革中的利益补偿做出了一些重要的前期制度安排：

一是建立和完善了流通股股东和非流通股股东之间利益交易的平台。通过市场方式解决利益补偿，就必须为市场参与各方提供一个谈判和交易平台。公司股东大会实质上是各方股东之间的一个利益交易平台，但过去上市公司股东大会决定重大事项时，只需参加会议的股东代表多数表决通过。一般情况下，由于非流通股占多数，非流通股股东在表决权方面拥有绝对的优势，完全可以操纵和控制股东大会，流通股股东基本上没有决定权。这类似于在流通股股东和非流通股股东的交易中，非流通股股东处于一个垄断地位，双方无法进行平等交易。而新的规定要求"上市公司决定重大事项应经全体股东大会表决通过，并经参加表决的流通股股东所持表决权的半数以上通过，方可实施或提出申请"，这一要求不但规定了全体股东多数表决通过制，而且规定了同时要获得流通股股东的半数表决通过。这种股东大会的表决机制被称为"类别股东表决机制"。类别股东表决机制赋予了流通股股东否决权，从而大大提升了流通股股东的话语权。现在，流通股股东和非流通股股东可以处于平等交易的地位，为维护彼此利益进行博弈。例如，双方股东可以就股权分置改革中的利益补偿标准进行平等协商，最终达成双方可以接受的补偿标准。因此，这一要求完善了流通股股东和非通流股东之间利益交易的平台，为以市场方式解决股权分置改革中的利益补偿问题提供了重要的前期制度安排。

二是降低了市场交易成本，提高了交易的有效性。如果要以前面科斯提到的市场化方式来解决利益补偿问题，就必须努力降低市场交易成本，提高流通股股东投票率（因为流通股股东投票率的高低将影响上述两类股东市场交易的效率）。经验显示，在是否参加股东大会投票上，流通股股东存在搭便车的现象。而流通股股东是选择参加投票还是搭便车又与其参加股东大会所须付出的成本高度相关。成本高，流通股股东偏向搭便车；成本低，偏向参加投票。为提高流通股股东的投票率，《规定》提出了一些降低股东大会投票成本的措施。最重要的就是规定"应当向股东提供互联网形式的会议平台"。一般情况下，流通股股东现场参加股东大会的成本较高，而与现场投票方式相比，网上投票成本低廉，可以极大地提高中小投资者参加股东大会的积极性，提高流通股股东投票率。因此，采用网络投票可以降低市场交易成本，提高交易效率。

2. 试点改革

在做好了上述前期基本制度安排后，中国证券监督管理委员会于 2005 年 4 月 29 日发布了《关于上市公司股权分置改革试点有关问题的通知》（以下简称《通知》），正式启动了上市公司股权分置改革试点工作。《通知》规定了股改试点的总体要求、具体程序和操作原则。重要的内容有：试点上市公司股东协商自主决定股权分置问题解决方案；方案协商选择、临时股东大会召开前临时股东大会通知应当明确告知流通股股东具有的权利及主张权利的时间、条件和方式；应当不少于三次公告召开临时股东大会的催告通知，并为股东参加表决提供网络投票系统；独立董事应当向流通股股东就表决股权分置改革方案征集投票权；临时股东大会就董事会提交的股权分置改革方案做出决议，必须经参加表决的股东所持表决权的三分之二以上通过，并经参加表决的流通股股东所持表决权的三分之二以上通过。

《通知》在前期基本制度安排的基础上，明确要求了将以市场化方式解决股权分置改革中的利益补偿问题，并为各个交易环节做出了具体安排。例如，"股东协商自主决定股改方案"意味着流通股股东和非流通股股东双方将通过讨价还价形成一致同意的补偿标准；要求更高的股东大会类别表决机制为股东双方达成补偿标准提供一个终端交易平台。如果利益补偿标准不能达到流通股股东或非流通股股东的要求，补偿方案就会在这一终端交易中被否决，公司股改也就遭到失败；要求上市公司充分提示股改信息和提供网络投票系统则能有效降低上述各个市场交易环节的成本，提高市场交易效率，等等。由此可见，《通知》为以市场化方式解决股权分置改革中的利益补偿问题做出了充分的具体制度安排。

2005 年 5 月 9 日，三一重工、金牛能源、紫江企业、清华同方四家上市公司被确定为首批股改试点公司。四家公司非流通股股东先后提出了为换取非流通股流通权而向公司流通股股东进行补偿的初始方案（见表1）。这种方案类似于非流通股股东为换取非流通股流通权而向公司流通股股东进行补偿的一种出价，故被市场各方简称为"对价"。

表1   第一批试点上市公司股改方案

公司名称	初始补偿方案	修改后补偿方案	备注
三一重工	10 送 3 股 ＋8 元现金 ＋承诺	10 送 3.5 股 ＋8 元现金，增加承诺	通过
金牛能源	10 送 2.5 股 ＋承诺	增加承诺	通过
紫江企业	10 送 3 股 ＋承诺	增加承诺	通过
清华同方	10 转增 10 股 ＋承诺	维持不变	被流通股股东否决

资料来源：相关公司发布的公司股改报告摘要

四家公司制定补偿方案（对价）的依据是：当公司发行股票时，非流通股股东承诺了非流通股票不流通，故能以较高的市盈率和价格发行股票，现在非流通股改变了承诺，非流通股要流通了，由于股票供给增加，市盈率和股价下降，流通股股东利益受到了损害，同时非流通股股东却因非流通股可以流通而获得了溢价，因此，非流通股股东愿意补偿流通股股东的损失。补偿标准为流通股股东的利益在非流通股流通之前和之后保持不变。以三一重工为例，初始补偿方案为非流通股股东向流通股股东所持股票每 10 股送 3 股 ＋8 元现金。为进一步保持股价稳定和防止流通股股东利益在股改后受损，公司全体非流通股股东还承诺非流通股获得上市流通权之日起，至少在 12 个月内不上市交易或者转让。公司控股股东三一集团有限公司还进一步承诺在前项期满后，通过证券交易所挂牌交易出售股份，出售数量占公司股份总数的比例在 12 个月内不超过 5%，在 24 个月内不超过 10%。

各公司提出对价之后，非流通股股东和流通股股东开始了讨价还价。通过走访社会公众投资者、开通热线电话、召开现场交流会和网上交流会的多种方式，非流通股股东和流通股股东就对价高低进行了广泛的交流沟通。一般的情形是，流通股股东希望提高对价水平，而非流通股股东则努力说明现有对价的合理性。经过反复博弈，最终有三家公司修改了初始对价，一家公司维持不变（见表1）。

如三一重工的非流通股股东经过和流通股股东多方交流沟通，对补偿方案进行了修正，除了对每10股流通股增加了0.5股的送股外，非流通股股东还进一步就非流通股的减持条件、数量、期限、价格作出了更多承诺。紫江企业和金牛能源的股东经过沟通后，也增加了延长持股期、设定减持价等承诺。一般而言，这些承诺有利于维护股改后股票价格的稳定，有利于进一步减少流通股股东因股改而可能导致的利益损失。虽然清华同方的股改方案一经公布即引起了流通股股东强烈不满，但在经过了双方的多方沟通后，清华同方依然完全拒绝修改初始方案。

经过讨价还价，最终进入了交易环节，这就是通过召开公司股东大会的形式，由各方股东对补偿方案进行分类投票表决来确定各方共同接受的补偿标准。三一重工最终以流通股股东93.44%赞成的比例高票通过了股改方案，成为股改第一股。紫江企业和金牛能源两家公司的方案分别获得了流通股股东76.97%和81.07%的赞成率，也顺利得到了表决通过。清华同方的补偿方案终因流通股赞同率仅为61.91%，未能达到参加表决流通股份三分之二同意的要求而未获通过。

第一批试点结束后，紧接着以包括长江电力、宝钢等大盘股在内的42家上市公司开始了第二批试点。第二批试点进展十分顺利。46家试点公司中，经各类股东协商提高了对价水平（不含增加承诺）的有17家，占40%。最后全部公司的方案都获得了投票通过。

试点上市公司的股权分置改革取得了显著成功。试点公司补偿方案表决通过率达到了98%，充说明了流通股股东和非流通股股东市场协商机制、股东大会类别股东表决机制的有效性；流通股股东也改变了过去的消极态度，积极参与了改革。据统计，第一批试点公司流通股股东平均投票率达到了58.4%（其中三一重工达到了76.72%），46家试点公司流通股股东的平均投票率也超过了50%；此外，通过网络投票参与表决的流通股股东人数平均占参与投票流通股股东总人数的97.86%，通过网络投票参与表决的流通股股数占流通股股东参与投票股份总数的94.39%，可见，网络投票在降低市场交易成本、提高市场交易效率方面成效显著，为以市场化方式解决股权分置改革中的补偿问题提供了必要条件。

3. 改革全面铺开

在全面总结试点经验的基础上，2005年8月23日，中国证券监督管理委员会、国务院国有资产监督管理委员会、财政部、中国人民银行、商务部五部委联合发出《关于上市公司股权分置改革的指导意见》（以下简称《意见》），对股改的意义、指导思想、总体要求、程序，配套改革措施进行了全面论述。《意见》充分肯定了试点中的对价补偿方式，认为"非流通股股东与流通股股东之间以对价方式平衡股东利益，是股权分置改革的有益尝试，要在改革实践中不断加以完善"。在广泛征求意见基础上，9月4日，中国证监会全文发布《上市公司股权分置改革管理办法》，最终确定了和股改试点基本一致的关于全面股权分置改革的总体方针政策，标志着股权分置改革的全面铺开。至2006年5月8日股改一周年之际，沪深两市已完成股改及进入股改程序的公司分别有542家和354家，占沪深总市值的66.95%和81.08%，两市股改公司总市值占比已达70.81%。在股东大会的投票表决中，仅有十多家公司的对价被流通股股东否决，绝大多数获得了顺利通过。与此同时，随着股权分置改革的顺利进行，沪深股市展开了一轮恢复性强势上涨。2005年5月份，上证综指成功站上1500点这一被市场各方所看重的心理关口。

（五）股权分置改革中解决利益补偿问题的启示

股权分置改革给我们认识利益补偿问题的解决提供了一些启示。虽然人们经常认为股权分置问题的解决能增加社会净收益，但改革也将改变流通股股东和非流通股股东的利益格局。总体而言，非流通股股东将在改革中受益，而流通股股东的利益将在改革中受损。因此，改革中存在一个利益补偿问题。1999—2002间所进行的改革因为没有处理好两类股东的利益补偿关系而遭到了流通股股东的强烈反对，导致改革无法进行下去；2005年所进行的改革，实施了由非流通股股东补偿流通股股东利益损失的制度安排，顺利地推进了改革。这两种情况说明了能否解决好利益补偿问题确实关系到制度变迁的成功与否。此外，在解决利益补偿问题中，非流通股股东和流通股股东经过一个"出价—讨价还价—达成交易"的过程，通过市场化的方式确定各方股东共同接受的补偿标准。同时，通过采取诸如类别股东表决、网上沟通、网络投票、信息提示等系列措施，大大降低了市场交易成本，有效地提高了市场交易的效率，因此，改革也为采用科斯式的市场化方式解决制度变迁中的利益补偿问题提供了启示。当然，本案例所采取的通过市场谈判确定补偿标准的方式具有特殊性，因为这种方式是建立在市场交易成本较低的基础上。相反，如果市场交易成本很高，或市场不存在，就不可能通过市场方式解决补偿问题。这时，就可能需要政府出面，采取庇古所提出的行政方式（如税收、补贴、转移支付、价格管制等手段）来解决补偿问题。如中国20世纪80年代进行价格改革时，就由政府采取了向城镇居民发放食品价格补贴的方式来补偿居民在改革中的利益受损，从而较稳定地推进了价格改革。

四、结论与政策启示

　　制度变迁在增进社会净收益时，也常常会改变人们之间现存的利益格局。有可能出现的一种情形是有部分社会成员的利益在制度变迁中受到损害。如果各社会成员既定的利益格局是合理合法的，那么就涉及是否应该对这部分利益受损的社会成员进行补偿以及采取何种补偿方式和如何确定补偿标准的问题，即利益补偿问题。妥善解决制度变迁中的利益补偿问题对顺利推进制度变迁、维护公平公正的社会经济和道德秩序以及维持社会和谐稳定具有重要意义。人们常常发现实践中所进行的一些制度变迁因为忽略了利益补偿而导致社会矛盾重重，很多由政府主导的制度变迁最终因为集团利益冲突而遭到失败。然而，由于过于强调社会净收益的增加或经济总量增长等多种原因，现有制度变迁理论缺乏对制度变迁中利益补偿这一重要问题的系统研究。某些经济学家对利益补偿问题的研究也没有得到制度变迁理论的重视。本文考察了 2005 年发生在中国证券市场的一次重大制度变迁——股权分置改革中利益补偿问题的解决。股权分置改革虽然被认为能增进社会净收益，但在流通股股东和非流通股股东之间也存在一个利益补偿问题。在此之前，这一改革因为忽视了对流通股股东的利益补偿而多次失败。本次改革确定了由非流通股股东补偿流通股股东利益损失的原则，并且由股东双方通过市场谈判方式确定补偿标准，最终顺利地推进了股权分置改革。案例充分表明了妥善解决制度变迁中利益补偿问题的重要意义。

　　重视制度变迁中利益补偿问题的解决对我国正在进行的全面改革也具有一定启示。总体上，通过改革可以大大增加社会的净收益，但改革所涉及的多种政策制定和选择也将不可避免地改变社会成员现存利益格局。有可能所有社会成员都能从某一改革中受益，但也难免出现部分社会成员受益而另一部分社会成员利益受损的情形。如果不能妥善解决改革中的利益变化，社会成员之间就会形成较大的贫富差距，那些利益受损者也会对改革产生怀疑、抵触情绪，进而影响社会的和谐稳定和改革的顺利进行。因此，重视改革中对利益受损者的补偿就具有重要意义。这就要求，在改革中要充分分析社会成员利益格局的变化，对一些有损社会成员合理合法利益的改革措施的推出，应相应考虑建立配套的补偿措施。在解决补偿问题的方式上，根据可行性，可以分别选择市场方式或行政方式。

参考文献

[1] Sen, Amartya K. 1973. *On Economic Inequality*, New York：Norton.

[2] Sen, Amartya K. 1991. "Welfare, Preference and freedom." *Journal of Econometrics*, 50（1 - 2）：15 - 29.

[3] 奥斯特罗姆，等. 制度分析与发展的反思[M]. 北京：商务印书馆，1999.

[4] 科斯，诺斯，德姆塞茨，拉坦，等. 财产权力与制度变迁——产权学派与新制度学派译文集[M]. 上海：上海三联书店，1994.

[5] 卢瑟福. 经济学中的制度：老制度主义和新制度主义[M]. 陈建波，等，译. 北京：中国社会科学出版社，1999.

[6] 诺斯，托马斯. 西方世界的兴起[M]. 厉以平，蔡磊，译. 北京：华厦出版社，1999.

[7] 诺斯，威尼基，等著（阿尔斯通，埃格特森等编）. 罗仲伟译. 制度变革的经验研究[M]. 北京：经济科学出版社，2003.

[8] 姚洋. 制度与效率[M]. 成都：四川人民出版社，2002.

[9] 中国证监会. 上市公司股权分置改革管理办法. 2005. http：//www. stocom. net/cs/zhs/xxfw/ flgz/regulations/listedco/listed20050905. pdf.

The Study on the Issue of the Interests Compensation in the Institutional Changes：A Case Based on the Sub - Owned Shares Reform

Luo，Jin - Hua

（Academy for Economy and Trade Develooment Research，
Hunan University of commerce, Changsha, China, 410205）

Abstract：When institutional changes increase a social total interests, they may also decrease some people's interests. Therefore, there is a question of how to compensate this decrease in the institutional changes. However, the institutional economists pay little their attentions to this subject. Based on a case study of the Sub - Owned Shares Reform, we discussed some solutions to this question.

Key Words：Institutional Changes；Interests Compensation；The Sub - Owned Shares Reform

网络差异：均衡与效率

Rossella Argenziano 著　　龚映清 译

摘　要： 本文考虑一个具有产品差异和网络效应的双寡头价格竞争模型。在有效分配的情况下，两个网络都能获利，产品期望质量最高的企业拥有最大的市场份额。为了描述均衡分配，我们导出了给定价格下消费者合作博弈唯一均衡的充分必要条件。均衡分配不同于有效分配，原因有二：第一，在均衡情况下，由于消费者不能内部化网络外部性，从而导致分配到两个网络的消费者数量过于平衡。第二，如果网络通路由策略性企业定价决定，那么期望质量最高的产品价格也最高，这进一步降低了市场份额间的非对称性，从而降低了社会福利。

关键词： 产品差异；网络效应；价格竞争；均衡

一、引言

许多经济决策（如某类消费者购买某种商品，某类企业采用某种生产标准）

作者简介：Rossella Argenziano，英国埃塞克斯大学经济学系讲师，rargenz@ essex. ac. uk，本文根据作者耶鲁大学博士论文第一章修改而成。作者感谢导师 Dirk Bergemann、Stephen Morris、Dino Gerardi 和 Ben Polak 的悉心指导。本项目由耶鲁大学 John F. Enders 奖和 Robert M. Leylan 论文奖赞助。译者：龚映清（1983— ），女，湖南湘潭人，中国人民大学商学院博士生，美国乔治·华盛顿大学访问学者。Rossella Argenziano，2008. "Differentiated Networks：Equilibrium and Efficiency." *RAND Journal of Economics*，39（3）：747 – 769.

都显示了特定形式的策略性互补（Strategic Complementarity），这就是所谓的网络外部性（Network Externality）。在这种决策中，购买特定商品的消费者和按照给定标准生产产品的企业一起构成了一个虚拟网络：若网络中每个参与人的效用随着网络总规模增大而增加，那么便产生了网络外部性。

本文对网络竞争理论有两点贡献（Farrell、Klemperer，2006）。第一点贡献是方法上的。由于一定价格下，消费者选择加入网络的行为构成的博弈是一种合作博弈（Coordination Game），这种合作博弈具有多个均衡值，建模时很难明确定义网络商品的需求函数。因而，基本伯川德竞争模型（Betrand Competition Model）中的两个网络便是同质的，模型并没有定义每一种商品的价格—需求函数。所以，分析网络竞争时必须为消费者给定价格下的每一合作博弈（如帕累托有效合作博弈（Baake、Boom，2001），或享有声誉优势的企业的合作博弈（Jullien，2001））选择一个均衡值。

在基本伯川德模型的基础上，本文加入了商品纵向差异（Vertically Differentiated）和横向差异（Horizontally Differentiated）因素，并考虑了商品质量信息不完全的影响，从而丰富了伯川德模型。这些更符合现实条件的假设不会使分析复杂化，相反，它们有助于明确定义大类市场的需求函数。根据本文的假设，价格一定，消费者的网络选择构成一个相关个人价值的全局博弈（Global Game），由此，我们可以导出保证该博弈均衡唯一的充要条件，从而得到明确的需求函数。这个保证均衡唯一的条件就是商品横向差异程度和市场上相关信息的质量。

第二点贡献是，本文回答了关于网络行业的一个经典争论，即网络效应导致竞争性企业间的市场份额差异为过度还是不足之争。在具有网络效应和产品差异的网络中，阐述网络的社会最优尤为重要：如果所有参与人加入同一网络，那么网络效应带来的总剩余达到最大值，但是如果每个参与人都购买他最喜好的产品，那么消费商品带来的内在效用（Intrinsic Utility）达到最大值。

以 PC 和 Macintosh 为例，当只有一个标准时，电脑用户能运行所有软件，也能轻松实现与他人交换文档或技术。当存在两个标准时，说明不同电脑标准满足了不同消费者的需求[①]。

再以矩阵编程语言为例，Matlab 适合于时间序列数据分析，而 Gauss 适合于面板数据分析（Rust，1993），与此同时，如果命令与编码能在所有编程者间进行交

---

① PC 和 Macintosh 两套标准产品包括横向和纵向差异。苹果公司在官网上介绍了使用他的产品的 10 条理由，其中，第 2 条（Mac 不会与其他系统发生冲突）意指 Mac 产品纵向质量优于其他产品，第 3 条（Mac 储存和播放数码音乐技术最高）意指 Mac 储存和播放数码音乐技术满足了消费者对电脑功能的不同偏好，具有横向差异优势。

换，则这种唯一通用语言又能让大家都获利。

本文权衡分析了总网络效应最大化和消费者喜好最大化问题，市场结果显示市场份额非对称性不足，市场存在非效率。产生非效率的原因有两个：第一，消费者不能内部化网络外部性。第二，均衡时，质量高的产品相对价格过高。

假设有两种全新的且可替代的网络产品，消费者同时在这两个产品构成的网络间进行选择。本文建立了发起网络（Sponsored Networks）和非发起网络（Un-sponsored Networks）两种模型。根据相关文献，发起网络和非发起网络的区别取决于个人加入网络所承担的成本：当承担的成本是企业策略定价时，该网络为发起网络；当承担的成本是商品生产的边际成本时，该网络为非发起网络。尽管有些是发起网络，电信网络仍然是一个典型的非发起网络。如果加入一个具有网络外部性的电信网络只需学习一种新语言，这时，企业不能集中控制加入成本（新的语言），也不能采取策略定价控制网络通路，加入网络的成本仅由学习新语言所花时间决定。

假设两种商品存在纵向和横向差异，但是消费者和企业都不能完全观察到这两种商品质量的纵向差异程度，也就是说，他们仅能观察到每种商品纵向质量的公共信号噪声和一个网络的期望质量高于另一个的信息。假设消费者能精确地观察每种产品的个人价值，但是他并不能从中辨别出共同价值（商品的客观质量）。因此，消费者网络选择受三个因素影响：商品个人价值、网络期望规模和网络加入成本。

假设引入两种新的、独立的电信网络，如视频会议软件。产品纵向质量信号噪声假设是指在产品使用前消费者不知道该产品与配套软、硬件的兼容性，产品横向差异假设是指消费者可能更偏好有娱乐功能（如图像界面等）的产品，最后消费者精确了解每种产品个人价值假设指的是软件生产商在销售前已经提供产品免费试用版。

根据以上假设，本文对消费者在网络间的均衡分配与社会最优分配进行了对比，结果显示，消费者在网络间的最优分配相对于社会最优分配具有非对称性：两个网络在市场中都获利，但是超过一半的消费者选择了质量更高的网络。接下来，本文考察了市场分配问题，并对发起和非发起两种网络的市场分配进行了分别探讨。

在非发起网络均衡分配中我们发现了第一个非效率的存在。非发起网络均衡分配相对于社会最优而言过于均衡，于是产生了非效率：生产更高质量产品的企业尽管拥有超过一半的市场份额，但是因为消费者不能内化网络效应，这个份额仍然低于社会最优分配下的市场份额水平，并且这种非效率会随着横向差异的消失而继续恶化。在发起网络的市场均衡分配中同样存在非效率，甚至更严重。这是因为生产更高质量产品的企业策略定价时，均衡价格会比竞争企业定价高，从而高价减少了市场份额。

诸多文献对差异网络的价格竞争问题进行了研究。有的学者（如 Farrell、Katz，1998）建立了网络效应和纯纵向差异模型，在这种模型中，消费者参与的合作博弈具有多重自我满足期望值。这一结论对产品横向差异情形也适用。比如，Griva 和 Vettas（2004）以宾馆为例，在纵向差异的基础上详细分析了横向差异网络的均衡组合，证明了这一结论。

关于唯一均衡问题，De Palma 和 Leruth（1993）建立的模型与我们的模型接近，他们分析了产品仅为横向差异的情况，证明了较高消费者个人异质性是唯一均衡的充要条件。尽管他们的充要条件与本文结论很接近，但是该结论与本文仍然存在不同：本文认为模型唯一均衡的前提假设是所有参与人都能精确观察到产品质量纵向差异程度，而他们的前提假设只包括横向差异，没有考虑两种商品的纵向质量差异。

关于网络间消费者最优分配问题，Farrell 和 Saloner（1986）的讨论与我们类似。他们分析了在消费者存在异质偏好的情况下，完全标准是否有效的问题[①]。这一点与本文类似，但我们的模型不同于他们：本文建立了消费者偏好异质性概率单位模型（Probit Model），并发现，无论是市场均衡还是社会最优均衡都不涉及标准化，因而本文重点强调产品差异足够保证两个网络都获利的情况下，两种网络市场份额中最优非对称是什么的问题。

近来，Mitchell 和 Skrzypacz（2006）考察了差异产品的网络竞争动态模型长期市场份额最优不平衡问题。在他们相应的静态模型中，他们发现市场均衡下的市场份额比社会预期的市场份额更平均，这一结论与本文类似。但是，关于需求函数界定问题我们有很大不同：他们在静态模型中直接假定需求函数是明确界定且向下倾斜的，而我们认为需求函数没有明确界定，因而我们重点考察了消费者偏好分配问题及其给定价格下的合作博弈行为信息结构问题，从而描述和解释保证需求函数明确定义且向下倾斜的充要条件。

最后，Jullien（2001）分析了完全价格歧视的网络竞争问题。他认为规模最大网络均衡值过小，这一观点与本文关于发起网络情况的结论相似。但是，本文和他的模型仍然存在两个不同：第一，他认为消费者给定价格下参与的合作博弈有多重均衡值，并且消费者总是选择一个最大化特定企业市场份额的均衡点，而我

---

① Chou 和 Shy（1990），Church 和 Gandal（1992）分析了间接网络效应模型的情况。

们主要描述合作博弈唯一均衡的充要条件。第二，他假设企业按顺序依次出价（重点企业先出价，然后竞争者出价），并能够实行完全价格歧视，而我们假设企业同时公布价格且实行统一定价。

异质商品双寡头价格竞争问题也与本文相关，有关此讨论的文献，参见 Tirole（1988）。

本文建立了一个相关个人价值的消费者全局博弈模型（Global Game）。Carlsson 和 van Damme（1993）最早阐述了全局博弈模型问题，该模型现已被广泛地用来分析具有共同价值观的经济问题（如货币危机和体制转型等）。Morris 和 Shin（2005）就建立了一个个人价值全局博弈模型，在该模型中，他们假定存在两种可供选择的行为，两个参与人在这两者之间进行选择，并且每一参与人都能够观察到由共同部分和个人部分之和构成的个人收益。在此基础上，他们得出了单一均衡的充要信息结构条件。该模型的解与参与人在两个选项间连续选择的情形一致（Morris、Shin，2003），本文将采用 Morris - Shin 的唯一条件，并适当扩展，加入了横向差异度和纵向质量可用信息精确度的条件进行讨论。

本文组织结构如下：第一部分是引言，第二部分是模型假设，第三部分分析消费者在网络中的社会最优分配问题，第四部分研究消费者合作博弈均衡，以及发起和非发起两种网络的均衡分配问题，并与有效分配进行比较，第五部分为结论。（具体证明参见附录）

二、模型

假设 a 和 b 为两种不可分割的网络产品，生产 a 和 b 的边际成本为常数 c，消费者集（记为连续集）在这两种商品之间进行选择。当网络为发起网络时，最大化利润的企业按策略定价生产和销售产品，其利润为：

$$\pi_j = (p^j - c) n^j$$

其中，p^j 是企业 j（$j = a, b$）的定价，n^j 是商品销售量。当网络是非发起网络时，企业不能对商品进行策略性定价，消费者购买产品的价格为商品的边际成本。

消费者偏好具有网络外部性，那么，消费者 i 加入网络 j 的效用随着 n^j 的增加而增加，此时，消费者效用为：

$$U_i^j = x_i^j + n^j - p^j$$

其中，x_i^j 是消费者 i 对商品 j 的内在价值。

假设两种商品存在纵向和横向差异，那么，消费者对商品 j 的内在价值等于代表纵向质量的共同价值（Common Value）部分 $\tilde{\theta}^j$ 和代表个人偏好的个人价值（Idiosyncratic Value）部分 $\tilde{\varepsilon}_i^j$ 之和，

$$\tilde{x}_j^i \equiv \tilde{\theta}^j + \tilde{\varepsilon}_j^i$$

假设 $\tilde{\theta}^j$ 为正态随机变量，

$$\tilde{\theta}^j \sim N\left(y^j,\ \frac{2}{\alpha}\right)$$

其中，y^j 是 $\tilde{\theta}^j$ 的期望值，也即 $\tilde{\theta}^j$ 的公共信号噪声（Noisy Public Signal）。

假定消费者异质，那么，每个消费者的个人偏好 $\tilde{\varepsilon}_i^j$ 在 0 附近服从正态分布，

$$\tilde{\varepsilon}_i^j \sim N\left(0,\ \frac{2}{\beta}\right)$$

最后，假设 $\tilde{\theta}^a$，$\tilde{\theta}^b$ 和 $\tilde{\varepsilon}_i^j$ 独立分布。（以上假设符合基本常识）

因此，消费者对商品 a 和 b 的个人价值可表示为向量

$$\boldsymbol{x} = (x_i^a,\ x_i^b) \in \boldsymbol{R}^2$$

该向量代表消费者类型。所有消费者对商品 a 和 b 的个人价值可表示为：

$$\boldsymbol{x} = \times_{i\in[0,1]} \boldsymbol{x}_i \in \left(\boldsymbol{R}^2\right)^{[0,1]}$$

注意，消费者个人价值相互影响，这是因为个人价值有共同部分，所以彼此之间相关。但是，这种相关性并不等于消费者收益直接依赖于其他消费者类别。下面，我们将重点介绍公共信号精确性有限时的一般情形问题。公共信号精确性有限时，企业和消费者都不能完全观察到产品纵向质量信息，且消费者只能了解自己的类别而不能观察到 θ^j 和 ε_i^j（此结论同样适用于公共信号无限，也即消费者能够通过观察 y^j 并完全了解 θ^j 和 ε_i^j 的情形）。

现在，我们正式定义参与人的行为、策略和收益函数。如果网络为发起网络，企业和消费者的博弈为两阶段不完全信息博弈。第一阶段，两家非合作企业同时公布各自价格 $(p^a,\ p^b)$，$p^j \in \boldsymbol{R}$ 为企业 j 的价格行为，企业策略空间组合向量为 $\boldsymbol{p} = (p^a,\ p^b) \in \boldsymbol{R}^2$。第二阶段，消费者观察到价格，并根据自己类别同时选择加入网络。假设市场为排他性市场，且市场份额完全，也即每个消费者刚好购买一单位商品 a 或者 b 加入网络。这时，消费者 i 的策略为 $r_i \in \{a,\ b\}$，全部消费者策略为 $\boldsymbol{r} \in \{a,\ b\}^{[0,1]}$，消费者纯策略为：

$$s_i: \boldsymbol{R}^2 \times \boldsymbol{R}^2 \to \{a,\ b\}$$

全部消费者纯策略组合为 $\boldsymbol{s} \equiv \times_{i\in[0,1]} s_i$。因此，消费者策略组合为 $\boldsymbol{s}$，企业策略组

合为 p，网络 j 的规模可表示为 $n^j(s(x,\ p))$[①]。

综上所述，可以分别得出企业在两阶段的收益函数。

在第一阶段，企业最大化期望利润为求解：

$$\max_{p^j \in R} E_x[\pi_j(n^j(s(x,p)),p)] = \max_{p^j \in R}(p^j - c)E_x[n^j(s(x,p))]$$

在第二阶段，企业最大化期望净利润为求解：

$$\max_{j \in \{a,b\}} E_{x^{-i}}[U_i^j(x_i,(s(x,p)),p)|x_i] = \max_{j \in \{a,b\}}[x_i^j + E_{x^{-i}}[n^j(s(x,p))|x_i] - p^j]$$

如果网络为非发起网络，两种商品将按边际成本定价，第二阶段的消费者策略转变为 $p^a = p^b = c$ 的不完全信息静态博弈。

方便起见，我们定义如下差异函数：

$$y \equiv \frac{y^a - y^b}{2}$$

$$\tilde{\theta} \equiv \frac{\tilde{\theta}^a - \tilde{\theta}^b}{2} \sim N\left(y, \frac{1}{\alpha}\right)$$

$$\tilde{\varepsilon}_i \equiv \frac{\tilde{\varepsilon}_i^a - \tilde{\varepsilon}_i^b}{2} \sim N\left(0, \frac{1}{\beta}\right)$$

$$\tilde{x}_i \equiv \frac{\tilde{x}_i^a - \tilde{x}_i^b}{2} \sim N(y, \sigma^2)$$

其中，

$$\sigma^2 = \sigma^2(a,\ b) = \frac{1}{\alpha} + \frac{1}{\beta}$$

上述变量很容易理解。随机变量 $\tilde{\theta}$ 为纵向差异指数，当 $\tilde{\theta}$ 为正时，表示商品 a 的客观质量比商品 b 高，反之成立。参数 y 是商品质量差异的公共信号，为不失一般性，本文假定 $y>0$（即假定商品 a 的期望质量比商品 b 高）。参数 α 表示两种商品质量差的公共信号精确性。随机变量 $\tilde{\varepsilon}_i$ 代表消费者的个人喜好差异，参数 β 是 $\tilde{\varepsilon}_i$ 的分布精确性，它是消费者个人差异的指标[②]，β 越小，两种商品间的横向差异越大。随机变量 $\tilde{x}_i$ 是消费者 i 对期望质量最高的商品 a 相对于商品 b 的偏好，$\tilde{x}_i$ 实现值（Realization Value）为正时，表示消费者更偏好商品 a，如果为负，则表明消费者更倾向于商品 b。注意，这里 x_i 表示向量 $(x_i^a,\ x_i^b)$，x_i 表示差异 $\frac{x_i^a + x_i^b}{2}$。

---

① $n^j(s(x,\ p))$ 是消费者集合加入网络 j 的 Lebesgue 测度。考虑到消费者集合在均衡中可以衡量，此处没有考虑消费者集合不可衡量时的 $n^j(s(x,\ p))$。

② 本文假设连续独立变量都适用大数定理，也即假设所有消费者个人价值的分布与任何个体 ε_i 分布相同（Judd，1985）。

最后，我们定义

$$p\ (p^{a},\ p^{b})\ \equiv \frac{p^{a}-p^{b}}{2}$$

下文中，$p\ (p^{a},\ p^{b})$ 简记为 p。

三、有效分配

本部分将导出消费者在网络间的事前有效分配（Ex ante Efficient Allocation）。我们选择事前角度分析效率问题是因为我们认为比较市场分配的正确基准是，当且仅当所有市场公共信息可得时的福利最大化分配[1][2]。

假设社会有一个仁慈的社会规划者（Benevolent Social Planner），他掌握市场上所有信息，且有能力事先在网络间选择分配消费者。按照潜规则（Anonymous Rule）原理，他将仅根据自己所属的类别 x_i 将消费者 i 分配到到网络 a 或网络 b。接下来我们分析该规划者所面临的问题。

首先，我们来看福利标准的定义问题。假设效用函数为拟线性函数，因价格从消费者转移到企业，所以总福利等于总消费者剩余减去总成本。又因两企业边际成本相同，销售量是常数，因而福利最大化问题可以忽略成本因素影响，于是，福利最大化的选择变量只有一个：消费者在网络间的分配。

假设规划者事前分配策略为$(A,\ B)$，给定 x 值时，A_x 和 B_x 分别表示加入网络 a 和 b 的消费者集[3]，$n^{a}(A_x,\ B_x)$ 和 $n^{b}(A_x,\ B_x)$ 分别为 A_x 和 B_x 的 Lebesgue 测度。

福利最大化问题可以表示为求解以下方程：

$$\max_{A,B}\boldsymbol{E}_x[\ W(A_x,B_x)\ ]\ =$$

$$\max_{A,B}\boldsymbol{E}_x[\int_{i\in A_x}(x_i^a+n^a(A_x,B_x))d_i+\int_{i\in B_x}(x_i^b+n^b(A_x,B_x))d_i]\quad(*)$$

$s.t.\ A_x\cup B_x=\ [0,\ 1]$ 并且对于每一 x，$A_x\cap B_x=\varphi$。

---

① 关于事前效率概念，参见 Holmström 和 Myerson（1983）。

② 关于事后效率的讨论，参见结论部分。

③ 假设大数定理成立，因消费者连续，所以对于实现值 x 来说，全部消费者的分配类型与每一个个体 x_i 的分配类型相同。同样，对于给定分配集 $(A,\ B)$，消费者 i 的任何组合分配集 $(A_x,\ B_x)$ 也与 x 实现值相同，换句话说，这些组合的衡量方法相同，只是归属于其中的消费者个体变化了而已。下文中，我们重点关注 $(A,\ B)$ 分配，在该分配中 x 实现值都适用 Lebesgue 法。

接下来，我们指出 (A, B) 的最优分配可以描述为阀值分配。在这种分配中，社会规划者选定 t 为阀值，规定如果消费者对 a 的偏好大于 t，那么该消费者加入网络 a，如果小于 t，则加入网络 b。现在我们正式定义阈值分配。

定义 1 阀值分配 $(A(t), B(t))$ 是这样一种分配：在该分配下，$\exists t \in \mathbf{R}$，且对每一实现值 $\mathbf{x}$，有 $A_x(t) = \{i \in [0,1] : x_i > t\}$，$B_x(t) = \{i \in [0,1] : x_i \leq t\}$。

引理 1 福利最大化分配是阀值分配。

下面用 (A^*, B^*) 表示方程 $(*)$ 的解，t^* 为对应阀值，我们来看引理 1 的证明。如果消费者在网络间分配的原则不是阀值分配，那么必然有一个 x_i 的相对高值使得消费者加入网络 b 和相对低值使得消费者加入网络 a。假定期望网络规模一定，x_i 在相对高值和相对低值中分配的转换将产生更高社会福利期望，因而这个初始分配 x_i 不是福利最大化分配。

我们现在来分析阀值分配 $(A(t), B(t))$ 的福利函数，

$$E_x[W(t)] \equiv E_x[W(A_x(t), B_x(t))]$$

既然最优分配有一个阀值，那么确定最优阀值 t^* 就能确定最大化福利分配。首先，将福利函数写成三部分之和：

$$E_x[W(t)] = E_x\Big[\Big(\int_{\in A_x(t)} \theta^a\, di + \int_{\in B_x(t)} \theta^b\, di\Big) + \Big(\int_{\in A_x(t)} \varepsilon_i^a\, di + \int_{\in B_x(t)} \varepsilon_i^b\, di\Big)$$

$$= \Big(\int_{\in A_x(t)} n^a(A_x(t), B_x(t))\, di + \int_{\in B_x(t)} n^b(A_x(t), B_x(t))\, di\Big)\Big] \quad (1)$$

其中，第一部分为产品纵向质量总剩余，第二部分为个人偏好总剩余，第三部分为网络效应总剩余。给定实现值 $(\tilde{\theta}^a, \tilde{\theta}^b)$，计算表达式 (1)，并取其期望，福利函数可改写为：

$$E_x[W(t)] = E_{\theta^a, \theta^b}\Big\{\theta^a - 2\theta\Phi((t-\theta)\sqrt{\beta}) + \sqrt{\frac{2}{\pi\beta}} e^{-\frac{(t-\theta)^2\beta}{2}}$$

$$+ 2[\Phi((t-\theta)\sqrt{\beta})]^2 - 2\Phi((t-\theta)\sqrt{\beta}) + 1\Big\} \quad (2)$$

其中 $\Phi(\cdot)$ 为标准正态随机变量的累积分布函数[①]。

在分析最优化阀值之前，我们先来看福利函数三部分各自的含义。

给定实现值 $(\tilde{\theta}^a, \tilde{\theta}^b)$，第一部分衡量商品纵向质量带来的总剩余，

$$\theta^a - 2\theta\Phi((t-\theta)\sqrt{\beta}) \quad (3)$$

其中，当 $t = -\infty$ 减少到 θ^a 时，表示所有消费者都分配到了网络 a 中，消费者获得商品 a 的质量 θ^a。令 t 有限，如果 x_i 累积分布函数定义为 $F(\cdot)$，则分配到网络 a

---

① 表达式 (2) 的计算参见见命题 1 的证明。

中的消费者为 $1-F(t)$，分配到网络 b 中的消费者为 $F(t)$，网络 b 中的消费者获得商品 b 的质量 θ^b。将第二部分定义的变量 θ 代入表达式 $F(t)$，我们得到表达式（3），根据表达式（3），如果实现值 θ 为正，在 $t = -\infty$ 时所有消费者都分配到高质量网络中，表达式（3）达到最大值（见图1）[①]。

第二部分衡量个人偏好带来的总剩余。当 $(\tilde{\theta}^a, \tilde{\theta}^b)$ 为实现值时，有福利函数：

$$\sqrt{\frac{2}{\pi\beta}} e^{-\frac{(t-\theta)^2\beta}{2}} \tag{4}$$

$t=\theta$ 时，表达式（4）达到最大值（见图2）。从图2可直观看出，当消费者被分配到他偏好的网络时，消费者个人剩余部分达到最大值。所以，如果 θ 可以完全观察到，$t=\theta$ 就可以使个人价值达到最大值，这时，ε_i 为正的消费者将加入到网络 a，而其他加入到网络 b。

纵向质量剩余

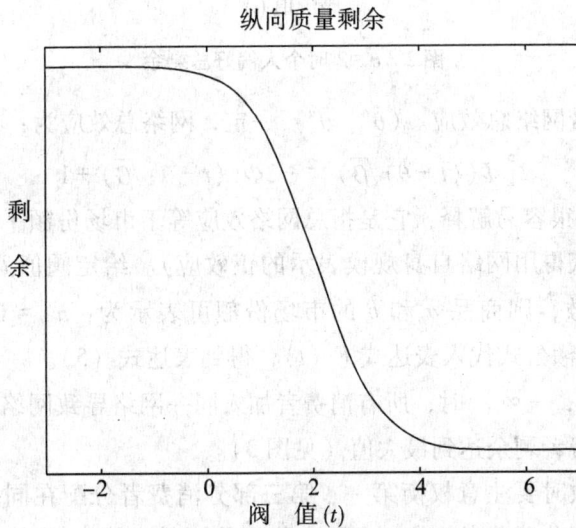

图1　$\theta=2$ 时商品纵向质量总剩余

---

① 图1和图2分别描述了给定正 θ 值（取固定值2）时，纵向和横向质量差异产生的消费者剩余的数量特征。为了描述这个特征，本文去掉了特定参数值（α，β）和特定实现值（θ^a，θ^b）时函数的绝对值，所以，图中没有标明纵轴刻度。

个人偏好剩余

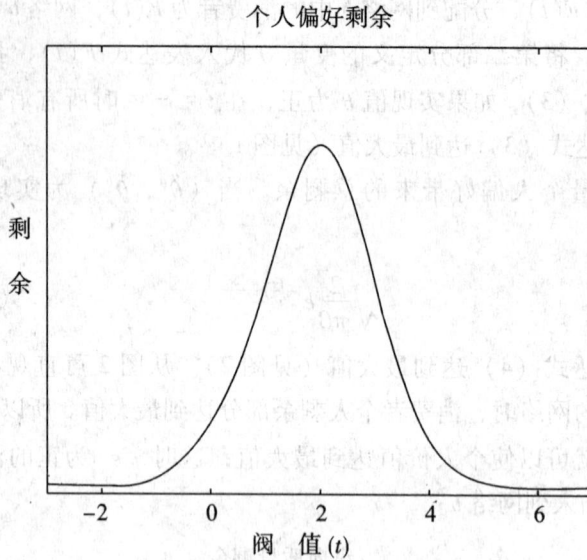

图2　$\theta = 2$ 时个人偏好总剩余

第三部分衡量网络总效应。$(\bar{\theta}^a, \bar{\theta}^b)$ 一定，网络总效应为：

$$2\left[\Phi((t-\theta)\sqrt{\beta})\right]^2 - 2\Phi((t-\theta)\sqrt{\beta}) + 1 \tag{5}$$

表达式（5）很容易解释，它是指总网络效应等于市场份额平方和（网络中所有消费者都可以获得用网络自身规模表示的正效应）。给定阀值 t，令 F（·）为 x_i 的累积分布函数，则商品 a 和 b 的市场份额可表示为：$n^a = 1 - F(t)$，$n^a = F(t)$，将市场份额公式代入表达式 $F(t)$，得到表达式（5）。

当 $t \in \{-\infty, +\infty\}$ 时，所有消费者加入同一网络导致网络效应的发生，这时，第三部分消费者剩余达到最大值（见图3）。

分解福利函数时要注意权衡第一、第三部分消费者分配在同一网络带来的福利最大化和第二部分消费者均衡福利最大化两种福利情况。命题1即描述了社会最优分配情况。

命题1（事前有效分配）　非对称阀值分配在

$$-1 < t^* < 0 < y$$

时社会福利最大化。

正如大家直观预期，$t^* < y$，也即最优分配使得最高期望质量网络拥有最大市场份额。

网络效应剩余

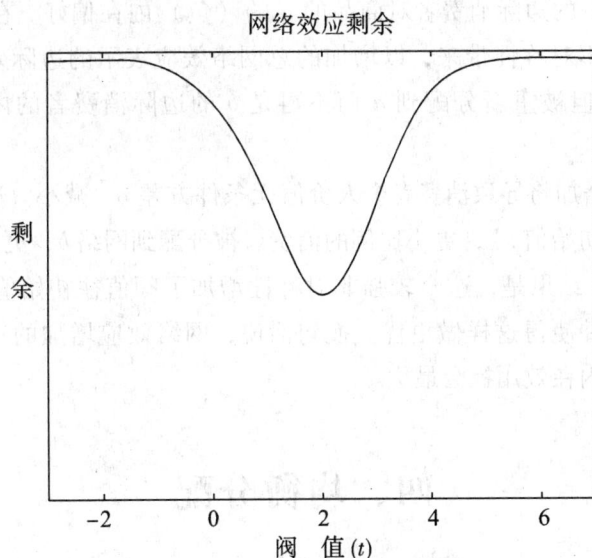

图3 $\theta = 2$ 时网络效应总剩余

尽管如此，消费者个人偏好异质性足够大的存在会导致内部最优（$-\infty < t^*$）①。接下来，我们知道如果不存在网络外部性，最优阈值 $t^* = 0$，也即每一消费者在这一阈值都能消费其个人偏好的商品。但是，存在外部性网络效应时，该最优阈值不能为零。这是因为假设阈值为零，x_i 值此时在外部性网络中为正，也即个人偏好商品 a 的消费者（部分对 b 有较弱喜好）都加入到网络 a 中，网络 a 的人口总数超过一半，剩余对 b 有强烈偏好的消费者加入网络 b，这时，网络 b 远远小于网络 a 的规模。进一步，网络 a 的规模比网络 b 大时，在网络效应作用下，移动边际消费者到网络 a 只会降低网络 b 中较小比例的消费者效应，但是可以增加网络 a 中占较大比例的消费者的效用，所以，t^* 不会等于零。我们再来看 t^* 的下限，其值为 -1。假设网络外部性以1衡量，正态化网络外部性的最大值为1，同理可证，如果网络外部性参数调整为 k，效应函数为 $U_i^j = x_i^j + kn^j - p^j$（$k \in \boldsymbol{R}_+$），这时，$t^*$ 下限将为 $-k$。所以，因本文假设网络外部性为1，此处 t^* 下限值取 -1。

最后，我们用比较静态法来探讨 t^* 如何受质量共同价值部分 θ 的精度 α，或个体偏好价值部分 ε_i 的精度 β 的变化所影响。

推论1（t^* 比较静态分析） 社会最优阈值 t^* 在 α 和 β 处减小。

首先分析 t^* 在 α 和 β 一定时的情况有利于理解此结论，注意，t^* 意味着被规

---

① 此结果相关讨论，参见结论部分。

划者分配到网络 b 的边际消费者对商品的 a 的（负）内在偏好。在 t^*，规划者通过左移阀值增加不对称性带来，以增加的总网络效应表示的边际效益刚好被对商品 b 有 t^* 偏好，但被重新分配到 a 而不再是 b 的边际消费者的内在效用损失所抵消。

α 或者 β 的增加将导致消费者个人价值无条件方差 σ^2 减小。这个分配的变化意味着，相对于初始值 t^*，更小比例的消费者被分配到网络 b，更大比例的消费者被分配到网络 a。结果是，这个较强非对称性增加了阀值往初始值 t^* 左移带来的边际网络效应，并使得这样做更优。换句话说，网络效应增加的边际效益使得牺牲边际消费者的内在效用社会最优。

四、均衡分配

本部分将探讨发起和非发起两种网络的市场均衡分配情况，并与第三部分的有效分配进行比较。首先，我们将分析消费者在给定价格下选择加入网络的合作博弈策略行为。然后，分别分析价格由策略企业制定的发起网络和价格由边际成本制定的非发起网络两种情况的均衡分配问题。

消费者协调。现在，我们来分析消费者在给定价格差异 p 和期望质量差异 y 下的合作博弈均衡策略行为，这是一个相关个人价值构成的全局博弈（Morris & Shine，2005）。本部分将遵循 Morris 和 Shine 所采用的方法，研究唯一均衡的充要条件，并探讨这个充要条件与消费者偏好异质性和市场公共信息质量可获得性相关问题。

假定消费者观察到四重值 $\{p^a, p^b, y^a, y^b\}$。现有 $\hat{x}_i$ 类型的消费者 i，他知道对 a 的偏好大于自己的消费者将加入网络 a，低于自己的消费者将选择 b，因此，他在两个网络之间保持中立。正式地说，$\hat{x}_i (p, y)$ 值为求解：

$$x_i^a + \text{Pr} \left[(x_i' > x_i | \boldsymbol{x}_i] - p^a = x_i^b + \text{Pr} \left[(x_i' \leqslant x_i) | \boldsymbol{x}_i \right] - p^b \tag{6}$$

设 $\hat{x}_i (p, y)$ 类型的消费者对 a 的内在偏好为 $t (p, y)$，那么，

$$t (p, y) \equiv \frac{\hat{x}_i^a (p, y) - \hat{x}_i^b (p, y)}{2}$$

整理（6）式，$t (p, y)$ 由如下等式表示，

$$t - \Phi \left[(t - y) z \right] + \frac{1}{2} - p = 0 \tag{7}$$

其中，

$$z = z\ (\alpha,\ \beta)\ \equiv\ \sqrt{\frac{\alpha^2\beta}{(\alpha+\beta)\ (\alpha+2\beta)}} \tag{8}$$

因此，我们得出命题2。

命题2（合作博弈均衡） 给定价格 $(p^a,\ p^b)$，如果 $z \leqslant \sqrt{2\pi}$，消费者合作博弈存在唯一纳什均衡（Nash Equilibrium）：

$$S_i^*\ (\boldsymbol{x},\boldsymbol{p}) = \begin{cases} a\ if\ x_i > t(p,y) \\ b\ if\ x_i \leqslant t(p,y) \end{cases} \quad \forall i \in [0,1]$$

其中，$t\ (p,\ y)$ 满足：

$$t(p,y) - \Phi[\ (t(p,y)-y)z\ ] + \frac{1}{2} - p = 0$$

且阀值 $t\ (p,\ y)$ 在 p 严格递增，在 y 严格递减。

命题2描述的均衡是一种对称均衡，该均衡在阀值 $t(p,\ y)$ 附近发生策略转换：对 a 的偏好大于 $t(p,\ y)$ 的消费者加入网络 a，其他加入网络 b，因此，该均衡分配是阀值分配，这一结果有利于比较市场分配与效率分配。

直观可知，阀值均衡受产品相对质量差 y 和价格差 p 两个可用公共信息的影响。质量信号一定，如果 a 相对于 b 变得更加昂贵，也就是说一部分购买商品 a 的消费者转为购买商品 b，阀值将往右移。相反，价格一定，如果 a 的期望质量优势 y 增加，即购买 a 的消费者增加，阈值将左移。

接下来，我们讨论满足命题2的唯一均衡条件。证明已知，如果博弈中的转换策略只有一个均衡，则该均衡是唯一均衡[①]。对于方程（7），只要方程的解只有一个阀值 t，则方程均衡唯一，也即，如果方程（7）关于 t 的第二个条件不变，该方程有唯一解 $t\ (p,\ y)$。所谓方程（7）关于 t 的第二个条件不变是指，参与人观察到个人策略等于阀值 t，他的策略不确定性仍然不变。换句话说，这个条件也代表那些因个人价值 x_i 小于 t 而选择网络 b 的消费者的比例预期。因此，如果策略不确定性对 t 值不敏感，则唯一均衡满足。

于是，我们有，如果

$$z \leqslant \sqrt{2\pi}$$

则策略不确定性对 t 值不敏感的条件满足，方程（7）有唯一均衡。按照 Morris 和 Shin（2005），以及 Ui（2006）的方法，z 能够改写为

---

① 此时，转换策略是唯一均衡的策略组合，也是博弈唯一理性策略组合（见 Morris 和 Shin，2005）。

$$z = \sqrt{\frac{\alpha^2\beta}{(\alpha+\beta)(\alpha+2\beta)}} = \sqrt{\frac{\alpha\beta}{\alpha+\beta}\left(\frac{1-\frac{\beta}{\alpha+\beta}}{1+\frac{\beta}{\alpha+\beta}}\right)} = \sqrt{\frac{1}{\sigma^2}\left(\frac{1-\rho}{1+\rho}\right)} \qquad (9)$$

其中，σ^2 是消费者个人价值无条件方差，

$$\rho \equiv \frac{\beta}{\alpha+\beta}$$

是他们的相关系数。由（9）式可知，要满足唯一条件，无条件方差或者相关系数须足够大。

我们来看这个结论的解释[①]。如果消费者个人价值相关性较大，那么策略不确定性对消费者类型不敏感。这是因为无论消费者 i 观察到的 $\tilde{x}_i$ 实现值为何值，他都会认为其他消费者 i' 也同样可能观察到 $x_i' > x_i$ 或者 $x_i' < x_i$。

如果消费者个人价值无条件方差较高，消费者个人价值密度函数接近于均匀分布，此时，无论消费者 i 观察到 $\tilde{x}_i$ 为何值，他总相信有约一半的消费者会观察到 $x_i' > x_i$，另一半观察到 $x_i' < x_i$；在这种情况中，参与人类型同样不影响策略不确定性。

从参数值域范围来看，满足唯一条件的参数值域 (α,β) 有两个条件：相对于任何 α 值，β 足够大。或者，α 较大，且随着 α 趋向于无穷大，β 小于上限值 2π。在第一个条件里，如果 β 足够大（相对于 α），消费者个人价值相关性较高，从而可以保证均衡唯一条件。在第二个条件里，相关性较小，但是较低的 β 使得无条件方差足够大，因此，保证了 $z \leqslant \sqrt{2\pi}$。

从市场特征来看，第一情形相当于一个横向差异较小（相对于产品纵向质量公共信息噪声）的市场，第二种情形则相当于一个公共信息精确但是横向差异较大的市场[②]。

在下文中，我们将假设唯一条件 $z \leqslant \sqrt{2\pi}$ 满足，重点考察网络市场需求函数的明确定义。

在具体分析发起和非发起网络之前，我们首先来看消费者协调的另一个结论。

命题 3（公共信息事后影响） 如果 $z \leqslant \sqrt{2\pi}$，网络在任意一对 (p, y) 和实

---

① 关于此经典博弈的唯一均衡条件讨论，参见 Morris 和 Shin（2005）。

② de Palma 和 Leruth（1993）分析了横向差异产品的双寡头网络市场，他们认为消费函数只有在由消费者对商品得个人偏好方差所衡量的横向差异足够大时才能明确定义。他们提出的条件与本文模型中商品公共质量部分被完全观察到（$\alpha = +\infty$），且没有纵向差异（$\theta = y = 0$）的特殊情形类似，这是因为在这种特殊情形下，如果 $\beta \leqslant 2\pi$，唯一条件满足，也即，如果有足够横向差异，唯一条件满足。

现值 θ 下实现均衡的市场份额是

$$n^a = 1 - n^b = \Pr[x_i > t(p,y)] = 1 - \Phi[(t(p,y) - \theta)\sqrt{\beta}] \tag{10}$$

并且，该（事后）市场份额在其自身期望质量处严格递增。

这一结论可以做如下解释。给定 θ 值，每一网络的市场份额由 x_i 值高于或低于均衡阈值的消费者比例决定。θ 给出后，x_i 的分配不依赖于 θ 的期望值 y，由自身单一决定，所以，事后网络市场份额在它自身事前期望质量处增加是因为均衡阈值 $t(p,y)$ 是 y 的函数。另一方面，因为消费者在完全观察到个人价值 x_i 后才做出合作博弈 $t(p,y)$ 策略行为，因此，$t(p,y)$ 受 y 影响的结果可能出现与直观相悖的情况。因为这是个人价值模型，一般来说，消费者 i 在观察到自己的 x_i 值后，他的决策不依赖于 y，他会舍弃 y 期望值中包含的信息噪声。但是，因为存在网络效应，网络中的策略会互补，这时，消费者 i 不仅关心他自己的 x_i，也关心其他消费者个人价值。因此，消费者 i 会把他观察到的其他消费者信号因素考虑进去，并进而改变自己的抉择。因此，不同于一般情形，消费者策略会依赖于 y。消费者这个决策符合理性假设，之前，x_i' 都以 y 为中心分配，但当消费者 i 观察到 x_i，并且根据 x_i' 分布调整他的策略时，此时不管他观察到的是 x_i 的什么值，x_i' 之后的期望都会在 y 增加。从消费者角度来看，较高 x_i' 的消费者选择 a，则 y 更大，a 的期望市场份额也更高，他选择 a 带来的方便也更高。

非发起网络。现在我们来分析非发起网络问题，着重探讨无策略定价的市场可能存在的协调失效问题。在非发起网络中，消费者加入任何一个网络只需付出与边际成本相等的价格。

$$p^a = p^b = c \text{ 且 } p = 0$$

下面，我们得出非发起网络均衡分配问题，并结合有效分配进行分析。

命题 4（非发起网络非效率） 非发起网络均衡分配是一种阈值分配，其阈值为：

$$t^u \equiv t(0,y) \in (-0.5, 0)$$

且，

$$t^u > t^*, E_x[W(t^u)] < E_x[W(t^*)]$$

非发起网络的市场分配与有效分配类似，它们有三个共同特征。首先，两者都是阈值分配。其次，因阈值都小于 y，两种情况都是较高期望质量的网络有过半的市场份额。此外，两种情况的阈值都为负，也即网络 a 不仅包括所有 x_i 为正的消费者，而且也包括一些对 b 有适度个人偏好的消费者。

尽管如此，市场分配相对于有效分配仍然过于平衡，因而非发起网络的市场分配不能实现福利最大化。非发起网络非效率根源在于消费者无法内部化网络效应。修改第三部分的福利函数分解部分就能解释这一结论。两任意质量产品的社会福利都是商品客观质量产生的总剩余、个别偏好产生的总剩余以及网络效应产生的总剩余之和。效率阀值 t^* 的确定需要权衡这三种力量：要对称分配就要选择横向差异，要非对称分配就要选择纵向差异或网络外部性。既然个体消费者不能内化网络外部性，那么非对称分配就会失效，相对于有效分配，社会分配的结果过于对称。

为了讨论这种非效率如何受公共信号 y 的精确度 α 和横向差异的影响，我们得出推论2。

推论2（t^u 比较静态分析）非发起网络的均衡阀值 t^u 在 α 递减，而且，

$$\beta < \frac{\alpha}{\sqrt{2}}\text{时}, \ \frac{\partial t^u}{\partial \beta} < 0$$

$$\beta > \frac{\alpha}{\sqrt{2}}\text{时}, \ \frac{\partial t^u}{\partial \beta} > 0$$

并且，

$$\lim_{\beta \to +\infty} t^u = 0$$

推论2有重要启示。令 α 和 β 一定，设消费者知道商品 b 和商品 a 都能以同样价格购买到，还知道 $x_i \le t^u$ 的消费者会购买商品 a，$x_i > t^u$ 的消费者会购买商品 b，该消费者对加入网络 a 或网络 b 保持中立，t^u 衡量该消费者对商品 a 的内在偏好。假定"阀值消费者"能观察到 t^u 和均衡策略，因为 $t^u < 0$，他将预期网络 a 要比网络 b 大，这个预期将改变他原来对商品 b 的严格内在偏好。为更精确表示他对网络规模预期的变化，用等式（9）重新设置的参数，我们可以得出他对两个网络规模的期望差异：

$$E_{x-i}\left[n^a \middle| x_i = t^u\right] - E_{x-i}\left[n^b \middle| x_i = t^u\right] = 1 - 2E_{x-i}\left[n^b \middle| x_i = t^u\right]$$

$$= 1 - 2\Phi\left[(t^u - y)\sqrt{\frac{1}{\sigma^2}\left(\frac{1-\rho}{1+\rho}\right)}\right] \tag{11}$$

现在我们进一步来分析在此期望差异前提下，公共信号 y 的精确度 α 边际增加对非发起网络阀值的影响。在方程（11）中，无条件方差 σ^2 和相关系数 ρ 的减少都会导致方程值增加，也即如果消费者对网络 a 的偏好等于初始值 t^u，他会预期网络规模具有较强非对称性，那么他不会再中立，而是严格倾向于加入网络 a。所以，新的中立消费者必须是对商品 b 有较强内在偏好的消费者，换句话说，新的阀值必须在初始值的左边。

从推论1和推论2可知，社会最优阀值 t^* 和均衡阀值 t^u 在 α 处都递减，因此，命题（4）的非效率在 α 不能证明单调性。

接下来，我们来分析个体偏好 ε_i 的精确度 β 边际增加对表达式（11）的影响。表达式（11）的净效益取决于 $\frac{\beta}{\alpha}$ 的值，如果 β 增加，无条件方差 σ^2 将减少，而相关系数 ρ 将增加。当 $\frac{\beta}{\alpha}$ 较小时，在初期中立的消费者看来，β 增加市场份额期望差异也增加，因此，这些消费者不再中立，相反他们严格倾向于加入网络 a，此时新的均衡阈值在初始值的左边。$\frac{\beta}{\alpha}$ 较大时，反之成立。

我们来看推论2的最后一个结论。根据推论2，如果 α 一定，那么，随着 β 趋向于无穷大，相关系数 ρ 趋向于1，均衡阈值 t^u 将趋向于0。当消费者异质性趋向于0时，每一个消费者都认为自己是"代表性"的消费者，并预期如果消费者都按均衡策略行动，那么他的个人价值就是阈值，因而两个网络的规模会基本一致。以此类推，唯一一个对加入网络 a 或 b 保持中立的消费者是对 a 和 b 的内在偏好相同的消费者。

结合推论1，推论2这一结果对社会福利有重要启示。β 趋向于无穷大，也即横向差异较小时，非发起网络市场的市场分配非效率达到极大值：t^u 趋向于它的最大值0，而 t^*（对于给定 α）趋向于它的最小值。

发起网络。当我们知道网络市场存在非效率后，我们接下来分析策略定价是减轻还是加重了这种非效率。发起网络中，能否加入网络由利润最大化企业的策略定价决定。本部分将构建一个两阶段价格竞争博弈模型，并比较分析均衡分配和事前有效分配以及无策略定价市场分配之间的异同。

如下，引理2定义了两种商品的需求函数。

引理2（需求函数期望）令 $z \leqslant \sqrt{2\pi}$，对于任意价格（p^a，p^b），每一网络需求函数期望能明确定义，需求函数期望为，

$$E_x[n^a] = 1 - E_x[n^b] = 1 - \Phi\left[\frac{t(p,y)}{\sigma}\right]$$

而且，给定价格下每一个企业的期望市场份额在自身产品期望质量处严格递增。

假设 $z \leqslant \sqrt{2\pi}$ 有利于保证消费者在第二阶段合作博弈行为的唯一均衡性，从而便于较好定义需求函数。

对比引理2和命题3中的比较静态分析，发现：命题3强调 θ 实现值一定下的市场份额，指出产品期望质量影响均衡阈值 $t(p, y)$，从而影响事后市场份额。而推论2着重分析事前市场份额，并认为 $t(p, y)$ 变化和 x_i（以 y 为中心）分布变化都导致期望质量越高的网络，市场份额也越高。

现在我们来分析价格竞争博弈的子博弈精炼纳什均衡（Subgame - perfect Nash

Equilibrium, SPNE) 纯策略。将需求函数期望代入利润函数,两个企业的最优问题可以写为:

$$\max_{p^a \in R} E_x[n^a] = (p^a - c) \left[1 - \Phi \left[\frac{t(p,y) - y}{\sigma} \right] \right]$$

$$\max_{p^a \in R} E_x[n^b] = (p^b - c) \Phi \left[\frac{t(p,y) - y}{\sigma} \right]$$

令企业均衡定价策略为 p^s,$t(p^s, y)$ 表示为 t^s,得出命题 5。

命题 5(策略定价非效率) 如果价格竞争博弈存在子博弈精炼纳什均衡纯策略[①],则:

$$p^s \in (0, y) \text{ 且 } t^s \in (t^u, y)$$

且

$$t^* < t^u < t^s$$

并且

$$E_x[W(t^s)] < E_x[W(t^u)] < E_x[W(t^*)]$$

价格竞争博弈均衡的主要定性特征与纵向差异价格竞争的双寡头价格竞争模型的标准结果一致[②]:在均衡中,企业以最高价($p^s > 0$)销售它最好的产品,尽管如此,质量的差异弥补了价格的差别($y > p^s$),所以,定高价格的企业同样能吸引过半比例的消费者[③]。

尽管如此,效率分配关心的是市场份额超过其一半的比例是多少。我们已经证明,从社会角度看,企业无策略定价中生产商品 a 的企业市场份额过小,从命题 5 看,如果网络是发起网络,a 的市场份额甚至更小,并且这种均衡下的社会福利也低于非发起网络的社会福利。策略企业定价减少福利的原因显而易见,这是因为产品存在纵向差异时,销售最好产品的企业具有天然优势,均衡价格也更高。如果其他条件不变,结果是 a 比 b 更贵的事实使得一些消费者会从消费 a 转向消费 b,因而策略定价降低了社会福利。

至此,我们已分析了网络市场的两种非效率:第一个非效率是消费者不能内化网络外部性,从而使得市场分配过于平衡;第二个非效率只在发起网络中存在,

---

① 关于纯策略均衡存在性的讨论,参见网页:privatewww. essex. ac. uk/˜rargenz/differentiated＿networks＿webappendix. pdf。

② 纯纵向差异模型,参见 Shaked 和 Sutton(1982)。横向差异和质量差异模型,参见 Anderson 和 de Palma(2001)。

③ 注意,此模型中占优势的公司并不是字面上的"销售最好产品"的公司,而是预期会销售最好产品的公司。

那就是策略定价降低了网络规模间的不对称性。

我们知道，第一种非效率会随着横向差异的消失而加剧，但是第二种非效率不会受横向差异变化的影响。从推论2可知，比较静态分析结果不仅适用于 t^u，而且适用于 $t(p, y)$ 和 (p, y)（$y > 0$ 和 $p < y$）的情况。不过，阀值在 α 或 β 处边际增加对均衡价格 p^s 的影响仍然不太确定，因而阀值对 t^s（p^s 直接影响和间接影响之和）的总影响也比较模糊。

四、结论

本文探讨了两个具有纵向和横向差异的网络的双寡头竞争模型，研究发现，给定价格下，存在保证消费者合作博弈唯一均衡的条件，这个条件是：横向差异度较大，或产品纵向质量公共信息噪声足够多。根据这一条件，我们能明确定义每种产品的需求函数。

本文分析了网络市场效率问题。我们发现，网络非对称分配时，社会福利达到最大值，所谓非对称分配就是，网络期望质量最高，它的市场份额也最大。接下来，本文对发起网络和非发起网络的市场分配与这种分配进行对比，指出，受两种非效率的影响，消费者在市场分配过于对称。这两种非效率分别为：第一，消费者不能内部化网络外部性，并且此种非效率会随横向差异的消失而加剧。第二，自发网络产品策略定价。

本文从事前角度分析了效率问题。假设一个仁慈的规划者能观察到消费者个人价值分配，并能与对应的事后分配相比较，结果显示，事前有效分配是阀值分配，这个阀值分配能够让两个网络都获利，但其中一个网络的市场份额高于另一个网络。事前和事后分配的主要区别在于事后最优阀值取决于 θ 的实现值，而且事后有效分配中，市场份额最大的网络质量也最高，而在事前分配中，则是最高期望质量的网络。

对比均衡分配和事后有效分配，本文发现：如果最高期望质量企业实现质量最低，策略定价能增加福利；反之，则降低福利。这是因为，比如 a 企业，如果公共信号对它有利，它在均衡时会索取比竞争者更高的价格，这将事后消极影响它的市场份额（其他也成立）。所以，如果事后 a 是最好的企业，则策略定价会使一些消费者转移到最差的企业，而如果 a 是最差的企业，则策略定价会使一些消费者转移到最好的企业。

假设消费者异质性无限，网络效应有限，结合一般性假设条件，我们得出，事前效率阀值内部最优。在一个对称且网络效应有限的网络中，如果 x_i 在均值附近连续且对称分布，那么，这个假设足以支持 x_i 上限值比规模为 1 的网络中得到的个人剩余略大这一结论。

我们还假设了市场份额完全的情况。该假设允许我们去掉可能与策略定价相关的自重损失（Deadweight Loss），有利于集中研究均衡价格差异导致的非效率。

最后，我们假设企业仅能了解产品纵向质量的公共信息，于是该模型可以扩展为允许每个企业观察到自身产品纵向质量的个人信号，从而为模型加入了企业是否能用自己的价格来传达产品质量的问题。

本文未涉及模型在动态环境下的扩展，有关消费者连续选择、企业随时间调整价格等这种动态环境有待将来进一步研究。

附录

1. 引理 1 的证明

我们用矛盾法证明，如果分配集 (A', B') 不是阀值分配，事前福利函数就不能最大化。

因为消费者是连续的，因而对每一实现值 x，消费者集合中 x_i 类型的分布与每个个体 x_i 的分布相同。构建 (A', B') 分配，则至少存在一对 (S, T)，使得：

对于每一 x，有 $S_x \subset A_x'$，$T_x \subset B_x'$；每一 (i, i') 有 $x_i < x_{i'}'$，其中 $i \in S_x$，$i' \in T_x$；

对于所有 x，有 $\int_{i \in S_x} di = \int_{i \in T_x} di$

若假定有一对不同的分配集 (A'', B'')，其中 $A'' = (A'/S) \cup T$，$B'' = (B'/T) \cup S$，我们将证明 (A'', B'') 的福利期望比 (A', B') 大。

首先，考虑到消费者连续，则任何 i 排列的消费者集合 A_x'，B_x'，S_x，T_x，A_x''，B_x'' 的 x 实现值相同。换句话说，不同组合中 x 的衡量方法相同，只是属于其中的消费者身份改变而已。

分配组合 (A', B') 改变为 (A'', B'') 时，事前福利变化如下：

$$E_x[W(A_x'', B_x'')] - E_x[W(A_x', B_x')]$$

$$= E_x \Big[\int_{i \in A_x''} (n^a(A_x'', B_x'') + x_i^a) di + \int_{i \in B_x''} (n^b(A_x'', B_x'') + x_i^b) di +$$

$$- \int_{i \in A_x'} (n^a(A_x', B_x') + x_i^a) di - \int_{i \in B_x'} (n^b(A_x', B_x') + x_i^b) di \Big]$$

$$= E_x \Big[\int_{i \in (A_x'/B_x)} n^a(A_x'', B_x'') di + \int_{i \in T_x} n^a(A_x'', B_x'') di$$

$$+ \int_{i \in (B_x'/T_x)} n^b(A_x'', B_x'') di + \int_{i \in S_x} n^b(A_x'', B_x'') di +$$

$$- \int_{i \in (A_x'/S_x)} n^a(A_x', B_x') di - \int_{i \in S_x} n^a(A_x', B_x') di +$$

$$- \int_{i \in (B_x'/T_x)} n^b(A_x', B_x') di - \int_{i \in T_x} n^b(A_x', B_x') di +$$

$$+ \int_{i \in (A'_x \setminus S_x)} x_i^a \mathrm{d}i + \int_{i \in T_x} x_i^a \mathrm{d}i + \int_{i \in (B'_x / T_x)} x_i^b \mathrm{d}i + \int_{i \in S_x} x_i^b \mathrm{d}i +$$

$$- \int_{i \in (A'_x \setminus S_x)} x_i^a \mathrm{d}i - \int_{i \in S_x} x_i^a \mathrm{d}i - \int_{i \in (B'_x / T_x)} x_i^b \mathrm{d}i + \int_{i \in T_x} x_i^b \mathrm{d}i \Big]$$

$$= \boldsymbol{E}_x \Big[\int_{i \in T_x} x_i^a \mathrm{d}i + \int_{i \in S_x} x_i^b \mathrm{d}i - \int_{i \in S_x} x_i^a \mathrm{d}i - \int_{i \in T_x} x_i^b \mathrm{d}i \Big]$$

$$= -\boldsymbol{E}_x \Big[\int_{i \in S_x} 2x_i \mathrm{d}i - \int_{i \in T_x} 2x_i \mathrm{d}i \Big] > 0$$

因为对于每一 (i, i')，有 $x_i < x_i'$，其中 $i \in S_x$，$i' \in T_x$，所以最后一个不等式成立，从而 (A'', B'') 的福利期望比 (A', B') 大，推论 1 得到证明。

2. 命题 1 的证明

此处仅列出证明的简要框架，详细证明参见个人网页：www. essex. ac. uk/ ˜rargenz/differenti-ated __ networks __ webappendix. pdf。

命题 1 的证明分四个步骤。第一，将实现值 $(\tilde{\theta}^a, \tilde{\theta}^b)$ 代入表达式（1），得出福利函数表达式（2），并取它的期望值。第二，证明福利函数在点 $t^* \in (-1, 1)$ 处有全局最大值。第三，将阀值 t 的福利函数写为：

$$\frac{\partial}{\partial t} \boldsymbol{E}_x [W(t)] = 2f(t) \{ 2F(t) - 1 - t \} \tag{A1}$$

其中，$F(\cdot)$ 为随机变量 $\tilde{x}_i$ 的累积分布函数，$f(\cdot)$ 为它的概率密度函数，证明 $y \geq 1$ 时，最优值 t^* 不在区间 $[0, y]$。第四，证明 $y < 1$ 时最优阀值 $t^* \in (y, 1)$ 不成立，从而结束证明过程。

3. 推论 1 的证明

由命题 1 的证明可知，t^* 是如下方程的解，

$$\frac{\partial}{\partial t} \boldsymbol{E}_x [W(t)] /_{t=t^*} = 2f(t^*) \{ 2F(t^*) - 1 - t^* \}$$

$$= 2\varphi \Big[\frac{t^* - y}{\sigma} \Big] \Big\{ 2\Phi \Big[\frac{t^* - y}{\sigma} \Big] - 1 - t^* \Big\} = 0 \tag{A2}$$

其中：

$$\sigma \equiv \sqrt{\frac{1}{\alpha} + \frac{1}{\beta}}$$

是消费者个人价值无条件方差。

运用链式法则，得：

$$\frac{\partial t^*}{\partial \alpha} = \frac{\partial t^*}{\partial \sigma} \frac{\partial \sigma}{\partial \alpha} \text{ 且 } \frac{\partial t^*}{\partial \beta} = \frac{\partial t^*}{\partial \sigma} \frac{\partial \sigma}{\partial \beta}$$

其中：

$$\frac{\partial \sigma}{\partial \alpha} = \frac{1}{2\sqrt{\frac{1}{\alpha} + \frac{1}{\beta}}} \Big(-\frac{1}{\alpha^2} \Big) < 0$$

且

$$\frac{\partial \sigma}{\partial \beta} = \frac{1}{2\sqrt{\frac{1}{\alpha} + \frac{1}{\beta}}}\left(-\frac{1}{\beta^2}\right) < 0$$

因 t^* 满足等式（A2），它符合隐函数定理，得：

$$\frac{\partial t^*}{\partial \sigma} = -\frac{\dfrac{\partial\left\{2\varphi\left[\dfrac{t^*-y}{\sigma}\right]\left\{2\varPhi\left[\dfrac{t^*-y}{\sigma}\right]-1-t^*\right\}\right\}}{\partial \sigma}}{\dfrac{\partial\left\{2\varphi\left[\dfrac{t^*-y}{\sigma}\right]\left\{2\varPhi\left[\dfrac{t^*-y}{\sigma}\right]-1-t^*\right\}\right\}}{\partial t^*}} \quad\quad (A3)$$

因 t^* 是最大值，所以表达式（A3）分母为负。接下来，我们证明其分子为正。

$$\frac{\partial\left\{2\varphi\left[\dfrac{t^*-y}{\sigma}\right]\left\{2\varPhi\left[\dfrac{t^*-y}{\sigma}\right]-1-t^*\right\}\right\}}{\partial \sigma}$$

$$= \left\{2\varPhi\left[\frac{t^*-y}{\sigma}\right]-1-t^*\right\}2\varphi\left[\frac{t^*-y}{\sigma}\right]\frac{(t^*-y)^2}{\sigma^3} - 4\left\{\varphi\left[\frac{t^*-y}{\sigma}\right]\right\}^2\frac{(t^*-y)}{\sigma^2}$$

$$= -4\left\{\varphi\left[\frac{t^*-y}{\sigma}\right]\right\}^2\frac{(t^*-y)}{\sigma^2} > 0$$

其中，因（A2）值为 0，等式第一部分为 0。且根据命题 1，$t^*-y<0$，从而第二个不等式为正。所以，

$$\frac{\partial t^*}{\partial \sigma} > 0$$

于是，有

$$\frac{\partial t^*}{\partial \alpha} = \frac{\partial t^*}{\partial \sigma}\frac{\partial \sigma}{\partial \alpha} < 0 \text{ 且 } \frac{\partial t^*}{\partial \beta} = \frac{\partial t^*}{\partial \sigma}\frac{\partial \sigma}{\partial \beta} < 0$$

4. 命题 2 的证明

本文均衡特征及其唯一条件证明采纳 Morris 和 Shin（2005）的方法。根据 Morris 和 Shin 的分析，$t(p, y)$ 满足表达式（7），要衡量 $\dfrac{\partial t(p, y)}{\partial p}$ 和 $\dfrac{\partial t(p, y)}{\partial y}$，有：

$$\frac{\partial t(p,y)}{\partial p} = -\frac{\dfrac{\partial\left[t-\varPhi\left[(t-y)\right]z+\dfrac{1}{2}-p\right]}{\partial p}}{\dfrac{\partial\left[t-\varPhi\left[(t-y)\right]z+\dfrac{1}{2}-p\right]}{\partial t}} = -\frac{-1}{1-\varphi\left[(t-y)z\right]z}$$

$$\frac{\partial t(p,y)}{\partial y} = -\frac{\dfrac{\partial\left[t-\varPhi\left[(t-y)\right]z+\dfrac{1}{2}-p\right]}{\partial y}}{\dfrac{\partial\left[t-\varPhi\left[(t-y)\right]z+\dfrac{1}{2}-p\right]}{\partial t}} = -\frac{\varphi\left[(t-y)z\right]z}{1-\varphi\left[(t-y)z\right]z}$$

当唯一条件满足时，以上两个表达式的分母严格为正，所以，

$$\frac{\partial t(p,y)}{\partial p} > 0 \text{ 且} \frac{\partial t(p,y)}{\partial y} < 0$$

5. 命题 3 的证明

如果消费者采用均衡策略组合，则所有观察到 $x_i > t\ (p,y)$，并由此个人偏好为 $\varepsilon_i > t\ (p,y) - \theta$ 的消费者购买 a，其他人购买 b。

对于命题 3 的第二部分，有：

$$\frac{\partial n^a(\ \cdot\ )}{\partial y^a} = \frac{\partial n^a}{\partial y}(\frac{1}{2}) = (\frac{1}{2})\{-\varphi[\ (t(p,y) - \theta)\sqrt{\beta}]\sqrt{\beta}(\frac{\partial t}{\partial y})\}$$

$$= (\frac{1}{2})\{-\varphi[\ (t(p,y) - \theta)\sqrt{\beta}]\sqrt{\beta}(-\frac{\varphi[\ (t-y)z]z}{1-\varphi[\ (t-y)z]z})\} > 0$$

且

$$\frac{\partial n^b(\ \cdot\ )}{\partial y^b} = \frac{\partial n^b}{\partial y}(-\frac{1}{2}) = (-\frac{1}{2})\{\varphi[\ (t(p,y) - \theta)\sqrt{\beta}]\sqrt{\beta}(\frac{\partial t}{\partial y})\}$$

$$= (-\frac{1}{2})\{\varphi[\ (t(p,y) - \theta)\sqrt{\beta}]\sqrt{\beta}(-\frac{\varphi[\ (t-y)z]z}{1-\varphi[\ (t-y)z]z})\} > 0$$

6. 命题 4 的证明

首先，我们来看命题 4 的第一部分。非发起网络的均衡阀值 $t^u \equiv t\ (0,\ y)$ 满足

$$t^u - \Phi[\ (t^u - y)z] + \frac{1}{2} = 0 \tag{A4}$$

条件唯一时，（A4）等式左边在 t 单调递增，且 t^u 定义明确。因为 $\Phi[\ \cdot\ ] \in [0,\ 1]$，对于任意 $t \geq 0$，如果 $t^u \leq -\frac{1}{2}$，（A4）等式左边严格为负，所以，$t^u > -\frac{1}{2}$。另外，对于 $y = 0$，（A4）等式的解是 $t^u = 0$，考虑到 $t\ (p,\ y)$ 在 y 严格递减，所以 $t \in\ (-\frac{1}{2},\ 0)$。

现在，我们来看命题 4 的第二和第三部分。由命题 1 可知 $t^* \in\ (-1,\ 0)$，接下来，我们将证明福利函数在区间 $t \in [t^u,\ 0]$ 严格递减，也就是说 $t^* \in\ (-1,\ t^u)$，且 t^* 不是福利函数达到全局最大值的点。

令 $t = t^u$，由命题 1 的证明，有：

$$\frac{\partial}{\partial t}E_x[\ W(t)]/_{t=t^u} = 2f(t^u)\{2F(t^u) - 1 - t^u\}$$

我们可证明：

$$2f(t^u)\{2F(t^u) - 1 - t^u\} \tag{A5}$$

严格为负。

首先，因为 $f(t^u) > 0$，可知式（A5）与 $2F(t^u) - 1 - t^u$ 符号一致。

根据 t^u 的定义，有：

$$t^u = \Phi[\ (t^u - y)z] - \frac{1}{2}$$

假设 $F(t^u) = \Phi\left[\frac{t^u - y}{\sigma}\right]$，其中

$$\sigma^2 \equiv \frac{\alpha + \beta}{\alpha\beta}$$

是消费者个人价值无条件方差。

现在，我们来看下式的符号：

$$2\Phi\left[\frac{t^u - y}{\sigma}\right] - 1 - \Phi\left[(t^u - y)z\right] + \frac{1}{2} = \Phi\left[\frac{t^u - y}{\sigma}\right] - \Phi\left[(t^u - y)z\right] + \Phi\left[\frac{t^u - y}{\sigma}\right] - \frac{1}{2}$$

因为 $\frac{1}{\sigma} > z$，$t^u - y < 0$，且 $\Phi\left[\frac{t^u - y}{\sigma}\right] - \Phi\left[(t^u - y)\,z\right] < 0$，$\Phi\left[\frac{t^u - y}{\sigma}\right] < \frac{1}{2}$，可知该式与等式（A5）的符号一致，$t^u$ 点的福利函数严格为负。

其次，令 $t \in (t^u, 0]$，我们也可以证明在此区间 $\frac{\partial}{\partial t} E_x[W(t)] < 0$。由命题 1 的证明，可知：

$$\frac{\partial}{\partial t} E_x[W(t)] = 2f(t)\{2F(t) - 1 - t\}$$

因为 $2f(t)$ 总为正，最后一个表达式与 $2F(t) - 1 - t$ 符合相同。函数 $2F(t) - 1 - t$ 是两个严格递增函数 $r(t) = 2F(t)$ 与 $s(t) = 1 + t$ 的差。

如果 $t < -1$，这个差为正；如果 $t = t^u$，这个差为负；如果 $t = 0$，这个差也为负（因为 $F(\cdot)$ 是 x_i 的累积分布函数，它在 $y > 0$ 附近服从正态分布）。

因为 $s(t)$ 的斜率是一个常数，并且 $r(t)$ 的斜率在区间 $t \in (-1, 0]$ 递增，他们在任何 $t \in (t^u, 0)$ 中的一点的差不可能为正。所以，在区间 $t \in (t^u, 0]$ 内，存在 $2F(t) - 1 - t < 0$，也就是说福利函数在区间 $t \in [t^u, 0]$ 内严格递减。于是，我们证明了 $t \in (-1, t^u)$。

7. 推论 2 的证明

按照链式法则，有：

$$\frac{\partial t^u}{\partial \alpha} = \frac{\partial t^u}{\partial z}\frac{\partial z}{\partial \alpha}$$

且

$$\frac{\partial t^u}{\partial \beta} = \frac{\partial t^u}{\partial z}\frac{\partial z}{\partial \beta}$$

由命题 2 可知，t^u 满足等式（A4），它遵循隐函数定理

$$\frac{\partial t^u}{\partial z} = -\frac{\dfrac{\partial\left[t^u - \Phi\left[(t - y)\,z\right] + \frac{1}{2}\right]}{\partial z}}{\dfrac{\partial\left[t^u - \Phi\left[(t - y)\,z\right] + \frac{1}{2}\right]}{\partial t^u}} = -\frac{\varphi\left[(t - y)\,z\right](t^u - y)}{1 - \varphi\left[(t - y)\,z\right]z}$$

在 $z \leqslant \sqrt{2\pi}$ 这一唯一条件下，分母为正。同样，对于命题 4，$t^u - y < 0$，所以，该式分子也为正，我们得出结论 $\frac{\partial t^u}{\partial z} < 0$。

最后，因为：

$$\frac{\partial z}{\partial \alpha} = \frac{1}{2} \sqrt{\frac{(\alpha + \beta)(\alpha + 2\beta)}{\alpha^2 \beta}} \cdot \frac{\alpha\beta(3\alpha\beta + 4\beta^2)}{(\alpha + \beta)^2(\alpha + 2\beta)^2} > 0$$

我们得出：

$$\frac{\partial t^u}{\partial \alpha} = \frac{\partial t^u}{\partial z} \frac{\partial z}{\partial \alpha} < 0$$

类似地，因为：

$$\frac{\partial z}{\partial \beta} = \frac{1}{2} \sqrt{\frac{(\alpha + \beta)(\alpha + 2\beta)}{\alpha^2 \beta}} \cdot \frac{\alpha^2(\alpha^2 - 2\beta^2)}{(\alpha + \beta)^2(\alpha + 2\beta)^2}$$

我们得出：

对于 $\beta < \frac{\alpha}{\sqrt{2}}$，$\frac{\partial z}{\partial \beta} > 0$ 且 $\frac{\partial t^u}{\partial \beta} = \frac{\partial t^u}{\partial z} \frac{\partial z}{\partial \beta} < 0$

对于 $\beta > \frac{\alpha}{\sqrt{2}}$，$\frac{\partial z}{\partial \beta} < 0$ 且 $\frac{\partial t^u}{\partial \beta} = \frac{\partial t^u}{\partial z} \frac{\partial z}{\partial \beta} > 0$

最后，我们考虑限制条件：

$$\lim_{\beta \to +\infty} z = 0$$

意味着随着 β 趋向于无穷大，等式（A4）定义的 t^u 将收敛于：

$$t^u = 0$$

8. 引理 2 的证明

为计算市场份额期望，可以考虑命题 3 中用 θ 表示的市场份额期望。对于引理第二部分的讨论，注意：

$$\frac{\partial E_x[n^a]}{\partial y^a} = \frac{\partial E_x[n^a]}{\partial y} \frac{1}{2} = \left(\frac{1}{2}\right)\left\{ -\varphi\left[\frac{t(p,y) - y}{\sigma}\right] \frac{1}{\sigma}\left(\frac{\partial t}{\partial y} - 1\right)\right\}$$

$$= \left(\frac{1}{2}\right)\left\{ -\varphi\left[\frac{t(p,y) - y}{\sigma}\right] \frac{1}{\sigma}\left(-\frac{\varphi[(t-y)z]z}{1 - \varphi[(t-y)z]z} - 1\right)\right\} > 0$$

且

$$\frac{\partial E_x[n^b]}{\partial y^b} = \frac{\partial E_x[n^b]}{\partial y}\left(-\frac{1}{2}\right) = \left(-\frac{1}{2}\right)\left\{\varphi\left[\frac{t(p,y) - y}{\sigma}\right] \frac{1}{\sigma}\left(\frac{\partial t}{\partial y} - 1\right)\right\}$$

$$= \left(-\frac{1}{2}\right)\left\{\varphi\left[\frac{t(p,y) - y}{\sigma}\right] \frac{1}{\sigma}\left(-\frac{\varphi[(t-y)z]z}{1 - \varphi[(t-y)z]z} - 1\right)\right\} > 0$$

9. 命题 5 的证明

我们首先证明如果子博弈精炼纳什均衡存在纯策略，则 $p^s \in (0, y)$。企业最优化一阶条件是

$$\frac{\partial E_x[\pi^a]}{\partial p^a} = 1 - \Phi\left[\frac{t(p,y) - y}{\sigma}\right] - (p^a - c)\varphi\left[\frac{t(p,y) - y}{\sigma}\right]\frac{\partial t}{\partial p}\frac{1}{2\sigma} = 0$$

$$\frac{\partial E_x[\pi^b]}{\partial p^b} = \Phi\left[\frac{t(p,y) - y}{\sigma}\right] - (p^a - c)\varphi\left[\frac{t(p,y) - y}{\sigma}\right]\frac{\partial t}{\partial p}\frac{1}{2\sigma} = 0$$

因均衡能满足两者条件，所以，必须是 (p^a, p^b)，且 $p^s = \dfrac{p^a - p^b}{2}$ 满足如下等式的情形，

$$1 - 2\Phi\left[\frac{t(p,y) - y}{\sigma}\right] = (p^a - p^b)\varphi\left[\frac{t(p,y) - y}{\sigma}\right]\frac{\partial t}{\partial p}\frac{1}{2\sigma} \qquad (A6)$$

首先，如果 $p^s < 0$，则等式左边为正，等式右边为负，（A6）不能满足。如果均衡中 $p^s = 0$，等式的左边将会为正，等式的由右边等于0，同样不能满足。此外，如果均衡中 $p^s = y$，则等式的左边等于0，而等式的右边将为正，也不能成立。所以，如果子博弈精炼纳什均衡存在纯策略，必须是 $p^s \in (0, y)$。注意，（A6）等式的左边和右边都是 p 的连续函数，所以 $G(p^s) \equiv lhs - rhs$ 也是连续函数。此外，$G(p)$ 在 $p = 0$ 时为正，$p = y$ 时为负，所以，在区间 $p \in (0, y)$ 中至少要有一个0值。

接下来，我们证明 $t^s \in (t^u, y)$。由定理2可知，$t(p, y)$ 在 p 严格递增，而且因为 $p^s > 0$，所以 $t^u \equiv t(0, y) < t(p^s, y) \equiv t^s$。

按照 $t(p, y)$ 的定义，$t(y, y) = y$。因为 $t(p, y)$ 在 p 和 $p^s < y$ 严格递增，所以 $t^s < y$。

其次，如我们在命题4中指出的一样，$E_x[W(t)]$ 在区间 $t \in [t^u, y)$ 和 $t^s \in (t^u, y)$ 严格递减，所以 $E_x[W(t^u)] > E_x[W(t^s)]$ 成立。

参考文献

[1] Anderson, S. P., De Palma, A. 2001. "Product Diversity in Asymmetric Oligopoly: Is the Quality of Consumer Goods Too Low?" *Journal of Industrial Organization*, 49 (2): 113 – 135.

[2] Apple Computer. 2004. Top Ten Reasons to Switch. Retrieved from www: apple. com/switch/ whyswitch (accessed October, 2004).

[3] Baake, P., Boom, A. 2001. "Vertical Product Differentiation, Network Externalities, and Compatibility Decisions." *International Journal of Industrial Organization*, 19 (1/2): 267 – 284.

[4] Carlsson, H., Van Damme, E. 1993. "Global Games and Equilibrium Selection." *Econometrica*, 61 (5): 989 – 1018.

[5] Chou, Shy, O. 1992. "Network Effects without Network Externalities." *International Journal of Industrial Organization*, 8 (2): 259 – 270.

[6] Church, J., Gandal, N. 1992. "Network Effects without Network Externalities." Journal of Industrial Organization, l (40): 85 – 104.

[7] De Palma, A. and Leruth, L. 1993. "Equilibrium in Competing Networks with Differentiated Products." *Transportation Science*, 27 (1): 73 – 80.

[8] Farrell, J., Katz, M. 1998. "The Effects of Antitrust and Intellectual Property Law on Compatibility and Innovation." *Antitrust Bulletin*, 43 (3/4): 609 – 650.

[9] Farrell, J., Klemperer, P. 2006. "Coordination and Lock – In: Competition with Switching Costs and Network Effects." In M. Armstrong and R. Porter, eds., *The Handbook of Industrial Organization*, vol. 3. Amsterdam: Elsevier Science.

［10］ Farrell, J. , Saloner, G. 1986. "Standardization and Variety." *Economics Letters*, 20（3）: 71 – 74.

［11］ Griva, K. , Vettas, N. 2004. "Price Competition in a Differentiated Products Duopoly under Network Effects." Discussion Paper no. 4574, CEPR3.

［12］ HolmstrÖm, B. , Myerson, R. B. 1983. "Efficient and Durable Decision Rules with Incomplete Information." *Econometrica*, 51（6）: 1799 – 1819.

［13］ Judd, K. 1985. "The Law of Large Numbers with a Continuum of IID Random Variables." *Journal of Economic Theory*, 35（1）: 19 – 25.

［14］ Jullien, B. 2001. "Competing in Network Industries: Divide and Conquer." Working Paper no. 112, IDEI.

［15］ Mitchell, M. , and A. Skrzypacz. 2006. "Network Externalities and Long – Run Market Shares." *Economic Theory*, 29（3）: 621 – 648.

［16］ Morris, S. and H. S. Shin. 2003. "Global Games: Theory and Applications." In M. Dewatripont, L. Hansen and S. Turnovsky, eds. , *Advances in Economics and Econometrics（Proceedings of the Eighth World Congress of the Econometric Society）*. Cambridge, UK: Cambridge University Press.

［17］ Morris, S. , and H. S. Shin. 2005. "Heterogeneity and Uniqueness in Interaction Games." In L. Blume S. Durlauf, eds. , *The Economy as an Evolving Complex System III*, Santa Fe Institute Studies in the Sciences of Complexity. New York: Oxford University Press.

［18］ Rust, J. 1993. "Gauss and Matlab: A Comparison." *Journal of Applied Econometrics*, 8（3）: 307 – 324.

［19］ Shaked, A. , and J. Sutton. 1982. "Relaxing Price Competition through Product Differentiation." *Review of Economic Studies*, 49（155）: 3 – 13.

［20］ Tirole, J. 1988. *The Theory of Industrial Organization*. Cambridge, MA: MIT Press.

［21］ UI, T. 2006. "Correlated Quantal Responses and Equilibrium Selection." *Games and Economic Behavior*, 57（2）: 361 – 369.

零售上市公司最新排名：
美国、英国、加拿大

1. 美国

表1

单位：百万美元

排名	公司名称	营业额	毛利润	净利润	总资产	财务年度（截止日期）
1	Wal‐Mart Stores Inc.	408 214	103 557	14 335	170 706	Jan 31 2010
2	CVS Caremark Corporation	98 729	20 380	3696	61 641	Dec 31 2009
3	Kroger Co.	76 733	18 304	70	23 093	Jan 30 2010
4	Costco Wholesale Corporation	71 422	9087	1086	21 979	Aug 30 2009
5	The Home Depot, Inc.	66 176	22 412	2661	40 877	Jan 31 2010
6	Target Corp.	65 357	19 142	2488	44 533	Jan 30 2010
7	Walgreen Co.	63 335	17 708	2006	25 142	Aug 31 2009
8	Best Buy Co. Inc.	49 694	12 160	1317	18 302	Feb 27 2010
9	Lowe's Companies Inc.	47 220	16 463	1783	33 005	Jan 29 2010
10	Sears Holdings Corporation	44 043	12 256	235	24 808	Jan 30 2010
11	Safeway Inc.	40 851	12 196	-1098	14 964	Jan 02 2010
12	SUPERVALU Inc.	40 597	9153	393	16 436	Feb 27 2010
13	Rite Aid Corp.	25 669	6824	-507	8050	Feb 27 2010
14	Amazon. com Inc.	24 509	5531	902	13 813	Dec 31 2009

本部分由李陈华、胡冰倩整理。李陈华（1973—），男，江西永修人，湖南商学院经济与贸易发展研究院副院长、副教授、经济学博士；胡冰倩（1990—），女，河北石家庄人，湖南商学院信息学院统计0801班本科生。

表 1（续 1）

排名	公司名称	营业额	毛利润	净利润	总资产	财务年度（截止日期）
15	Publix Super Markets Inc.	24 320	6907	1161	9004	Dec 26 2009
16	Staples, Inc.	24 276	7271	739	13 717	Jan 30 2010
17	Macy's, Inc.	23 489	9516	350	21 300	Jan 30 2010
18	The TJX Companies, Inc.	20 288	5320	1214	7464	Jan 30 2010
19	J. C. Penney Company, Inc.	17 556	6 910	251	12 581	Jan 30 2010
20	Kohl's Corp.	17 178	6498	991	13 160	Jan 30 2010
21	Gap Inc.	14 197	5724	1102	7985	Jan 30 2010
22	Office Depot, Inc.	12 145	3405	− 597	4890	Dec 26 2009
23	Dollar General Corp.	11 796	3690	339	8864	Jan 29 2010
24	AutoNation Inc.	10 758	1929	198	5407	Dec 31 2009
25	Penske Automotive Group, Inc.	9523	1582	77	3796	Dec 31 2009
26	GameStop Corp.	9078	2435	377	4955	Jan 30 2010
27	The Great Atlantic & Pacific Tea Company, Inc.	8814	2667	− 877	2827	Feb 27 2010
28	Limited Brands Inc.	8632	3534	448	7173	Jan 30 2010
29	Nordstrom Inc.	8627	2986	441	6579	Jan 30 2010
30	Whole Foods Market, Inc.	8032	2754	147	3783	Sep 27 2009
31	Bed Bath & Beyond, Inc.	7829	3208	600	5152	Feb 27 2010
32	CarMax Inc.	7645	1274	282	2556	Feb 28 2010
33	Family Dollar Stores Inc.	7401	2578	291	2843	Aug 29 2009
34	Winn − Dixie Stores Inc.	7367	2098	40	1815	Jun 24 2009
35	OfficeMax Inc.	7212	1738	1	4070	Dec 26 2009
36	Ross Stores Inc.	7184	1857	443	2769	Jan 30 2010
37	Sherwin − Williams Co.	7094	3263	436	4324	Dec 31 2009
38	AutoZone Inc.	6817	3416	657	5318	Aug 29 2009
39	Pantry Inc.	6390	901	59	2155	Sep 24 2009
40	Dillard's Inc.	6227	2124	69	4606	Jan 30 2010
41	Sonic Automotive Inc.	6132	1044	32	2069	Dec 31 2009

表1（续2）

排名	公司名称	营业额	毛利润	净利润	总资产	财务年度（截止日期）
42	Advance Auto Parts Inc.	5413	2644	270	3073	Jan 02 2010
43	PetSmart, Inc.	5336	1815	198	2462	Jan 31 2010
44	Dollar Tree, Inc.	5231	1857	321	2290	Jan 30 2010
45	Barnes & Noble, Inc.	5122	1897	76	2994	Jan 31 2009
46	Foot Locker, Inc.	4854	1996	48	2816	Jan 30 2010
47	O'Reilly Automotive Inc.	4847	2327	308	4782	Dec 31 2009
48	BJ's Wholesale Club Inc.	4727	1919	200	1670	Jan 30 2010
49	TravelCenters of America LLC	4700	280	−90	885	Dec 31 2009
50	Group 1 Automotive Inc.	4526	776	35	1969	Dec 31 2009
51	Dick's Sporting Goods Inc.	4413	1217	135	2245	Jan 30 2010
52	RadioShack Corp.	4276	1940	205	2429	Dec 31 2009
53	Casey's General Stores Inc.	4249	723	86	1263	Apr 30 2009
54	Ruddick Corp.	4078	1217	86	1844	Sep 27 2009
55	Blockbuster Inc.	4062	2178	−558	1538	Jan 03 2010
56	Asbury Automotive Group, Inc.	3651	613	13	1401	Dec 31 2009
57	Belk Inc.	3346	1153	67	2583	Jan 30 2010
58	Collective Brands, Inc.	3308	1147	83	2284	Jan 30 2010
59	Susser Holdings Corporation	3303	423	2	873	Jan 03 2010
60	Ingles Markets Inc.	3251	743	29	1518	Sep 26 2009
61	Tractor Supply Company	3207	1035	116	1231	Dec 26 2009
62	Systemax Inc.	3166	460	46	817	Dec 31 2009
63	Williams − Sonoma Inc.	3103	1624	77	2079	Jan 31 2010
64	Bon − Ton Stores Inc.	3035	1173	−4	1722	Jan 30 2010
65	American Eagle Outfitters, Inc.	2991	1158	169	2138	Jan 30 2010
66	Expedia Inc.	2955	2348	300	5937	Dec 31 2009
67	Abercrombie & Fitch Co.	2929	1884	0	2822	Jan 30 2010
68	Borders Group, Inc.	2824	633	−109	1425	Jan 30 2010

表1（续3）

排名	公司名称	营业额	毛利润	净利润	总资产	财务年度（截止日期）
69	Rent－A－Center Inc.	2752	432	168	2444	Dec 31 2009
70	HSN, Inc.	2750	924	73	1219	Dec 31 2009
71	Tiffany & Co.	2710	1530	265	3488	Jan 31 2010
72	Sally Beauty Holdings Inc.	2637	1243	99	1491	Sep 30 2009
73	Saks Incorporated	2632	963	－58	2136	Jan 30 2010
74	Cabela's Inc.	2631	1029	50	2492	Jan 02 2010
75	Weis Markets, Inc.	2516	679	63	917	Dec 26 2009
76	priceline. com Incorporated	2338	1261	490	1834	Dec 31 2009
77	Brown Shoe Co. Inc.	2242	903	10	1040	Jan 30 2010
78	Aeropostale, Inc.	2230	982	230	792	Jan 30 2010
79	Guess? Inc.	2129	942	243	1530	Jan 30 2010
80	Charming Shoppes Inc.	2065	1090	－78	1162	Jan 30 2010
81	Jo－Ann Stores, Inc.	1991	976	67	1000	Jan 30 2010
82	Urban Outfitters Inc.	1938	786	220	1636	Jan 31 2010
83	Pep Boys － Manny, Moe & Jack	1911	489	23	1499	Jan 30 2010
84	The Men's Wearhouse, Inc.	1910	798	46	1232	Jan 30 2010
85	AnnTaylor Stores Corp.	1829	994	－18	902	Jan 30 2010
86	Fred's Inc.	1788	499	24	571	Jan 30 2010
87	Zale Corporation	1780	824	－190	1231	Jul 31 2009
88	Lithia Motors Inc.	1749	330	9	895	Dec 31 2009
89	Aaron's, Inc.	1745	906	113	1322	Dec 31 2009
90	Chico's FAS Inc.	1713	960	70	1319	Jan 30 2010
91	Netflix, Inc.	1670	591	116	680	Dec 31 2009
92	The Children's Place Retail Stores, Inc.	1644	660	88	854	Jan 30 2010
93	Retail Ventures Inc.	1603	712	－26	904	Jan 30 2010
94	DSW Inc.	1603	468	55	851	Jan 30 2010
95	J. Crew Group, Inc.	1578	696	123	739	Jan 30 2010

表1（续4）

排名	公司名称	营业额	毛利润	净利润	总资产	财务年度（截止日期）
96	Genesco Inc.	1574	796	29	864	Jan 30 2010
97	Dress Barn Inc.	1494	772	70	1132	Jul 25 2009
98	Stage Stores Inc.	1432	396	29	800	Jan 30 2010
99	hhgregg, Inc.	1397	435	37	350	Mar 31 2009
100	Pier 1 Imports Inc.	1291	708	87	643	Feb 27 2010
101	PriceSmart Inc.	1246	198	42	487	Aug 31 2009
102	The Talbots Inc.	1236	414	−29	826	Jan 30 2010
103	Ulta Salon, Cosmetics & Fragrance, Inc.	1223	373	39	554	Jan 30 2010
104	Stein Mart Inc.	1219	412	24	404	Jan 30 2010
105	Village Super Market Inc.	1208	331	27	339	Jul 25 2009
106	Finish Line Inc.	1172	379	36	610	Feb 27 2010
107	Gander Mountain Co.	1065	271	−16	613	Jan 31 2009
108	Coldwater Creek Inc.	1039	334	−56	584	Jan 30 2010
109	Pacific Sunwear of California Inc.	1027	423	−70	477	Jan 30 2010
110	Gymboree Corp.	1015	480	102	636	Jan 30 2010
111	New York & Company Inc.	1007	253	−14	437	Jan 30 2010
112	Buckle Inc.	898	451	127	489	Jan 30 2010
113	Big Lots Inc.	896	298	22	366	Jan 03 2010
114	Cato Corp.	884	384	46	481	Jan 30 2010
115	Overstock. com Inc.	877	165	8	217	Dec 31 2009
116	Cost Plus Inc.	870	230	−63	380	Jan 30 2010
117	Conns Inc.	837	292	8	551	Jan 31 2010
118	Trans World Entertainment Corporation	814	262	−42	395	Jan 30 2010
119	Tuesday Morning Corp.	802	296	0	319	Jun 30 2009
120	Jos. A Bank Clothiers Inc.	770	472	71	556	Jan 30 2010
121	Orbitz Worldwide, Inc.	738	600	−337	1294	Dec 31 2009

表 1（续 5）

排名	公司名称	营业额	毛利润	净利润	总资产	财务年度（截止日期）
122	Hot Topic Inc.	737	310	12	376	Jan 30 2010
123	Shoe Carnival Inc.	682	241	15	312	Jan 30 2010
124	Vitamin Shoppe, Inc.	675	282	13	469	Dec 26 2009
125	Bebe Stores, Inc.	603	243	13	572	Jul 04 2009
126	Hibbett Sports, Inc.	594	196	33	277	Jan 30 2010
127	Haverty Furniture Companies Inc.	590	306	−4	361	Dec 31 2009
128	Marinemax Inc.	589	89	−77	394	Sep 30 2009
129	West Marine Inc.	588	161	12	292	Jan 02 2010
130	Wet Seal Inc.	561	264	93	354	Jan 30 2010
131	Citi Trends	552	213	20	280	Jan 30 2010
132	Lumber Liquidators Holdings, Inc.	545	195	27	206	Dec 31 2009
133	Select Comfort Corporation	544	336	36	118	Jan 02 2010
134	Hastings Entertainment Inc.	531	195	7	239	Jan 31 2010
135	Destination Maternity Corporation	531	283	−41	196	Sep 30 2009
136	ValueVision Media Inc.	528	174	−42	196	Jan 30 2010
137	NutriSystem Inc.	528	284	29	171	Dec 31 2009
138	rue21, Inc.	526	186	22	188	Jan 30 2010
139	Perfumania Holdings, Inc.	511	179	−16	307	Jan 30 2010
140	Books − A − Million Inc.	509	190	14	274	Jan 30 2010
141	Duckwall − ALCO Stores Inc.	489	159	3	195	Jan 31 2010
142	Monro Muffler Brake Inc.	476	192	24	377	Mar 28 2009
143	AC Moore Arts & Crafts Inc.	469	187	−26	266	Jan 02 2010
144	Christopher & Banks Corporation	455	166	0	267	Feb 27 2010
145	Arden Group Inc.	429	189	22	115	Jan 02 2010
146	Drugstore. com Inc.	413	74	−1	155	Jan 03 2010
147	Zumiez, Inc.	408	135	9	260	Jan 30 2010
148	Kirkland's Inc.	406	169	35	166	Jan 30 2010

表1（续6）

排名	公司名称	营业额	毛利润	净利润	总资产	财务年度（截止日期）
149	Casual Male Retail Group, Inc.	395	175	6	181	Jan 30 2010
150	Build – A – Bear Workshop Inc.	394	154	– 13	284	Jan 02 2010
151	Sport Chalet Inc.	373	133	– 52	151	Mar 29 2009
152	Golfsmith International Holdings Inc.	338	116	– 4	171	Jan 02 2010
153	Blue Nile Inc.	302	65	13	130	Jan 03 2010
154	America's Car – Mart Inc.	299	85	18	220	Apr 30 2009
155	Gaiam Inc.	279	144	0	212	Dec 31 2009
156	Hancock Fabrics Inc.	274	122	2	149	Jan 30 2010
157	Shutterfly, Inc.	246	135	6	271	Dec 31 2009
158	Syms Corp.	242	101	– 3	215	Feb 28 2009
159	PetMed Express Inc.	238	92	26	104	Mar 31 2010
160	dELiA * s, Inc.	224	78	– 10	169	Jan 30 2010
161	Cache Inc.	220	123	– 9	111	Jan 02 2010
162	Vitacost. com, Inc.	192	61	6	108	Dec 31 2009
163	Bakers Footwear Group Inc.	185	53	– 9	49	Jan 30 2010
164	Midas Inc.	183	69	3	229	Jan 02 2010
165	U. S. Auto Parts Network, Inc.	176	64	1	105	Jan 02 2010
166	Radiant Logistics, Inc.	137	46	– 10	25	Jun 30 2009
167	Big 5 Sporting Goods Corp.	110	34	3	51	Dec 31 2009
168	Graymark Healthcare, Inc.	107	31	– 5	76	Dec 31 2009
169	Hollywood Media Corp.	103	9	– 6	58	Dec 31 2009
170	Appliance Recycling Centers of America Inc.	101	28	– 3	32	Jan 02 2010
171	Jennifer Convertibles, Inc.	94	49	– 11	25	Aug 29 2009
172	Dreams Inc.	86	40	0	55	Dec 31 2009
173	Bluefly Inc.	81	32	– 4	36	Dec 31 2009
174	iParty Corp.	79	32	1	20	Dec 26 2009

表1（续7）

排名	公司名称	营业额	毛利润	净利润	总资产	财务年度（截止日期）
175	Dover Saddlery, Inc.	76	29	1	24	Dec 31 2009
176	Nyer Medical Group Inc.	75	20	0	19	Jun 30 2009
177	Emerging Vision Inc.	62	13	−3	18	Dec 31 2009
178	Tandy Leather Factory, Inc.	55	33	3	43	Dec 31 2009
179	BIDZ. com, Inc.	52	36	1	29	Jul 31 2009
180	Bestway Inc.	52	36	1	29	Jul 31 2009
181	NexCen Brands, Inc.	45	34	−3	103	Dec 31 2009
182	Calloway's Nursery Inc.	38	17	−2	24	Dec 31 2009
183	Winmark Corp.	37	30	6	57	Dec 26 2009
184	WWA Group Inc.	37	5	−2	32	Dec 31 2009
185	American Consumers Inc.	34	8	0	4	May 30 2009
186	Liberator Medical Holdings, Inc.	26	17	2	15	Sep 30 2009
187	Bowlin Travel Centers Inc.	22	8	0	19	Jan 31 2010
188	Enable Holdings, Inc.	18	4	−8	5	Dec 31 2009
189	Ediets. com Inc.	18	11	−12	13	Dec 31 2009
190	Northeast Automotive Holdings, Inc.	17	1	0	2	Dec 31 2009
191	Assured Pharmacy Inc.	16	3	−3	4	Dec 31 2009
192	Anything Brands Online, Inc.	16	2	0	6	Dec 31 2009
193	Precision Auto Care Inc.	13	3	0	21	Jun 30 2009
194	Speedemissions Inc.	10	8	−3	6	Dec 31 2009
195	NowAuto Group, Inc.	5	3	−2	4	Jun 30 2009
196	Paid Inc.	5	2	−4	3	Dec 31 2009
197	BAB, Inc.	3	3	−2	4	Nov 30 2009
198	Tilden Associates Inc.	1	1	0	1	Dec 31 2009
199	Masterbeat Corporation	1	0	−1	1	Dec 31 2009

2．英国

表2 　　　　　　　　　　　　　　　　　　　　　　　　　　　单位：百万英镑

排名	公司名称	营业额	毛利润	净利润	总资产	财务年度（截止日期）
1	Tesco PLC	56 910	4607	2327	46 023	Feb 27 2010
2	J．Sainsbury plc	19 964	1082	585	10 855	Mar 20 2010
3	Wm．Morrison Supermarkets plc	15 410	1062	598	8760	Jan 31 2010
4	KingFisher plc	10 503	3797	388	9846	Jan 30 2010
5	Marks & Spencer Group plc	9062	3372	508	7258	Mar 28 2009
6	DSG International plc	8365	562	−219	3659	May 02 2009
7	Home Retail Group	6023	1967	210	4277	Feb 27 2010
8	Kesa Electricals plc	4954	1369	−111	1782	Apr 30 2009
9	Next Group plc	3407	997	364	1694	Jan 30 2010
10	Pendragon plc	3192	492	1	1375	Dec 31 2009
11	HMV Group plc	1957	157	44	617	Apr 25 2009
12	Debenhams plc	1916	265	95	2136	Aug 29 2009
13	Game Group plc	1772	493	61	655	Jan 31 2010
14	Lookers plc	1749	261	8	635	Dec 31 2009
15	Sports Direct International Plc	1367	558	−16	978	Apr 26 2009
16	WH Smith plc	1340	655	63	494	Aug 31 2009
17	Vertu Motors Plc	819	101	4	316	Feb 28 2010
18	Halfords Group plc	810	421	56	584	Apr 03 2009
19	Galiform Plc.	770	432	46	359	Dec 26 2009
20	JD Sports Fashion plc	770	380	43	306	Jan 30 2010
21	Mothercare plc	724	161	30	380	Mar 28 2009
22	JJB Sports plc	718	365	−168	615	Jan 25 2009
23	N Brown Group plc	690	362	63	695	Feb 27 2010
24	Findel plc	617	316	−42	550	Apr 03 2009
25	Carpetright plc	483	296	12	361	May 02 2009
26	Dunelm Group plc	424	194	38	187	Jul 04 2009

表2（续）

排名	公司名称	营业额	毛利润	净利润	总资产	财务年度 （截止日期）
27	Clinton Cards plc	345	26	−34	150	Aug 02 2009
28	Laura Ashley Holdings plc	268	117	6	132	Jan 30 2010
29	Blacks Leisure Group plc	241	124	−49	103	Feb 27 2010
30	French Connection Group plc	214	111	−25	130	Jan 31 2010
31	Majestic Wine plc	202	42	3	112	Mar 30 2009
32	Topps Tiles plc	186	109	2	92	Sep 26 2009
33	ASOS plc	165	72	10	61	Mar 31 2009
34	Caffyns plc	159	23	−4	58	Mar 31 2009
35	Moss Bros Group plc	129	71	−6	54	Jan 30 2010
36	Getmobile Europe Plc	125	21	5	56	Dec 31 2009
37	HR Owen plc	125	21	5	56	Dec 31 2009
38	Jacques Vert plc	111	68	−4	50	Apr 25 2009
39	Ideal Shopping Direct plc	103	43	2	34	Jan 03 2010
40	SuperGroup Plc	76	36	8	41	May 03 2009
41	Liberty Plc	60	26	−5	74	Dec 31 2009
42	Beale plc	48	26	−1	38	Oct 31 2009
43	Expansys Plc	47	12	−5	11	Apr 30 2009
44	Falkland Islands Holdings plc	32	12	−1	45	Mar 31 2009
45	United Carpets Group PLC	27	17	0	13	Mar 31 2009
46	Crawshaw Group plc	19	8	0	14	Jan 31 2010
47	Eco City Vehicles plc	25	4	−1	9	Dec 31 2009
48	Mallett plc	14	0	−2	24	Dec 31 2009
49	Snacktime PLC	7	4	0	8	Mar 31 2009
50	John Lewis of Hungerford plc	4	2	0	3	Aug 31 2009
51	John Swan & Sons plc	2	2	0	9	Apr 30 2009

3. 加拿大

表3 单位：百万加元

排名	公司名称	营业额	毛利润	净利润	总资产	财务年度 （截止日期）
1	George Weston Limited	31 820	7814	1035	20 143	Dec 31 2009
2	Loblaw Companies Limited	30 735	7196	656	14 991	Jan 02 2010
3	Alimentation Couche – Tard Inc.	19 226	2969	309	3967	Apr 26 2009
4	Empire Co. Ltd.	15 015	765	266	5898	May 02 2009
5	Metro Inc.	11 196	715	354	4666	Sep 26 2009
6	Shoppers Drug Mart Corp.	9986	1144	585	6853	Jan 02 2010
7	Canadian Tire Corp. Ltd.	8687	900	335	8790	Jan 02 2010
8	Sears Canada Inc.	5201	620	235	3405	Jan 30 2010
9	Rona Inc.	4677	138	2750	1779	Dec 27 2009
10	The Jean Coutu Group（PJC）Inc.	2467	398	113	985	Feb 27 2010
11	North West Co. Fund	1444	130	82	624	Jan 31 2010
12	Forzani Group Ltd.	1358	494	29	702	Jan 31 2010
13	Dollarama Inc.	1254	519	73	1322	Jan 31 2010
14	Brick Group Income Fund	1224	505	− 163	500	Dec 31 2009
15	Reitmans Canada Ltd.	1057	159	67	631	Jan 30 2010
16	Indigo Books & Music Inc.	940	73	31	488	Mar 28 2009
17	BMTC Group Inc.	818	90	67	314	Dec 31 2009
18	AutoCanada Inc.	777	142	13	234	Dec 31 2009
19	Leon's Furniture Ltd.	703	283	57	529	Dec 31 2009
20	Liquor Stores Income Fund	541	137	24	510	Dec 31 2009
21	Hartco, Inc.	423	7	3	113	Dec 31 2009
22	Birks & Mayors Inc.	335	143	− 75	255	Mar 28 2009
23	Le Chateau Inc.	322	62	30	236	Jan 30 2010
24	Glentel Inc.	308	130	16	143	Dec 31 2009
25	West 49 Inc.	205	49	0	102	Jan 30 2010
26	Hart Stores Inc.	180	5	2	83	Jan 30 2010

表3（续）

排名	公司名称	营业额	毛利润	净利润	总资产	财务年度（截止日期）
27	easyhome Ltd.	174	96	6	136	Dec 31 2009
28	Liquidation World Inc.	158	48	− 18	47	Oct 04 2009
29	Coast Wholesale Appliances Income Fund	144	34	7	133	Dec 31 2009
30	Coastal Contacts Inc.	140	43	3	57	Oct 31 2009
31	Sterling Shoes Income Fund	131	62	− 28	77	Dec 31 2009
32	Planet Organic Health Corp.	129	51	− 3	71	Jun 30 2009
33	XS Cargo Income Fund	106	40	0	26	Dec 31 2009
34	Paragon Pharmacies Ltd.	86	31	− 7	57	Aug 31 2009
35	Chesswood Income Fund	78	38	3	119	Dec 31 2009
36	Groupe Bikini Village Inc.	41	1	− 2	20	Jan 30 2010
37	Rocky Mountain Liquor Inc.	33	8	1	24	Dec 31 2009
38	Advent Wireless Inc.	18	6	1	12	Dec 31 2009
39	Franchise Services of North America, Inc.	16	2	− 8	17	Sep 30 2009
40	Franchise Bancorp Inc.	8	4	1	4	Aug 31 2009
41	Proventure Income Fund	3	3	1	38	Dec 31 2009
42	HearAtLast Holdings Inc.	3	1	− 5	3	Mar 31 2009
43	Intensity Company Inc.	1	0	0	0	Jul 31 2009

注释：Alimentation、Birks & Mayors、Franchise Services of North America、HearAtLast Holdings 这四家公司用美元作为货币单位，我们分别用其财务年度末那一天的汇率折算为加元，以便统一排序。

国际学术动态

《经济文献杂志》/ *Journal of Economic Literature*

1963 年创刊 *Journal of Economic Abstracts*，1969 年改为现名

Ideas 简单影响因子最新统计：31.089

2010 年 6 月，48 卷 2 期 / Jun 2010, 48 (2)

《经济学中的回归间断点设计》David S. Lee, Thomas Lemieux

《把结构与项目评估方法结合起来评估政策》James J. Heckman

《亡羊补牢：评 Deaton（2009）、Heckman 和 Urzua（2009）》Guido W. Imbens

《工具、随机化与理解发展》Angus Deaton

2010 年 3 月，48 卷 1 期 / Mar 2010, 48 (1)

《内战》Christopher Blattman, Edward Miguel

《董事会在公司治理中的作用：一个概念框架和综述》

　Renee B. Adams, Benjamin E. Hermalin, Michael S. Weisbach

《评 Scott E. Page 的〈不同之处：多样性权力如何创造更好的群体、企业、学校和社团〉》Yannis M. Ioannides

《中央银行应该有多中央?》Alan S. Blinder

《美联储有哪些权力?》Martin Feldstein

《经济学季刊》/ *Quarterly Journal of Economics*

1886 年创刊

Ideas 简单影响因子最新统计：33.27

2010 年 5 月，125 卷 2 期 / May 2010, 125 (2)

《企业范围理论》Oliver Hart, Bengt Holmstrom

《（被感知的）教育回报与教育需求》Robert Jensen

《学术大师早逝》Pierre Azoulay, Joshua S. Graff Zivin, Jialan Wang

《医疗护理的边际报酬估计：来自病危婴儿的证据》Douglas Almond, Joseph J. Doyle, Jr., Amanda E. Kowalski, Heidi Williams

《累进的遗产税》Emmanuel Farhi, Iván Werning

《价格调整的频率与转嫁价格》 Gita Gopinath, Oleg Itskhoki

《价格粘性与消费者对抗性》 Eric T. Anderson, Duncan I. Simester

《有刺铁丝网：产权与农业发展》 Richard Hornbeck

《海湾国家与西方国家中可信赖性的信托和参照点》
  Iris Bohnet, Benedikt Herrmann, Richard Zeckhauser

《外部经济与国际贸易 Redux 模型》
  Gene M. Grossman, Esteban Rossi – Hansberg

《隐藏属性与信息抑制：来自实地的证据》
  Jennifer Brown, Tanjim Hossain, John Morgan

2010 年 2 月，125 卷 1 期／ Feb 2010, 125 （1）

《免费分配还是成本分摊？来自随机性疟疾预防实验的证据》
  Jessica Cohen, Pascaline Dupas

《精致的货币政策》 Andrew Atkeson, Varadarajan V. Chari, Patrick J. Kehoe

《美国的收入不平等与流动性：来自 1937 年以来社保数据的证据》
  Wojciech Kopczuk, Emmanuel Saez, Jae Song

《总生产率中结构转型的作用》 Margarida Duarte, Diego Restuccia

《教育生产中的教师质量：分组、衰退与学生成绩》 Jesse Rothstein

《学校设施投资的价值：来自动态回归不连续设计的证据》
  Stephanie Riegg Cellini, Fernando Ferreira, Jesse Rothstein

《什么是广告内容的价值？来自一项消费信贷营销现场实验的证据》
  Marianne Bertrand, Dean Karlan, Sendhil Mullainathan, Eldar Shafir,
  Jonathan Zinman

《证券化导致了草率审查吗？来自次级贷款的证据》
  Benjamin J. Keys, Tanmoy Mukherjee, Amit Seru, Vikrant Vig

《委员会制定货币政策：一致同意、主席决定还是简单多数？》
  Alessandro Riboni, Francisco J. Ruge – Murcia

《战后郊区化是"白人群飞"吗？来自黑人迁移的证据》 Leah Platt Boustan

《为进步付费：有条件补贴与南方学校废除种族歧视》
  Elizabeth Cascio, Nora Gordon, Ethan Lewis, Sarah Reber

《政治经济学杂志》/ *Journal of Political Economy*

1892 年创刊

Ideas 简单影响因子最新统计：17.335

2010 年 6 月，118 卷 3 期 / Jun 2010, 118 (3)

《与教授质量有关吗？来自随机分派学生给教授的证据》
Scott E. Carrell, James E. West

《创新、企业动态与国际贸易》Andrew Atkeson, Ariel Tomás Burstein

《住房供给的外部性》
Esteban Rossi - Hansberg, Pierre - Daniel Sarte, Raymond Owens III

《识别集聚外溢：来自大工厂开业的胜败县城的证据》Michael Greenstone,
Richard Hornbeck, Enrico Moretti

《竞争与资本市场中纵向关系的结构》John Asker, Alexander Ljungqvist

2010 年 4 月，118 卷 2 期 / Apr 2010, 118 (2)

《讨价还价与多数规则：一个集体搜寻视角》Olivier Compte, Philippe Jehiel

《工资管制会杀人吗？来自劳动力市场对医院绩效影响的面板数据证据》
Carol Propper, John Van Reenen

《产品定制决策中的排序：来自现场实验的证据》
Jonathan Levav, Mark Heitmann, Andreas Herrmann, Sheena S. Iyengar

《俱乐部商品与群体身份：来自印尼金融危机期间伊斯兰复苏的证据》
Daniel L. Chen

《新闻报道与政治问责》James M. Snyder Jr., David Strömberg

2010 年 2 月，118 卷 1 期 / Feb 2010, 118 (1)

《家庭资源分配中的利他、偏爱与内疚：索菲的选择与毛泽东的知青下放运动》Hongbin Li[①], Mark Rosenzweig, Junsen Zhang[②]

《老年人为什么储蓄？医疗开支的作用》
Mariacristina De Nardi, Eric French, John B. Jones

《美国社保制度在多大程度上很好地提供了社会保险?》
Mark Huggett, Juan Carlos Parra

《周期性、死亡率与时间的价值：以咖啡价格波动与哥伦比亚儿童存活率为例》Grant Miller, B. Piedad Urdinola

---

① Hongbin Li：中国农业大学本科，美国斯坦福大学博士，清华大学教授。

② Junsen Zhang：浙江大学本科，加拿大麦克马斯特大学博士，香港中文大学教授。

《成本收益分析与公民投票》Martin J. Osborne, Matthew A. Turner

《经济展望杂志》/ *Journal of Economic Perspectives*

1987 年创刊

Ideas 简单影响因子最新统计：17.851

2010 年春季号，24 卷 2 期 / Spring 2010, 24（2）

《实证经济学的信用革命：更好的研究设计如何改进计量经济学》
   Joshua D. Angrist, Jörn – Steffen Pischke

《丹达罗斯的渐近之路》Edward E. Leamer

《结构视角下的实验学派》Michael P. Keane

《经济学绝不是实验科学》Christopher A. Sims

《剔除计量经济学中的教条：结构建模与可信推断》
   Aviv Nevo, Michael D. Whinston

《计量经济实践中的另一变革：稳健的推断工具》James H. Stock

《考分性别差异的地理差异》Devin G. Pope, Justin R. Sydnor

《中学数学优等生的性别差异：来自美国数学竞赛的证据》
   Glenn Ellison, Ashley Swanson

《解释数学考分的性别差异：竞争的作用》Muriel Niederle, Lise Vesterlund

《产业组织经验研究的进展》Liran Einav, Jonathan Levin

《哥伦布交换：疾病、食品与思想的历史》Nathan Nunn, Nancy Qian

《公司审计的问题与对策》Joshua Ronen

2010 年冬季号，24 卷 1 期 / Winter 2010, 24（1）

《债券市场在危机中是如何失灵的？》Arvind Krishnamurthy

《安全何时成为风险：2007—2009 年金融危机期间的商业票据》
   Marcin Kacperczyk, Philipp Schnabl

《交易行的失灵机制》Darrell Duffie

《信用违约互换与信贷危机》Rene M. Stulz

《公允价值会计助长了金融危机吗？》Christian Laux, Christian Leuz

《退休对认知的影响》Susann Rohwedder, Robert J. Willis

《较长的工作年限如何缓解人口老龄化困境？》
   Nicole Maestas, Julie Zissimopoulos

《股市下滑对临近退休者经济保障和退休决策的影响》
   Alan L. Gustman, Thomas L. Steinmeier, Nahid Tabatabai

《经济理论与实践：纪念（S, s）模型》Andrew Caplin, John Leahy

《为什么管理实践在企业间、国家间存在差异?》
Nicholas Bloom, John Van Reenen

《回顾：恩格尔曲线》Andreas Chai, Alessio Moneta

《美国经济评论》/ *American Economic Review*

1911 年创刊

Ideas 简单影响因子最新统计：15. 283

2010 年 6 月，100 卷 3 期 / Jun 2010, 100（3）

《超越市场和国家：复杂经济系统的多中心治理》Elinor Ostrom

《交易成本经济学：自然而然的进步》Oliver E. Williamson

《产品创造与破坏：证据与价格含义》Christian Broda, David E. Weinstein

《投标卡特尔的内部组织研究》John Asker

《税收变革的宏观经济效应估计：基于新的财政冲击度量方法》
Christina D. Romer, David H. Romer

《有新交易者加入的讨价还价》William Fuchs, Andrzej Skrzypacz

《排放权交易、电力产业重组与污染治理投资》Meredith Fowlie

《不常发生的投资组合决策：对远期折价难题的一个解答》
Philippe Bacchetta, Eric van Wincoop

《估计住房生产函数的一种新方法》Dennis Epple, Brett Gordon, Holger Sieg

《不完全信息股权市场中可退出的技术采用》Katrin Tinn

《一个现有捐赠人优于两个潜在捐赠人？来自一项自然现场试验的证据》
Craig E. Landry, Andreas Lange, John A. List, Michael K. Price,
Nicholas G. Rupp

《童话中主角的瞳孔：把眼动仪和瞳孔放大用于识别发送者—接收者博弈中的
真话与谎言》Joseph Tao – yi Wang[1], Michael Spezio, Colin F. Camerer

《贸易冲击与劳动力调整：一种结构经验方法》
Erhan Artuç, Shubham Chaudhuri, John McLaren

《新技术的投资与使用：来自一个共有 ATM 网络的证据》
Stijn Ferrari, Frank Verboven, Hans Degryse

《跨期消费与信贷约束：总开支对外部信贷冲击有反应吗?》

---

[1] Joseph Tao – yi Wang：台湾大学本科，美国加州大学博士，台湾大学助理教授。

Søren Leth – Petersen

《最优随机制裁的理论》Jan Eeckhout, Nicola Persico, Petra E. Todd

《通过中介传递信息》Wei Li①

《企业家的不可分散化风险负担》Robert E. Hall, Susan E. Woodward

《什么引起了产业集聚？来自产业间集聚模式的证据》
　Glenn Ellison, Edward L. Glaeser, William R. Kerr

《专用性资本和年期对失业—空职动态的影响》Burcu Eyigungor

《风险规避和急躁与认知能力有关吗？》
　Thomas Dohmen, Armin Falk, David Huffman, Uwe Sunde

《政策逆转》Espen R. Moen, Christian Riis

《汽油零售市场中的纵向关系与竞争：来自南加州的经验证据：评论》
　Christopher T. Taylor, Nicholas M. Kreisle, Paul R. Zimmerman

《汽油零售市场中的纵向关系与竞争：来自南加州的经验证据：答复》
　Justine Hastings

《反倾销调查与反倾销税和汇率的转嫁：评论》Brian D. Kelly

《反倾销调查与反倾销税和汇率的转嫁：答复》
　Bruce A. Blonigen, Stephen E. Haynes

2010 年 5 月，100 卷 2 期 / May 2010, 100（2）

《计算机媒介的交易》Hal R. Varian

《奥肯法则与生产率创新》Robert J. Gordon

《测定商业周期年代的指标：跨历史选择与比较》
　James H. Stock, Mark W. Watson

《实时宏观经济监测：真实活动、通货膨胀与相互作用》
　S. Borağan Aruoba, Francis X. Diebold

《动态经济中的商业周期：概念化、度量与年代测定》Allen Sinai

《几种财政算法》Harald Uhlig

《具有金融摩擦的模型中的财政政策》Jesús Fernández – Villaverde

《深幅衰退的债务合并和财政稳定》
　Giancarlo Corsetti, Keith Kuester, André Meier, Gernot J. Müller

《资产减价出售与放宽信贷》Andrei Shleifer, Robert W. Vishny

---

① Wei Li：台湾国立政治大学国际关系研究中心本科，美国麻省理工学院博士，美国加州大学助理
教授。

《大衰退：来自宏观数据的教义》Atif Mian，Amir Sufi

《贷款辛迪加与信贷周期》Victoria Ivashina，David Scharfstein

《增长、规模与开放度：一种定量方法》
 Natalia Ramondo，Andrés Rodríguez – Clare

《资本流与宏观经济绩效：来自国际金融黄金时代的教义》
 Lee E. Ohanian，Mark L. J. Wright

《资本的边际产品、资本流与收敛》Sirsha Chatterjee，Kanda Naknoi

《资本品进口在美国增长中的定量作用》Michele Cavallo，Anthony Landry

《全球化的政治限制》Daron Acemoglu，Pierre Yared

《在世界经济中为中国创造空间》Dani Rodrik

《全球化的哪些方面影响追赶式增长？》Paul M. Romer

《如何度量"技术革命"？》Carol A. Corrado，Charles R. Hulten

《调查组织的新方法》Nicholas Bloom，John Van Reenen

《艺术原创作为一种资本资产》Rachel Soloveichik

《制度、要素价格与税收：强势政府的美德？》Daron Acemoglu

《应付政治不稳定：来自肯尼亚 2007 年选举危机的微观证据》
 Pascaline Dupas，Jonathan Robinson

《传统制度约束了女性企业家才能吗？针对印度商业培训的一项实地试验》
 Erica Field，Seema Jayachandran，Rohini Pande

《创造财产权利：加纳的地产银行》Ernest Aryeetey，Christopher Udry

《文化与制度分歧：比较中国与欧洲》Avner Greif，Guido Tabellini

《均衡虚构：对社会僵化的一种认知方法》Karla Hoff，Joseph E. Stiglitz

《殖民非洲的宗教皈依》Nathan Nunn

《创新过程中的公共部门与私人部门：来自老鼠遗传革命的理论与证据》Phil-
 ippe Aghion，Mathias Dewatripont，Julian Kolev，Fiona Murray，Scott Stern

《生物研发中的网络效应》Joachim Henkel，Stephen M. Maurer

《开放度、开放源码与无知的面纱》Suzanne Scotchmer

《美国生物能源扩张的经济含义》Mark Gehlhar，Agapi Somwaru，Peter B.
 Dixon，Maureen T. Rimmer，Ashley R. Winston

《酒精政策对美国天然气价格和数量的影响》
 Jarrett Whistance，Wyatt W. Thompson，Seth D. Meyer

《生物燃料惹的祸？OPEC、食品与燃料》
 Gal Hochman，Deepak Rajagopal，David Zilberman

《从幼儿园到高中以后的教育政策的健康回报》Rucker C. Johnson

《家庭健康、孩子自身健康与考分差距》
  Rodney J. Andrews, Trevon D. Logan

《时间偏好、非认知技能与生命周期各阶段的福利：非认知技能促进了健康的
  行为吗?》Ngina Chiteji

《成年儿女移民与留在墨西哥的老年父母的健康》Francisca M. Antman

《通用性人力资本投资与跳槽目的》Colleen Flaherty Manchester

《申请人甄别与绩效—相关性产出》Fali Huang[1], Peter Cappelli

《放弃坐班政策与学术事业成功》
  Colleen Flaherty Manchester, Lisa M. Leslie, Amit Kramer

《低技能移民与美国高技能本土居民中的劳动—生育率两难冲突》
  Delia Furtado, Heinrich Hock

《大学毕业生就业市场与妇女高等教育的全球繁荣》Gary S. Becker, William
  H. J. Hubbard, Kevin M. Murphy

《教育—健康斜率》Gabriella Conti, James Heckman, Sergio Urzua

《特许学校的投入与影响：林恩市的 KIPP》Joshua D. Angrist, Susan M.
  Dynarski, Thomas J. Kane, Parag A. Pathak, Christopher R. Walters

《人力资本与具有不完全信息的金融市场》Isaac Ehrlich, Jong Kook Shin

《把工作绩效应用于教师任期决策》Dan Goldhaber, Michael Hansen

《用学生成绩数据去确定有效的课堂实践》
  John H. Tyler, Eric S. Taylor, Thomas J. Kane, Amy L. Wooten

《教学效果的主观和客观评价》Jonah E. Rockoff, Cecilia Speroni

《教师质量的增值度量法：几点概括》Eric A. Hanushek, Steven G. Rivkin

《成就目标、控制点与经济学学术成功》Lester Hadsell

《大学层次同侪辅导对学生成绩的影响》
  Vincent G. Munley, Eoghan Garvey, Michael J. McConnell

《网上家庭作业工具可以提高学生微观经济学原理的成绩吗?》
  William Lee, Richard H. Courtney, Steven J. Balassi

《集体合作学习背诵对学生成绩的功效》
  Kim P. Huynh, David T. Jacho – Chávez, James K. Self

《低收入家庭对健康计划价格的敏感性程度》David Chan, Jonathan Gruber

---

① Fali Huang：中国人民大学本科，美国宾夕法尼亚大学博士，新加坡管理大学助理教授。

《马萨诸塞州卫生改革效应的分解：特殊条款对青年人有多重要？》
  Sharon K. Long, Alshadye Yemane, Karen Stockley
《低收入群体中的患者成本分摊》
  Amitabh Chandra, Jonathan Gruber, Robin McKnight
《文化与美国非洲犹太人内部的工资不平等》 Patrick L. Mason
《商业周期对墨西哥移民的就业影响》 Pia M. Orrenius, Madeline Zavodny
《移民对工资的影响：来自一项自然实验的证据》 Dakshina G. De Silva, Robert P. McComb, Young - Kyu Moh, Anita R. Schiller, Andres J. Vargas
《关于工作、异质性与总量波动的定向调查》 Guido Menzio, Shouyong Shi①
《失业与细价股报酬：纽结关系》 Giuseppe Moscarini, Fabien Postel - Vinay
《搜寻与匹配模型中的工资离差》 Dale T. Mortensen
《一个简单搜寻模型中的工作转换趋势》 Pietro Garibaldi, Espen R. Moen
《导师指导能帮助女性助理教授吗？来自一项随机试验的中期结果》 Francine D. Blau, Janet M. Currie, Rachel T. A. Croson, Donna K. Ginther
《学院派经济学家工作流动模式存在性别差异吗？》
  Christiana Hilmer, Michael Hilmer
《女性雇佣与新生企业的成功》 Andrea Weber, Christine Zulehner
《退休时财富的性别差异》 Urvi Neelakantan, Yunhee Chang
《本地住房市场系统中的动态资产定价》
  Patrick Bayer, Bryan Ellickson, Paul B. Ellickson
《本地乘数》 Enrico Moretti
《美国大都市区交通运输基础设施与通勤模式的变化，1960—2000》
  Nathaniel Baum - Snow
《因地而异的政策、异质性与集聚》 Patrick Kline
《风险与全球经济结构：为什么金融完全一体化也许不受欢迎》 Joseph E. Stiglitz
《去耦合与再耦合》 Anton Korinek, Agustin Roitman, Carlos A. Végh
《信用外部性：宏观经济效应与政策含义》 Javier Bianchi
《资本流的过度波动：一种皮古主义税收方法》 Olivier Jeanne, Anton Korinek
《美国贸易中的批发商与零售商》 Andrew B. Bernard, J. Bradford Jensen, Stephen J. Redding, Peter K. Schott

---

① Shouyong Shi：华中科技大学本科，加拿大多伦多大学博士，美国印第安纳州立大学终身教授。

《进口"反斗"美国：连锁零售商作为从发展中国家进口商品的平台》
Emek Basker, Pham Hoang Van

《通过中介的贸易：事实与数据》
Bernardo S. Blum, Sebastian Claro, Ignatius Horstmann

《中介组织与经济一体化》Pol Antrás, Arnaud Costinot

《中国企业集团内的贸易偏袒》Raymond Fisman, Yongxiang Wang①

《产品市场竞争导致企业分权化吗？》
Nicholas Bloom, Raffaella Sadun, John Van Reenen

《离岸外包与工资不平等：把职业许可作为一种外包成本转换器》
Chiara Criscuolo, Luis Garicano

《企业内贸易与产品可签约性》Andrew B. Bernard, J. Bradford Jensen,
Stephen J. Redding, Peter K. Schott

《对外开放可以中和气候变化的影响吗？来自印度饥荒年代的证据》
Robin Burgess, Dave Donaldson

《气候冲击与出口》Benjamin F. Jones, Benjamin A. Olken

《石油垄断与气候》John Hassler, Per Krusell, Conny Olovsson

《贸易与烟尘排放税》Joshua Elliott, Ian Foster, Samuel Kortum, Todd Munson, Fernando Pérez Cervantes, David Weisbach

《"单一歧视租"或"双重风险"：新车购买的多成分谈判》
Meghan R. Busse, Jorge M. Silva – Risso

《泛波士顿地区委托金体制对住房销售的影响》Panle Jia②, Parag A. Pathak

《基于扫描仪数据的收入效应调查：汽油价格影响了日用品购买吗？》Dora Gicheva, Justine Hastings, Sofia Villas – Boas

《一项个人健康计划交换：哪类雇员会受益及为何受益？》
Leemore Dafny, Katherine Ho, Mauricio Varela

《什么"触发了"抵押违约》Ronel Elul, Nicholas S. Souleles, Souphala Chomsisengphet, Dennis Glennon, Robert Hunt

《学会应付：自愿性金融教育与住房危机期间的贷款绩效》Sumit Agarwal, Gene Amromin, Itzhak Ben – David, Souphala Chomsisengphet, Douglas D. Evanoff

---

① Yongxiang Wang：中国人民大学本科，美国哥伦比亚大学博士生。
② Panle Jia：复旦大学本科，美国耶鲁大学博士，美国麻省理工学院助理教授。

《发行者信用质量与资产支持型证券的价格》
Oliver Faltin-Traeger, Kathleen W. Johnson, Christopher Mayer
《统计违约模型与激励》 Uday Rajan, Amit Seru, Vikrant Vig
《抵押信贷市场中的消费者混淆：来自不完全透明及竞争性市场的证据》
Susan E. Woodward, Robert E. Hall
《受管制的消费者抵押披露的失灵与前景：基于抵押借款人定性访谈与受控试验的证据》 James M. Lacko, Janis K. Pappalardo
《姻亲不同意见与资产定价》 Hui Chen, Scott Joslin, Ngoc-Khanh Tran
《金融一体化的短期与长期利益》 Riccardo Colacito, Mariano M. Croce
《增长机遇与技术冲击》 Leonid Kogan, Dimitris Papanikolaou
《信心风险与资产价格》 Ravi Bansal, Ivan Shaliastovich
《长期风险、宏观经济与资产价格》 Ravi Bansal, Dana Kiku, Amir Yaron
《长期风险、信贷市场与金融结构》
Harjoat S. Bhamra, Lars-Alexander Kuehn, Ilya A. Strebulaev
《长期风险、财富-消费比与风险的现期定价》 Ralph S. J. Koijen, Hanno Lustig, Stijn Van Nieuwerburgh, Adrien Verdelhan
《具有递归偏好的均衡时期结构模型》 Anh Le, Kenneth J. Singleton
《全球利率、货币报酬与美元的实际价值》 Charles Engel, Kenneth D. West
《演化汇率制度中实际弹性参数与一篮子权数的估计》
Jeffrey Frankel, Daniel Xie
《负债时期的增长》 Carmen M. Reinhart, Kenneth S. Rogoff
《信贷市场中的利率风险》 Monika Piazzesi, Martin Schneider
《政府债券市场中的价格压力》 Robin Greenwood, Dimitri Vayanos
《定期证券借贷工具的 Repo 市场效应》
Michael J. Fleming, Warren B. Hrung, Frank M. Keane
《付费搜索拍卖中的最优拍卖设计与均衡选择》
Benjamin Edelman, Michael Schwarz
《在线广告：市场设计中的异质性与合成》 Jonathan Levin, Paul Milgrom
《目标定位技术对广告市场和媒体竞争的影响》
Susan Athey, Joshua S. Gans
《微型企业的工资补贴》
Suresh de Mel, David McKenzie, Christopher Woodruff

《发展中国家的企业为什么生产率低?》
　　Nicholas Bloom, Aprajit Mahajan, David McKenzie, John Roberts
《自我控制与工作协议的发展》
　　Supreet Kaur, Michael Kremer, Sendhil Mullainathan
《发展中国家正在失去什么资本?》
　　Miriam Bruhn, Dean Karlan, Antoinette Schoar

2010 年 3 月,100 卷 1 期/　Mar 2010, 100 (1)

《价格指数、不平等与世界贫困度量》Angus Deaton
《学习新技术:加纳的菠萝》Timothy G. Conley, Christopher R. Udry
《多产品企业与产品转换》
　　Andrew B. Bernard, Stephen J. Redding, Peter K. Schott
《"妈妈服了避孕药":安东尼・康斯托克与格里斯沃尔德诉康涅狄格州案如何
　　影响美国的生育行为》Martha J. Bailey
《在线约会的匹配与分类》Gunter J. Hitsch, Ali Hortaçsu, Dan Ariely
《进入、退出与投资专用性技术变化》Roberto M. Samaniego
《患者成本分担与老年人的医院收容补偿》
　　Amitabh Chandra, Jonathan Gruber, Robin McKnight
《可签约性与研究协议的设计》Josh Lerner, Ulrike Malmendier
《跨国公司与反血汗工厂激进主义》Ann Harrison, Jason Scorse
《准理性预期下的强最优货币政策》Michael Woodford
《货币选择与汇率转嫁价格》Gita Gopinath, Oleg Itskhoki, Roberto Rigobon
《生命周期经济中资本税的人口统计学与政治学分析》Xavier Mateos – Planas
《多阶段生产能解释贸易中的母国偏差吗?》Kei – Mu Yi
《贸易协议作为内生不完全合约》
　　Henrik Horn, Giovanni Maggi, Robert W. Staiger
《试验竞争博弈中的群体间冲突与群体内惩罚》
　　Klaus Abbink, Jordi Brandts, Benedikt Herrmann, Henrik Orzen
《建立成规:学习、合作与不完全关系合约的动态学》Sylvain Chassang
《企业理论中人与人之间的权威》Eric Van den Steen
《货币政策规则与宏观经济稳定性:一些新证据》Sophocles Mavroeidis
《锦标赛与公职政治学:来自真实努力试验的证据》
　　Jeffrey Carpenter, Peter Hans Matthews, John Schirm
《金融汇率与国际货币受影响的程度》Philip R. Lane, Jay C. Shambaugh

《社会偏好、信念与公共品试验中搭便车的动态学》
Urs Fischbacher, Simon Gachter

《风险与时间偏好：结合越南的试验数据与家庭数据》
Tomomi Tanaka, Colin F. Camerer, Quang Nguyen

《再论失业工人的收益损失》Kenneth A. Couch, Dana W. Placzek

《美国医保制度部分 D 对药品价格及使用的影响》
Mark Duggan, Fiona Scott Morton

《泰勒原理的一般化：评论》
Roger E. A. Farmer, Daniel F. Waggoner, Tao Zha[1]

《泰勒原理的一般化：答复》Troy Davig, Eric M. Leeper

《要么全有要么全无的监督：评论》Bo Chen[2]

《〈出卖厌恶：来自巴西、中国、阿曼、瑞士、土耳其和美国的证据〉：评论》
Gary E. Bolton, Axel Ockenfels

《计量经济学》/ *Econometrica*

1933 年创刊

Ideas 简单影响因子最新统计：28.312

2010 年 3 月, 78 卷 2 期 / Mar 2010, 78 (2)

《干中学、组织遗忘与产业动态》
David Besanko, Ulrich Doraszelski, Yaroslav Kryukov, Mark Satterthwaite

《学习、搜寻与工资的均衡理论》Francisco M. Gonzalez, Shouyong Shi[3]

《分类与分散化的价格竞争》Jan Eeckhout, Philipp Kircher

《离散结果的工具变量模型》Andrew Chesher

《用金融摩擦解决 Feldstein – Horioka 之谜》Yan Bai[4], Jing Zhang[5]

《延期承兑定理》Fuhito Kojima, Mihai Manea

《纳入或然性的分析框架》David S. Ahn, Haluk Ergin

《运用一阶段预测平均构建最优工具变量》Guido Kuersteiner, Ryo Okui

---

[1] Tao Zha：成都理工大学本科，美国明尼苏达大学博士，美国亚特兰大联邦储备银行研究部资深政策顾问，美国埃默瑞大学杰出访问教授。

[2] Bo Chen：华中科技大学本科，美国威斯康星大学博士，美国南卫理公会大学助理教授。

[3] Shouyong Shi：华中科技大学本科，加拿大多伦多大学博士，美国印第安纳州立大学终身教授。

[4] Yan Bai：上海财经大学本科，美国明尼苏达大学博士，美国亚利桑那州立大学助理教授。

[5] Jing Zhang：北方交通大学本科，美国明尼苏达大学博士，美国密歇根大学助理教授。

《具有容许$\sqrt{n}$一致性条件估计量的不可观测异质性的二元面板数据动态模型》

　　Francesco Bartolucci, Valentina Nigro

《根据矩不等式定义的部分识别模型中的 Bootstrap 推断：识别集覆盖》

　　Federico A. Bugni

《多元先验模型中的主观与客观理性》

　　Itzhak Gilboa, Fabio Maccheroni, Massimo Marinacci, David Schmeidler

《动态枢轴机制》Dirk Bergemann, Juuso Välimäki

《多个委托人、三个及以上代理人的结构博弈》Takuro Yamashita

《求解、估计和选择没有维数灾问题的非线性动态模型》

　　Viktor Winschel, Markus Krätzig

《具有强相合性的自确认均衡》Yuichiro Kamada

《动态离散博弈的序贯估计：一个评论》

　　Martin Pesendorfer, Philipp Schmidt－Dengler

2010 年 1 月，78 卷 1 期／　Jan 2010, 78（1）

《国家能力、冲突与发展》Timothy Besley, Torsten Persson

《什么决定了媒体的倾向性？来自美国日报的证据》

　　Matthew Gentzkow, Jesse M. Shapiro

《高风险、有限责任与动态道德风险》

　　Thomas Mariotti, Jean－Charles Rochet, Stéphane Villeneuve

《运用广义矩选择方法推断由矩不平等式定义的参数》

　　Donald W. K. Andrews, Gustavo Soares

《面板数据的二元响应模型：识别及信息》Gary Chamberlain

《部分识别计量模型中识别集的推断》Joseph P. Romano, Azeem M. Shaikh

《委托方案选择模型》Mark Armstrong, John Vickers

《随机截止期条件下的内部人交易》René Caldentey, Ennio Stacchetti

《间接合作伙伴关系》David Rahman, Ichiro Obara

《随机性世代交叠经济的递归均衡》Alessandro Citanna, Paolo Siconolfi

《多重诱惑》John E. Stovall

《评估边际政策变化与个体边际待遇的平均效应》

　　James J. Heckman, Edward Vytlacil

《连接函数与时间相依性》Brendan K. Beare

《世界银行研究观察家》/ *The World Bank Research Observer*
1986 年创刊
Ideas 简单影响因子最新统计：6.716
2010 年 2 月，25 卷 1 期 / Feb 2010, 25 (1)
《农业增长与贫困下降：进一步的证据》Alain de Janvry, Elisabeth Sadoulet
《影响农业激励的政策改革：成效多，问题也多》Kym Anderson
《亚洲和非洲的农业就业趋势：太快还是太慢?》
  Derek Headey, Dirk Bezemer, Peter B. Hazell
《圣牛全都死了吗？金融危机对宏观政策和金融政策的含义》
  Asli Demirgüç – Kunt, Luis Servén
《结构性证券化的 2007 崩溃：找教训而不是找替罪羊》
  Gerard Caprio, Jr. , Asli Demirgüç – Kunt, Edward J. Kane
《撒哈拉以南非洲国家的更高食品价格：贫困影响与政策反应》
  Quentin Wodon, Hassan Zaman

《经济研究评论》/ *Review of Economic Studies*
1933 年创刊
Ideas 简单影响因子最新统计：18.772
2010 年 7 月，77 卷 3 期 / Jul 2010, 77 (3)
《政治经济约束下的动态莫里斯税》
  Daron Acemoglu, Mikhail Golosov, Aleh Tsyvinski
《群体中的适度：来自阿拉斯加冰融打赌的证据》
  Renée Adams, Daniel Ferreira
《存在货币幻觉情况下均衡的资产价格与投资者行为》
  Suleyman Basak, Hongjun Yan[①]
《满意化合约》Patrick Bolton, Antoine Faure – Grimaud
《美国的企业间流动、工资与资历及经验报酬》
  Moshe Buchinsky, Denis Fougère, Francis Kramarz, Rusty Tchernis
《机制转换模型中分析效果分布的局部识别及其置信集》

---

① Hongjun Yan：南开大学本科，英国伦敦商学院博士，美国耶鲁大学助理教授。

Yanqin Fan[1], Jisong Wu[2]

《拉姆齐税收周期》Marcus Hagedorn

《策略性沟通网络》Jeanne Hagenbach, Frédéric Koessler

《劳动力市场刚性、贸易与失业》Elhanan Helpman, Oleg Itskhoki

《相互依赖性的持续期》Bo E. Honoré, Aureo De Paula

《自由选择公立学校的效应》Victor Lavy

《解释不完全转嫁价格》Emi Nakamura, Dawit Zerom

2010 年 4 月，77 卷 2 期 / Apr 2010, 77 (2)

《工作场所中的社会激励》Oriana Bandiera, Iwan Barankay, Imran Rasul

《针对策略性提议的策略性投票》Philip Bond, Hülya Eraslan

《广义非参数反卷积及其对收益动态学的应用》

　　Stéphane Bonhomme, Jean – Marc Robin

《天赋、产出与定向创新的偏差》Bernardo S. Blum

《平缓租金之谜》Sungjin Cho, John Rust

《服务境外分包与白领就业》Rosario Crinò

《私人信息、工资议价与就业波动》John Kennan

《结构向量自回归：识别理论与推断的运算法则》

　　Juan F. Rubio – Ramírez, Daniel F. Waggoner, Tao Zha[3]

《从庇古到延期负债：论不完全金融市场下外部性的最优税收》Jean Tirole

《赌徒谬误与热手谬误：理论与应用》Matthew Rabin, Dimitri Vayanos

《信息获取与偏低的多元化》Stijn Van Nieuwerburgh, Laura Veldkamp

《政客、税收与债务》Pierre Yared

《金融经济学杂志》/ *Journal of Financial Economics*

1974 年创刊

Ideas 简单影响因子最新统计：16.526

2010 年 8 月，97 卷 2 期 / Aug 2010, 97 (2)

《本土偏差的世界价格》Sie Ting Lau, Lilian Ng, Bohui Zhang[4]

---

① Yanqin Fan：吉林大学本科，加拿大西安大略大学博士，美国范德堡大学教授。

② Jisong Wu：中国科技大学本科，美国范德堡大学博士，美国印第安纳大学－普度大学助理教授。

③ Tao Zha：成都理工大学本科，美国明尼苏达大学博士，美国亚特兰大联邦储备银行研究部资深政策顾问，美国埃默瑞大学杰出访问教授。

④ Bohui Zhang：清华大学本科，新加坡南洋理工大学博士，澳大利亚新南威尔士大学资深讲师。

《管理者可套期保值时的最优补偿合约》Huasheng Gao[①]

《支付互补与金融脆弱性：来自共同基金资金外流的证据》
Qi Chen[②], Itay Goldstein, Wei Jiang[③]

《首席执行官 VS. 财务总监：激励与公司政策》
Sudheer Chava, Amiyatosh Purnanandam

《基于第二 H－J 距离的资产定价模型估计》
Haitao Li[④], Yuewu Xu, Xiaoyan Zhang[⑤]

2010 年 7 月，97 卷 1 期／ Jul 2010, 97（1）

《不确定性世界中的流动性与估价》David Easley, Maureen O'Hara

《为什么企业委任 CEO 为外部董事？》
Rüdiger Fahlenbrach, Angie Low, René M. Stulz

《股权再融资营销》Xiaohui Gao[⑥], Jay R. Ritter

《多市场交易与套利》Louis Gagnon, G. Andrew Karolyi

《本地机构投资者、信息不对称与股权收益》
Bok Baik, Jun－Koo Kang, Jin－Mo Kim

《联动效应、信息产品与商业周期》
Paul Brockman, Ivonne Liebenberg, Maria Schutte

《索取权收益上升与 U 形定价核的有效性》Gurdip Bakshi, Dilip Madan,
George Panayotov

《个人投资者的期限风险偏好》Daniel Dorn, Gur Huberman

《董事会联锁与希望成为私募股权交易对象的倾向性》
Toby E. Stuart, Soojin Yim

2010 年 6 月，96 卷 3 期／ Jun 2010, 96（3）

《上市收购？IPOs 的收购动机》Ugur Celikyurt, Merih Sevilir, Anil Shivdasani

《平均相关性与股市收益》Joshua M. Pollet, Mungo Wilson

《风险与 CEO 变更》Robert Bushman, Zhonglan Dai, Xue Wang

《指令经济中来自政府利害关系的利润：来自中国资产出售的证据》

---

① Huasheng Gao：上海交通大学本科，加拿大英属哥伦比亚大学博士，新加坡南洋理工大学助理教授。

② Qi Chen：武汉大学本科，美国芝加哥大学博士，美国杜克大学副教授。

③ Wei Jiang：复旦大学本科，美国芝加哥大学博士，美国哥伦比亚大学副教授。

④ Haitao Li：中国科技大学本科，美国耶鲁大学博士，美国密歇根大学教授。

⑤ Xiaoyan Zhang：北京大学本科，美国哥伦比亚大学博士，美国普度大学副教授。

⑥ Xiaohui Gao：复旦大学本科，美国佛罗里达大学博士，香港大学助理教授。

Charles W. Calomiris，Raymond Fisman，Yongxiang Wang[1]

《交易信用、间接清算与借款约束》Daniela Fabbri，Anna Maria C. Menichini

《随机收入与利率条件下的动态资产配置》Claus Munk，Carsten Sørensen

《平均利润率的不确定性与多样化折价》

John Hund，Donald Monk，Sheri Tice

《债权人权益、信息共享与银行风险承担》

Joel F. Houston，Chen Lin[2]，Ping Lin[3]，Yue Ma[4]

《CFOs 与 CEOs：谁对盈余管理的影响更大？》

John（Xuefeng）Jiang[5]，Kathy R. Petroni，Isabel Yanyan Wang[6]

2010 年 5 月，96 卷 2 期／ May 2010，96（2）

《资产定价检验的质疑性评价》

Jonathan Lewellen，Stefan Nagel，Jay Shanken

《什么时候外部董事是有效的？》

Ran Duchin，John G. Matsusaka，Oguzhan Ozbas

《资产定价检验中的流动性偏差》

Elena Asparouhova，Hendrik Bessembinder，Ivalina Kalcheva

《新兴对冲基金及其管理者的绩效》Rajesh K. Aggarwal，Philippe Jorion

《黑箱内：补偿同等组的作用与构成》Michael Faulkender，Jun Yang[7]

《检测 Levy 跳扩散过程中的跳》Suzanne S. Lee，Jan Hannig

《SOX 法案与公司投资：一个结构性评估》Qiang Kang[8]，Qiao Liu[9]，Rong Qi

《私募股权集团声誉在 LBO 融资中的作用》

Cem Demiroglu，Christopher M. James

《有限参与与消费—储蓄之谜：一个简单解释及保险的作用》

---

[1] Yongxiang Wang：中国人民大学本科，美国哥伦比亚大学博士生。

[2] Chen Lin：华南理工大学本科，美国佛罗里达大学博士，香港才城市大学助理教授。

[3] Ping Lin：山东大学本科，美国明尼苏达大学博士，香港岭南大学教授。

[4] Yue Ma：厦门大学本科，英国曼彻斯特大学博士，香港岭南大学教授。

[5] John（Xuefeng）Jiang：中国人民大学本科，美国佐治亚大学博士，美国密歇根州立大学助理教授。

[6] Isabel Yanyan Wang：中国人民大学本科，美国佐治亚大学博士，美国密歇根州立大学助理教授。

[7] Jun Yang：清华大学本科，美国华盛顿大学博士，美国印第安那大学助理教授。

[8] Qiang Kang：中国人民大学本科，美国宾夕法尼亚大学博士，美国迈阿密大学助理教授。

[9] Qiao Liu：中国人民大学本科，美国加利福尼亚大学博士，香港大学副教授。

Todd Gormley, Hong Liu①, Guofu Zhou②

2010 年 4 月，96 卷 1 期／ Apr 2010, 96（1）

《O/S：期权和股票上的相关交易活动》

Richard Roll, Eduardo Schwartz, Avanidhar Subrahmanyam

《创业的绩效持续性》

Paul Gompers, Anna Kovner, Josh Lerner, David Scharfstein

《基于大宗交易结构模型量化控制权的私人收益》

Rui Albuquerque, Enrique Schroth

《解答横截面股票收益的危机风险与负债率之谜》

Thomas J. George, Chuan – Yang Hwang③

《空头市场中的利好消息》

Ekkehart Boehmer, Zsuzsa R. Huszar, Bradford D. Jordan

《机构投资者、无形信息与账面—市价比效应》Hao Jiang④

《国家反接管法律对企业债券持有人的影响》

Bill B. Francis, Iftekhar Hasan, Kose John, Maya Waisman

《法律如何影响融资？考察保加利亚的股权隧道行为》

Vladimir Atanasov, Bernard Black, Conrad Ciccotello, Stanley Gyoshev

2010 年 3 月，95 卷 3 期／ Mar 2010, 95（3）

《股权再融资、市场时机选择与企业生命周期》

Harry DeAngelo, Linda DeAngelo, René M. Stulz

《紧急援助、风险管理激励与金融危机》Stavros Panageas

《公司治理在竞争性行业中重要吗?》Xavier Giroud, Holger M. Mueller

《啄序、负债能力与信息不对称》Mark T. Leary, Michael R. Roberts

《基于股东诉讼的机构投资者监督》

C. S. Agnes Cheng, Henry He Huang, Yinghua Li⑤, Gerald Lobo

《风险投资企业出售中现金流权的重新谈判》Brian Broughman, Jesse Fried

《企业应何时与雇员分享信誉？来自匿名管理共同基金的证据》

---

① Hong Liu：中国科技大学本科，美国宾夕法尼亚大学博士，美国华盛顿大学副教授。

② Guofu Zhou：成都理工大学本科，美国杜克大学博士，美国华盛顿大学教授。

③ Chuan – Yang Hwang：台湾国立成功大学本科，美国加利福尼亚大学博士，新加坡南洋理工大学教授。

④ Hao Jiang：浙江大学本科，新加坡国立大学博士，荷兰伊拉兹马斯大学助理教授。

⑤ Yinghua Li：东北大学本科，加拿大英属哥伦比亚大学博士，美国普度大学助理教授。

Massimo Massa, Jonathan Reuter, Eric Zitzewitz

《股权集中度、外资持股、审计质量与股价同步性：来自中国的证据》
Ferdinand A. Gul, Jeong – Bon Kim, Annie A. Qiu

2010 年 2 月，95 卷 2 期／ Feb 2010, 95 (2)

《逃离纽约：放松披露要求的市场冲击》
Nuno Fernandes, Ugur Lel, Darius P. Miller

《求解风险之谜：汇率风险的方方面面》
Söhnke M. Bartram, Gregory W. Brown, Bernadette A. Minton

《情感与股票价格：以空难为例》Guy Kaplanski, Haim Levy

《政治权利与债务成本》Yaxuan Qi[①], Lukas Roth, John K. Wald

《可赎回公司债券的简化估价：理论与证据》
Robert Jarrow, Haitao Li[②], Sheen Liu, Chunchi Wu

《资本结构决策：来自解除管制后产业的证据》Alexei V. Ovtchinnikov

《经济增长杂志》／ *Journal of Economic Growth*
1996 年创刊
Ideas 简单影响因子最新统计：27.844

2010 年 6 月，15 卷 2 期／ Jun 2010, 15 (2)

《家庭的力量》Alberto Alesina, Paola Giuliano

《绿色索洛模型》William A. Brock, M. Scott Taylor

《财富不平等与信贷市场：来自三个工业化国家的证据》
Markus Brückner, Kerstin Gerling, Hans Peter Grüner

2010 年 3 月，15 卷 1 期／ Mar 2010, 15 (1)

《国际劳工标准有助于解决童工问题吗?》Matthias Doepke, Fabrizio Zilibotti

《宏观经济视角下的知识管理》Mathias Thoenig, Thierry Verdier

《死亡率变化、不确定性效应与退休》
Sebnem Kalemli – Ozcan, David N. Weil

---

① Yaxuan Qi：中央财经大学本科，美国新泽西州立大学博士，加拿大康卡迪亚大学助理教授。
② Haitao Li：中国科技大学本科，美国耶鲁大学博士，美国密歇根大学教授。

《会计与经济学杂志》/ *Journal of Accounting and Economics*

1979 年创刊

Ideas 简单影响因子最新统计：3. 805

2010 年 5 月，50 卷 1 期／ May 2010, 50 (1)

《股权再融资的权责盈余管理与真实盈余管理》Daniel A. Cohen, Paul Zarowin

《亏损/盈利公告后漂移》Karthik Balakrishnan, Eli Bartov, Lucile Faurel

《稳健分析师的市场需求》Artur Hugon, Volkan Muslu

《偏离以税收为基础的会计会导致税收不遵从吗？来自转型经济的档案证据》
K. Hung Chan, Kenny Z. Lin[1], Phyllis L. L. Mo[2]

《员工股票期权与未来的企业绩效：来自期权重新定价的证据》
David Aboody, Nicole Bastian Johnson, Ron Kasznik

《财务主管资格、财务主管流动与不利的 SOX 法案 404 判定》
Chan Li[3], Lili Sun[4], Michael Ettredge

《会计—税收一致、盈余持续性及盈余—未来现金流关联》
T. J. Atwood, Michael S. Drake, Linda A. Myers

2010 年 4 月，49 卷 3 期／ Apr 2010, 49 (3)

《工具变量在会计研究中的运用》David F. Larcker, Tjomme O. Rusticus

《分析师报告与公司披露之间的关系：论信息披露及解释的作用》
Xia Chen[5], Qiang Cheng[6], Kin Lo

《管理层盈利预测反映了应计利润信息吗？》Weihong Xu[7]

《高管薪酬与"独立的"薪酬顾问》Kevin J. Murphy, Tatiana Sandino

《薪酬顾问的激励与 CEO 薪酬》
Brian Cadman, Mary Ellen Carter, Stephen Hillegeist

2010 年 2 月，49 卷 1－2 期／ Feb 2010, 49 (1－2)

《公允价值会计与资产证券化收益：一种方便且具有补偿优势的盈余管理工
具》Patricia M. Dechow, Linda A. Myers, Catherine Shakespeare

---

[1] Kenny Z. Lin：江西财经大学本科，苏格兰格拉斯哥喀里多尼亚大学博士，香港岭南大学副教授。

[2] Phyllis L. L. Mo：香港中文大学本科，香港中文大学博士，香港岭南大学教授。

[3] Chan Li：四川外语学院本科，美国堪萨斯大学博士，美国匹兹堡大学助理教授。

[4] Lili Sun：北京大学本科，美国堪萨斯大学博士，美国北德克萨斯大学助理教授。

[5] Xia Chen：清华大学本科，美国芝加哥大学博士，美国威斯康辛大学助理教授。

[6] Qiang Cheng：清华大学本科，美国威斯康辛大学博士，加拿大英属哥伦比亚大学助理教授。

[7] Weihong Xu：中山大学本科，美国华盛顿大学博士，美国纽约州立大学助理教授。

《捍卫公允价值：权衡盈余管理和资产证券化的证据》
　　Mary Barth, Daniel Taylor

《SOX 法案与公司的风险承担》
　　Leonce L. Bargeron, Kenneth M. Lehn, Chad J. Zutter

《SOX 法案的寒蝉效应：评 Bargeron、Lehn 和 Zutter 的"SOX 法案与公司的风险承担"》Aiyesha Dey

《内部人控制管制如何影响财务报告？》Jennifer Altamuro, Anne Beatty

《联邦存款保险公司改进法、银行内部人控制与财务报告质量》
　　Ryan LaFond, Haifeng You[1]

《审计审计师：来自审计企业外部监管近期改革的证据》
　　Clive Lennox, Jeffrey Pittman

《应该如何审计审计师：比较美国上市公司会计监督委员会核查与美国注册会计师协会同行复核》Mark L. DeFond

《重要性阀值与自愿披露激励对企业信息披露决策的联合影响》
　　Shane Heitzman, Charles Wasley, Jerold Zimmerman

《重要性与自愿披露》Kin Lo

《审计委员会补偿与财务报告流程的监管需求》
　　Ellen Engel, Rachel M. Hayes, Xue Wang

《公司薪酬政策与审计费用》Peter Wysocki

《收购盈利性与及时确认损失》Jere R. Francis, Xiumin Martin[2]

《评 J. Francis 和 X. Martin 的"收购盈利性与及时确认损失"》
　　Sugata Roychowdhury

《兰德经济学杂志》/ *RAND Journal of Economics*
1970 年创刊 Bell Journal of Economics，1984 年改为现名
Ideas 简单影响因子最新统计：13.506
2010 年夏季号，41 卷 2 期／ Summer 2010, 41（2）

《可计算的马可夫——完美产业动态学》Ulrich Doraszelski, Mark Satterthwaite
《信号质量私人信息下的签约》Leon Yang Chu[3], David E. M. Sappington

---

① Haifeng You：北京大学本科，美国加利福尼亚大学博士，香港科技大学助理教授。

② Xiumin Martin：南京大学本科，美国密苏里大学博士，美国华盛顿大学助理教授。

③ Leon Yang Chu：上海交通大学本科，美国佛罗里达大学博士，美国南加州大学助理教授。

《股东有权使用经理偏袒型法庭与监督/诉讼两难》Sergey Stepanov

《标准促销做法与不升职就离职合约》Suman Ghosh, Michael Waldman

《推断进入威胁下的市场势力：巴西水泥行业的案例》Alberto Salvo

《产研合作的自然集中度》Bastian Westbrock

《合并对产品定位的影响：来自音像行业的证据》Andrew Sweeting

《无辜者沉默权的收益》Shmuel Leshem

2010 年春季号，41 卷 1 期 / Spring 2010, 41（1）

《涉及价格和质量时的采购决策》John Asker, Estelle Cantillon

《基于非对称信息的领导能力》Mana Komai, Mark Stegeman

《花钱能买到吗？绩效支付与健康护理人员的质量》Kathleen J. Mullen,
  Richard G. Frank, Meredith B. Rosenthal

《具有异质性企业的内生性卡特尔形成》
  Iwan Bos, Joseph E. Harrington, Jr.

《容许 CEO 确定其股票期权行权时间的收益》Volker Laux

《容许非线性定价和转售价格维持时的生产商—零售商纵向合约》
  Céline Bonnet, Pierre Dubois

《转售及结果都依赖于投标披露的首价拍卖》Bernard Lebrun

《行贿受贿与敲诈勒索：两害相权取其轻》
  Fahad Khalil, Jacques Lawarrée, Sungho Yun

《专家与牛皮大王》Jeremy A. Sandford

《劳动经济学》/ *Journal of Labor Economics*

1983 年创刊

Ideas 简单影响因子最新统计：16.085

2010 年 4 月，28 卷 2 期 / Apr 2010, 28（2）

《劳动力市场买方垄断》
  Orley C. Ashenfelter, Henry Farber, Michael R. Ransom

《劳动力市场存在买方垄断吗？来自自然实验的证据》
  Douglas O. Staiger, Joanne Spetz, Ciaran S. Phibbs

《机构层面上的劳动力供给弹性》Torberg Falch

《新市场势力模型与报酬的性别差异》Michael R. Ransom, Ronald L. Oaxaca

《"新买方垄断"框架下的企业劳动力供给曲线估计：以密苏里教师为例》
  Michael R. Ransom, David P. Sims

《估计雇主—转换成本与工程师对外部工资的反应程度》Jeremy T. Fox

《招募限制与劳动力市场：来自内战后美国南部地区的证据》Suresh Naidu

《劳动力市场签约中的时间"扰动"：Roth 的发现及劳动力市场买方垄断的影响》George L. Priest

2010 年 1 月，28 卷 1 期 / Jan 2010, 28（1）

《人力资本的通用性：一个任务型方法》Christina Gathmann, Uta Schönberg

《学龄前儿童入学与母亲就业：实施普及性幼儿园的影响》
Maria Donovan Fitzpatrick

《胜利之喜悦：度量获胜的激励》Bentley Coffey, M. T. Maloney

《评估高等教育中取消"支持行动"的影响》Jessica S. Howell

《信息技术、组织与公共部门生产率：来自警察部门的证据》
Luis Garicano, Paul Heaton

《法与经济学杂志》/ *Journal of Law & Economics*
1958 年创刊

Ideas 简单影响因子最新统计：6.764

2010 年 2 月，53 卷 1 期 / Feb 2010, 53（1）

《所有者估价具有不完全信息时征用权与政府购买》Steven Shavell

《反种族歧视政策的效应分析》Paul Heaton

《恐怖主义威胁了人权吗？来自面板数据的证据》
Axel Dreher, Martin Gassebner, Lars－H. Siemers

《公民权的演进：经济及制度决定因素》Graziella Bertocchi, Chiara Strozzi

《所有与租借：与法庭有关吗？》Pablo Casas－Arce, Albert Saiz

《专利联盟作为互补专利有效许可的一种解决方法：一些试验性证据》
Rudy Santore, Michael McKee, David Bjornstad

《未婚生育、犯罪与社会污名》Todd D. Kendall, Robert Tamura

《加油站里的共谋》Can Erutku, Vincent A. Hildebrand

2009 年 11 月，52 卷 4 期 / Nov 2009, 52（4）

《责任对医师劳动力市场的影响》Eric Helland, Mark H. Showalter

《同行评审面纱背后的政治势力：对美国公共生物医学研究资助的一项分析》
Deepak Hegde

《纵向约束与法律：来自汽车特许经营行业的证据》Giorgio Zanarone

《债权人保护法与举债成本》

Sattar A. Mansi, William F. Maxwell, John K. Wald

《质量与公地：加利福尼亚的冲浪族》Daniel T. Kaffine

《核论的实验性检验与科斯定理：非效率与循环议价》

Varouj A. Aivazian, Jeffrey L. Callen, Susan McCracken

《社会保险、承诺与法律的起源：早期基督教中的利息禁令》Jared Rubin

《青少年监狱：改过自新之路还是增加犯罪倾向之路?》Randi Hjalmarsson

《经济地理杂志》/ *Journal of Economic Geography*

2001 年创刊

Ideas 简单影响因子最新统计：3.082

2010 年 7 月，10 卷 4 期／ Jul 2010, 10 (4)

《集群与创业》Mercedes Delgado, Michael E. Porter, Scott Stern

《跨国企业的空间集聚：信息外部性与知识溢出的作用》

Sergio Mariotti, Lucia Piscitello, Stefano Elia

《产业区、外资与区域发展》

Stefano Menghinello, Lisa De Propris, Nigel Driffield

《产业外移与创新的全球地理分布》Brian J. Fifarek, Francisco M. Veloso

《组织地理学、经验性学习与子公司的退出：日本企业在中国的扩张，1979—
2001》Tai – Young Kim, Andrew Delios, Dean Xu①

《竞争优势的地理转移：集聚、网络与企业》Mark Jenkins, Stephen Tallman

2010 年 5 月，10 卷 3 期／ May 2010, 10 (3)

《"处于市场中"：英国房价泡沫与个人养老金投资组合的预期结构》

Gordon L. Clark, Roberto Durán – Fernández, Kendra Strauss

《迁移、关系资本与国际旅游：理论和证据》

Philip McCann, Jacques Poot, Lynda Sanderson

《就业机会有多重要？老问题—新答案》

Olof Åslund, John Östh, Yves Zenou

《群聚的地理学分析：洛杉矶与纽约的艺术、文化和社会环境》

Elizabeth Currid, Sarah Williams

《路面电车如何促进城市郊区化：台湾城市中土地使用与交通的格兰杰因果分
析》Feng Xie, David Levinson

---

① Dean Xu：复旦大学本科，加拿大约克大学博士，中欧国际工商学院副教授。

2010 年 3 月，10 卷 2 期／　Mar 2010, 10（2）

《迷惘的大都市：特立独行的文化人、艺术家和同性恋者如何及为何影响整个
地区的房产价值》Richard Florida, Charlotta Mellander

《用设计来改进时装行业》Patrik Aspers

《应对全球纺织服装业的游戏规则变化：来自土耳其和摩洛哥的证据》
Nebahat Tokatli, Ömür Klzllgün

《创新、溢出效应与产学研合作：一种扩展的知识生产函数分析》
Roderik Ponds, Frank van Oort, Koen Frenken

《邻居住房消费组合对劳动力市场结果的影响：对邻域效应的一个追踪调查》
Maarten van Ham, David Manley

《从资本账户自由化中获益：发展中国家需要"好的"制度、政策和深度金融
市场吗?》Andrew van Hulten, Michael Webber

《经济地理》/　*Economic Geography*
1925 年创刊
Ideas 简单影响因子最新统计：（没有数据）

2010 年 4 月，86 卷 2 期／　Apr 2010, 86（2）

《信用、债务与日常金融实践：两个后社会主义城市的低收入家庭》Alison
Stenning, Adrian Smith, Alena Rochovská, Dariusz Swiatek

《作为新兴产业的光学科学的地理学分析》
Maryann P. Feldman, Iryna Lendel

《规划路径依赖？以柏林—勃兰敦堡光感集群中的网络化为例》
Jörg Sydow, Frank Lerch, Udo Staber

《全球标准与当地实际：私人农业食品管理与肯尼亚的园艺产业重组》
Stefan Ouma

科学观察

经济学期刊影响因子排名

排序	2008 年 （影响因子）	2004—2008 年 （影响因子）	1981—2008 年 （影响因子）
1	Quart. J. Economics (5.05)	J. Economic Literature (10.92)	J. Economic Literature (69.89)
2	J. Economic Literature (4.84)	Quart. J. Economics (10.01)	Econometrica (60.92)
3	J. Economic Perspective (3.94)	J. Political Economy (9.64)	J. Political Economy (56.95)
4	Econometrica (3.87)	J. Economic Growth (7.98)	Quart. J. Economics (49.43)
5	J. Political Economy (3.73)	J. Accounting & Econ. (6.76)	Bell J. Economics (46.57)
6	J. Financial Economics (3.54)	Econometrica (6.74)	J. Financial Economics (42.61)
7	Economic Geography (2.97)	J. Economic Perspective (6.45)	American Economic Rev. (29.45)
8	J. Economic Geography (2.93)	J. Financial Economics (5.99)	J. Economic Perspective (29.36)
9	J. Accounting & Econ. (2.85)	J. Economic Geography (5.33)	Rev. Economic Studies (29.20)
10	Rev. Economic Studies (2.63)	Rev. Economic Studies (5.29)	Rand J. Economics (24.50)

资料来源：*Science Watch*，Nov 22，2009，http://sciencewatch.com/dr/sci/09/nov22 - 09 __ 2/.

工商管理期刊影响因子排名

排序	2008 年 （影响因子）	2004—2008 年 （影响因子）	1981—2008 年 （影响因子）
1	Acad. of Manage. Rev. （6.13）	Adm. Sci. Quart. （9.83）	Adm. Sci. Quart. （89.77）
2	Acad. of Manage. J. （6.08）	Acad. of Manage. J. （9.79）	Acad. of Manage. Rev. （66.56）
3	J. of Retailing （4.10）	Acad. of Manage. Rev. （8.91）	J. of Marketing （53.84）
4	J. of Marketing （3.60）	J. of Marketing （8.72）	Acad. of Manage. J. （50.48）
5	Strategic Manage. J. （3.34）	Strategic Manage. J. （7.07）	Strategic Manage. J. （46.01）
6	Marketing Sci. （3.31）	J. of Manage. （6.35）	J. of Consumer Res. （39.30）
7	J. of Manage. （3.08）	Marketing Sci. （6.10）	J. of Marketing Res. （36.34）
8	J. of Intern. Busi. Stu. （2.99）	J. of Consumer Psyc. （5.30）	J. of Manage. （28.14）
9	Adm. Sci. Quart. （2.85）	J. of Intern. Busi. Stu. （5.05）	Sloan Manage. Rev. （20.38）
10	J. of Consumer Psyc. （2.84）	J. of Organi. Behavior （4.85）	Marketing Sci. （20.36）

资料来源：*Science Watch*, Feb 28, 2010, http://sciencewatch. com/dr/sci/10/feb28 - 10 __ 1/.

经济学最有影响力的美国机构：2004—2008 年

排序	机构	论文数量	平均每篇论文被引次数
1	麻省理工学院	465	5.91
2	普林斯顿大学	336	5.72
3	芝加哥大学	529	5.54
4	哈佛大学	940	5.22
5	宾夕法尼亚大学	483	4.87

资料来源：*Science Watch*, Dec 20, 2009, http://sciencewatch.com/dr/sci/09/dec20-09__1/.

经济学和工商管理最有影响力的澳大利亚机构：2004—2008 年

排序	机构	论文数量	平均每篇论文被引次数
1	澳洲国立大学	374	2.20
2	墨尔本大学	472	2.00
3	西澳大学	202	1.92
4	新南威尔士大学	351	1.81
5	悉尼科技大学	137	1.79

资料来源：*Science Watch*, Mar 7, 2010, http://sciencewatch.com/dr/sci/10/mar7-10_2/.

管理学最有影响力的加拿大机构：2004—2008 年

排序	机构	论文数量	平均每篇论文被引次数
1	西安大略大学	135	5.02
2	西门菲莎大学	83	4.35
3	麦吉尔大学	75	4.21
4	康卡迪亚大学	80	3.76
5	英属哥伦比亚大学	106	3.75

资料来源：*Science Watch*, Jan 17, 2010, http://sciencewatch.com/dr/sci/10/jan17-10__1/.

图书在版编目(CIP)数据

经济与贸易评论 . 5/柳思维主编 . —成都:西南财经大学出版社,
2010. 12

ISBN 978 - 7 - 5504 - 0014 - 6

Ⅰ. ①经… Ⅱ. ①柳… Ⅲ. ①经济发展—文集②商业经济—经济发
展—文集 Ⅳ. F210 - 53

中国版本图书馆 CIP 数据核字(2010)第 230639 号

经济与贸易评论(第 5 辑)

主　　编:柳思维
副主编:李陈华

执行编辑:唐红涛
责任编辑:李雪
助理编辑:高玲　王林一
封面设计:杨红鹰
责任印制:封俊川

出版发行	西南财经大学出版社(四川省成都市光华村街55号)
网　　址	http://www. bookcj. com
电子邮件	bookcj@ foxmail. com
邮政编码	610074
电　　话	028 - 87353785　87352368
印　　刷	四川森林印务有限责任公司
成品尺寸	180mm × 255mm
印　　张	12
字　　数	220 千字
版　　次	2010 年 12 月第 1 版
印　　次	2010 年 12 月第 1 次印刷
印　　数	1—1200 册
书　　号	ISBN 978 - 7 - 5504 - 0014 - 6
定　　价	36. 00 元